让思想流动起来

陈鹏 / 著
三水 / 绘

苏东坡的下午茶

四川人民出版社

第四章 / 091
爱酒客和酿酒人：饮中真味老更浓
酒是治愈孤独和寂寞的良药，是与天地沟通的媒介。借由酒，他的豪爽和才华发挥得淋漓尽致。

第五章 / 117
中年危机男：寂寞沙洲，其实不冷
被贬黄州，中年危机随之而来，漫漫长夜如何度过？苏东坡用实际行动证明，只要方法对头，一切危机皆可以完美解决。

第六章 / 139
养生达人：无事以当贵
苏东坡潜心养生，所得甚多。养生是他磨炼心志的手段，是他与这个世界相处的方式。

第七章 / 169
工程师：我来钱塘拓湖绿
东坡为官，于多地建造亭台楼阁，改造风景名胜，是工程师、设计师和园艺专家，是中国传统审美的集大成者。

目录

自序 / 001
满地都是六便士，有人看见了苏东坡

第一章 / 005
美食家：人间有味是清欢
吃是本能，亦是他对抗乏味现实的生活实践。东坡就地取材，擅长创造，拓展了美食的边界，丰富了美食的内涵。

第二章 / 037
超级驴友：故乡无此好湖山
行千里路，读万卷书，增益见识，扩展眼界。苏东坡的旅游，多以被动的方式进行，却为他打开认知世界的一扇窗。

第三章 / 061
嗜茶者：乳瓯十分满，人世真局促
东坡好茶，通过茶丰满自己的精神世界，躲避浮世喧闹。茶是他自我修炼的途径，也是他舒解焦虑的手段。

第十二章 / 269

段子手：我若搞笑，你们都憋不住

天生的段子手，搞笑的急先锋。可以怒骂，更可以嬉笑。悲凉的人生底色里，苏轼总能信手拈来，用段子来温暖世界。

第十三章 / 303

妓女之友：海棠虽好不题诗

他乐于享受滚滚红尘中俗世的欢乐。即便与妓女的交往，也可以真诚相待。

第十四章 / 327

丈夫：不思量，自难忘

他不算最佳丈夫，亦难称合格老公。但他与三位配偶关系融洽，相处和谐。王弗、王闰之、王朝云皆先他而逝，才是他心底最大的隐痛。

第八章 / 187

慈善家：岁活百个小儿，亦闲居一乐事也

以民为本，以人为本。

大爱无疆，常怀怜民爱民之心，尽自己所能让世界变得更美好一点点。

第九章 / 205

老农民：我是识字耕田夫

被迫做了一回老农民，才发现做农民不是一件简单的事。

东坡种地，学到了一身农耕本事，对生命有了更深刻的感悟。

第十章 / 223

梦中人：世事一场大梦

真作假时假亦真，心理学家说，梦是愿望的达成。

东坡记录过许多梦，皆是现实之反映，皆可印证他的人生轨迹。

第十一章 / 247

父亲：但愿生儿愚且鲁

是严父，更是慈父。

不打骂，不呵斥，让孩子自由生长。

他的教育方法放之于现代，也算先进和前卫了。

第十九章 / 445

赏月人：人间几度秋凉

他见过许多地方的月，领教过每一个团圆时刻却不得团圆的孤独。被他写绝的那些白月光，依然诗意地照在我们的头顶。

第二十章 / 457

潮流教主：别跟我，跟风

他本无意引领潮流，却总是不经意成为潮流所向。他从未想成为教主，却总是干起教主的活儿。

第二十一章 / 473

师者：所以饮茶扯淡扶贫也

他是个好老师，但不是个正经老师。他与弟子品茶聚饮，扯淡闲聊，也常掏腰包帮助他们。

第十五章 / 355
法官：太守断案如赋诗
东坡断案，不只从生硬的法律条文出发。
他要的是惩恶扬善，兼顾法律和人情。

第十六章 / 375
派对达人：醉笑陪公三万场
他不能没有朋友，不能不和朋友在一起。
他最喜欢参加和召集各种派对，是北宋的第一社交达人。

第十七章 / 397
房主和地主：苏家的不动产
东坡喜欢置田买地，喜欢装修新家。
但每个地方都没能待上很久，便被命运掷向新的境地。

第十八章 / 417
兄长：岂独吾兄弟，要是贤友生
兄弟相处的典范和楷模，天涯东西，牵挂一生。
有你为兄弟的人生，有你相伴的旅程，知足，当惜。

自序

满地都是六便士,有人看见了苏东坡

前几年因为写作《苏东坡传》,我阅读了大量东坡史料,限于篇幅和表达需要,许多史料被舍弃——是心疼的感觉。传记出版之后,得到许多读者的鼓励和厚爱,但总有种怅然若失感,总觉得应该再写些东西,好让他的形象更为饱满和丰富——他不应该只活在传记之内,他活泼热烈的生命力是一本传记无法掌控的。

于是便有了这本书。

本书选取了东坡的二十一个侧面,采用的是列举法,仍然没可能穷尽他所有的角色,这个人实在太丰富,太全面,太好玩,太值得我们从各个角度品味,他是不可能被穷尽的存在。我只希望这本书给读者一点点启示,人人都可以去苏东坡的人生中挖掘更多无尽宝藏。

林语堂先生说,"我们未尝不可说,苏东坡是个禀性难改的乐天派,是悲天悯人的道德家,是黎民百姓的好朋友,是散文作家,是新派的画家,是伟大的书法家,是酿酒的实验者,是工程师,是假道学的反对派,是瑜伽术的修炼者,是佛教徒,是士大夫,是皇帝的秘书,是饮酒成癖者,是心肠慈悲的法官,是政治上的坚持己见者,是月下的漫步者,是诗人,是生性诙谐爱开玩笑的人"。按林先生的思路撸下去,他还是一位嘘寒问暖的兄长,与学生打成一片的老师,热爱嬉戏玩乐的派对达人,浅吟低唱的赏月人,与神仙邂逅的梦游者,无意引领潮流却总是成为潮流所向的时尚教主……他神通广大,无处不在。

现在的人们所以爱东坡,是因为他身上所蕴含的种种特质,在现今繁忙嘈杂的社会里,显得如此稀少珍贵。

我们被丰富的物质牵绊,被发达的科技掌控,内心却愈是贫乏无味,人们忙着挣钱、买房、购车、剁手,心灵的滋养成为奢侈,满地都是六便士,没有人抬头看月亮,更遑论"闻多素心人,乐数晨与夕"(陶渊明诗)。一旦上紧的发条变慢,便自然地恐慌,便更不敢慢下来,观照自己的内心。

因为心底无物,会悲哀地发现,活着的乐趣已不复存在。挣那么多钱,买那么多房,依然无法过好这一生。

精神层面暴露出的种种漏洞,自然需要苏东坡这样的古人来弥补。他的纯粹,他的笃定,他面对精神危机时的种种自救,都可以给我们以启示,给我们以榜样。若真正读懂他,至少能解决掉一大半精神危机。

可以肯定的是,后世的人们,依然能够从东坡那儿获取教益,获得帮助。

我写苏东坡，自认受益良多，我在生活中经常有意无意学习他的处世态度他的人生哲学他的自我救赎，就像他学陶渊明那样。

我试着抬头看月亮，纵然写不出他那样天才诗句，但也能获得诗意；

我试着豁达开朗，纵然做不到他那样世事看透，但也能纾解焦虑；

我试着学佛读经，纵然无法四大皆空，但也能稍微看淡世事；

……

这几年生活中但有一点长进，都可归功于苏东坡老师。

这本书里的苏东坡，是我个人理解的苏东坡，我能做的，只是尽力写得客观一点。1000个人眼里，有1000个苏东坡，各人完全可以根据各人的思路去理解他，领悟他，热爱他。

经典作品和经典人物皆如此。

最后，特别感谢本书责编唐婧老师，我们只在三里屯的将将，喝过一次冬日咖啡，便将本书的合作谈妥。她给我最大的信任和写作上的自由度。

感谢所有支持和帮助过我的师友。

感谢画家三水，她为本书特别创作的东坡，潇洒而不失趣味，可爱且不缺幽默，是我心目中苏轼的本来模样。

感谢大都会艺术博物馆、台北故宫及相关博物单位，它们的图片开放政策，令本书受益。

第一章

美食家：人间有味是清欢

用现代人的标准看,苏轼算得上中华第一吃货,也差不多是吃货里最有文化的那个,若有人要写本《中华吃货史》,苏轼注定是无法绕过去的存在。

他老人家看见个食材,要写诗;吃了一顿瓜果,要写诗;种了棵茶树,要写诗;想念老家的青菜,要写诗……凡与吃有关,灵感就没办法止得住,古之文人,爱吃者或许有太多太多,但敢于大方地站出来承认自己是个吃货,并随时准备吃将起来的，也并没有几个。

但苏轼根本不管这些，他总表现出一副吃货的状态，并随时准备撸起袖子投入到吃吃喝喝的伟大事业中去。

苏轼生活的北宋，也为这位优秀吃货提供了必备的物质条件——活在什么朝代很重要，想穿越的同学们一定要记得这条。

随着农业技术的进步，经济的发展，物质的极大丰富，至北宋时，餐饮业已发展至一个全新的鼎盛阶段：今天中国人的饮食基调和饮食方式，彼时就已经基本定下。比如，煎、炒、烤、炸、爆的烹饪手法；比如，一日三餐制；比如茶和酒成为最重要的饮品。

当时酒楼酒肆也多。

孟元老《东京梦华录》记载，当时的开封城中，大小店铺，名目繁多，既有达官贵人用餐和寻乐的豪华饭店，亦有普通百姓爱去的苍蝇馆子，大多生意兴隆，气氛热烈。

苏轼生活之年代，"太平日久，人物繁阜"，享乐之风盛行，人们喜欢宴饮、聚会、游玩，由此亦造就了餐饮业空前发达的态势，"凡饮食，时新花果，鱼虾鳖蟹，鹑兔脯腊"，无论荤素，琳琅满目，供应充足，只要兜里有钱，基本不愁没有吃的东西。

身为吃货的杰出代表，苏轼可谓生逢其时。

好吃莫过故乡

故乡眉山是苏轼的人生起点，也是他的食物原点。故乡的食物，是写进了他DNA里的，是无法抹去和篡改的。

这个漂泊在外的游子，每当夜深人静，饥肠辘辘，想得最多的，还是家乡的那些美味。

看他写的这首《元修菜》：

彼美君家菜，铺田绿茸茸。
豆荚圆且小，槐芽细而丰。
种之秋雨余，擢秀繁霜中。
欲花而未萼，一一如青虫。
是时青裙女，采撷何匆匆。
蒸之复湘之，香色蔚其饛。
点酒下盐豉，缕橙芼姜葱。
那知鸡与豚，但恐放箸空。
春尽苗叶老，耕翻烟雨丛。
润随甘泽化，暖作青泥融。
始终不我负，力与粪壤同。
我老忘家舍，楚音变儿童。
此物独妩媚，终年系余胸。
君归致其子，囊盛勿函封。

张骞移苜蓿，适用如葵菘。

马援载薏苡，罗生等蒿蓬。

悬知东坡下，嚼卤化千钟。

长使齐安民，指此说两翁。

"元修菜"是苏轼杜撰的食材名称，它本名为巢菜，又称翘摇、苕摇、元修菜、野蚕豆、飘摇草、白翘摇、白花苕菜、小野麻豌豆等。

因为名称多，各地叫法差别大，即便专业人士，也容易被元修菜闹糊涂。

李时珍《本草纲目》称，"今野豌豆，蜀人谓之巢菜"。

巢菜分两种，为大巢菜和小巢菜，两者都有"野豌豆"这一别名。大巢菜还有一个古典的别名"薇"，就是《诗经》里经常出现的薇，是叔齐和伯夷兄弟在首阳山上吃的薇。

《山家清供》作者林洪特地做过一番调查，"询诸老圃，亦罕能道者"。即便种田的老农，也讲不清楚元修菜为何物。

事有凑巧，永嘉人郑文乾刚从四川回来，跑去告诉林洪："蚕豆，即豌豆也，蜀人谓之巢菜。苗叶嫩时可采，以为茹。"林洪以为得到正确答案，开心不已，还就此发表了一番见解："君子耻一物不知，必游历久远，而后见闻博。读坡诗二十年，一日得之，喜可知也。"

有人写文章说，蚕豆是蚕豆，豌豆是豌豆，林洪辛苦得来的

北宋 浅碟

答案是错误的——其实，后人的这个说法大概也是错的：中国各地对同一食材叫法有甚大差异，而民间为食材取名又以方便为第一要义，野蚕豆或野豌豆的名称可能都是对的。

苏轼贬黄州时，好友巢元修受其委托，特地从四川带来野豌豆种子，苏轼将其播撒于东坡的田间地头，自此便吃上了怀念既久的家乡菜。"余去乡十有五年，思而不可得"，十五年之后再品故乡滋味，怎能不让他激动乃至感慨，故有此长诗。

在这首诗的叙里，苏轼交代了他为这菜取名"元修菜"的原因：

> 菜之美者，有吾乡之巢，故人巢元修嗜之，余亦嗜之。元修云：使孔北海见，当复云吾家菜耶？因谓之元修菜。

苏轼和巢元修都爱巢菜，巢元修对苏轼戏言："假如让孔北海（孔融）看到这菜，他一定会说这是你巢家的菜吧。"苏轼因而戏称巢菜为元修菜。

这里藏着一个典故，出自《世说新语》。

> 梁国杨氏子九岁，甚聪惠。孔君平诣其父，父不在，乃呼儿出。为设果，果有杨梅。孔指以示儿曰："此是君家果。"儿应声答曰："未闻孔雀是夫子家禽。"

不知道是巢元修说错了，还是苏轼将错就错，这个典故确实用错了——误将孔君平当成了孔北海，不过好在二者都姓孔，并未伤害到本来要表达的意思。

他的另一首《春菜》诗，亦是对故乡滋味的深切怀念。

蔓菁宿根已生叶，韭芽戴土拳如蕨。
烂烝香荠白鱼肥，碎点青蒿凉饼滑。
宿酒初消春睡起，细履幽畦掇芳辣。
茵陈甘菊不负渠，绘缕堆盘纤手抹。
北方苦寒今未已，雪底波棱如铁甲。
岂如吾蜀富冬蔬，霜叶露牙寒更茁。
久抛菘葛犹细事，苦笋江豚那忍说。
明年投劾径须归，莫待齿摇并发脱。

想念家乡品类丰富的青菜，想到口水横流，想到百爪挠心，想到要赶紧回眉山——不能等到牙齿松动，那可就什么也吃不上了。

只可惜，自他出仕之后，仅在服父丧时回乡守制，在老家待了三年，此后漫长的一生里，他再未踏足过眉山一步，那些美好的味道，成为他永远的挂念和遗憾。

穷时最识真滋味

苏轼爱吃,却不挑食,他的口味是开放的,对于世间大多食物,皆能安心享用,即便是那些有挑战性的食材,他也敢于一试。

在海南那几年,怕是他口味上遭遇的最大挑战了。

"五日一见花猪肉,十日一遇黄鸡粥。土人顿顿食薯芋,荐以熏鼠烧蝙蝠。旧闻蜜唧尝呕吐,稍近虾蟆缘习俗。"(——《闻子由瘦,儋耳至难得肉食》),海南缺肉,当地人日常食用之物不是老鼠、蝙蝠,便是蜜唧(蜜渍鼠胎)一类的东西,初时接触,苏轼即便闻闻也会呕吐不止,到后来终于敢尝试,但终归是不合口的吧。

儋耳靠海,有鱼可食,但海鱼又咸又腥,苏轼怕腥,"病怯咸腥不买鱼",连鱼也没得吃。但不用太过担心,以他好吃的天性,在这海产丰盛之地,终能找到合乎口味的食物——他爱上了这里的生蚝,并为自己量身定做了两种烹饪方式:一是蒸煮,与浆和酒同蒸;二是烧烤,取其原味,熟后即食,"食之甚美,未始有也"。

明人陆树声《清暑笔谈》里提到一则逸事:海南的生蚝吃爽了,苏轼给小儿子苏过写信说:"千万别让朝中那帮官员知道这里的生蚝美味,我怕他们南迁,与我争食。"但这事儿八成是陆先生瞎编的,苏过当时就陪在父亲身边,根本用不着写信。

金 武元直 赤壁图

生活条件差，这是现实——人不能跟现实较劲，衣还是得穿，饭还是要吃，无非是旧衣破裳，无非是食芋饮水，乐观豁达的天性总在困难时发挥作用，让他对恶劣的生存条件不以为意，"衣食之奉，视苏子卿啖毡食鼠为大靡丽"，苏子卿，即苏武，啖毡食鼠，恶之极也，苏轼将其视为奢华之事，意在鼓舞和鞭策自己，勿太过在意生存之环境，主动陷入自怨自艾之困境，自己虽比上不足，比下仍有余呢。

海南食肉机会少，吃得最多的白水煮青菜，"煮蔓菁、芦菔、苦荠而食之。其法不用醯（醋）酱，而有自然之味"，估计是调味品匮乏，没有醯和酱，仅为营养和充饥，至于"自然之味"，怕也是一种自嘲而已。

白水煮青菜吃多了，也会厌烦。孝顺的儿子苏过想尽一切办法为老父亲改善生活，他发明了一种叫"玉糁羹"的美食，有好事者考证，这道美食虽有个华丽的菜名，但改变不了它只是道芋头汤这个无情的现实。所谓玉糁，不过是汤里放了点大米而已。

苏轼吃后，拍案叫绝："色香味皆奇绝。天上酥酏则不可知，人间决无此味也。"遂有诗赞之曰："莫将南海金齑脍，轻比东坡玉糁羹"。老头儿又吹牛，不过芋头而已，能好吃到哪里去呢，不过汤中有儿子一片孝心，这大约才是他赞之为极味的理由。

告子有言："食色，性也。"吃是人间第一等大事，是人的基本欲望，但当欲望得不到起码的满足时，苏轼并未怨天恨地，而采用"自我麻醉"的方式,成功地解决了这个矛盾。

他不仅将眼下那些难以下咽的吃食描述得天花乱坠,还将曾经吃过的美味写进诗词文章,借此一解对它们的思念之情,眼下吃不到,过过嘴瘾也好。

《老饕赋》就是此背景下的作品:

> 尝项上之一脔,嚼霜前之两螯。烂樱珠之煎蜜,滃杏酪之蒸羔。蛤半熟而含酒,蟹微生而带糟。盖聚物之夭美,以养吾之老饕。

这段文字翻译过来,大约是这个意思:

来来来,各位吃货朋友,苏某人跟大家说道说道,如何才能成为一个优质吃货。食猪肉要选择脖子后部那一小块,食螃蟹呢,最要紧是霜冻前肥美螃蟹的两条大长腿。樱桃放在锅中煮烂煎蜜最佳,蒸熟的羊羔肉上淋上杏酪最好。做蛤蜊和蟹这等海鲜,蒸时记得放点酒喔,有除腥增鲜之效,蛤蜊要半熟,蟹要微生——多吃这些好东西,慢慢你就成为人人尊敬的顶级吃货啦。

苏轼就是这样,越是在困难的情况下,越是在低潮的境遇里,越能发挥自身之创造性,做出颇具苏氏特色的美妙味道。

就像在黄州时,身为犯官,无薪水可领,且一大家子要生活,难免出现捉襟见肘之情形,因此,不得不量入为出,极尽节俭之能事。

他购买食材，多选便宜之物，黄州靠近长江，盛产鱼和笋，这两样食材也便成了苏家厨房里的常客。

被贬惠州，当地物资贫乏，没有黄州那般贫贱的猪肉可食，经济状况也不允许他买肉，即便这种情况下，他还是想出妙法：买一些便宜的羊脊骨回家，将其煮熟，洒酒抹盐，烤至微焦，"得微肉于牙綮间，如食蟹螯矣"。

除去发明新吃法和精神胜利法之外，如何让普通的食物变好吃——这是苏轼的另一件法宝：与人分享。

比如，他曾郑重其事地约吴远游（即吴复古，苏轼友人）、姜唐佐（苏轼在海南时所收关门弟子）一起吃"蕈馒头"，蕈是一种菌菇，宋代的馒头与今天的馒头差别甚大，特指将有馅的发酵面团蒸食，所谓蕈馒头，应该类似于今天的香菇青菜包子。

某一年的除夕，苏轼去访吴复古，大概是聊得开心了，时间持续较久，肚子咕咕作响，到厨房里翻了一阵，只找到几颗芋头，两个便烧起牛粪，将芋头去皮，以湿纸包裹，扔进火中，"乃热啖之，则松而腻，乃益气充饥"，深夜里啃热腾腾的芋头，格外香甜美味。

鲁元翰曾送过苏轼"暖肚饼"，苏先生很感动，认为"其值万钱"，为示感谢，之后他也特地赠暖肚饼给鲁氏，并声明自己的饼"其价不可言"，大约是说"比你那个还好吃"，还特地描摹了饼的形状、颜色，"中空而无眼，故不漏；上直而无耳，故不悬；以活泼泼为内,非汤非水;以赤历历为外,非铜非铅"。

特别强调了一下两人的情谊,"以念念不忘为项,不解不缚;以了了常知为腹,不方不圆"。

一起吃饼的好兄弟,我怎么能忘了你!其实送饼并不重要,重要的是这份情谊,一定要收下喔。

你看,送块饼都能说这么一大堆,非苏大学士不可。

这样懂生活的人,这样诗意的人生,纵使再贫穷,又怎么能拦住他享受的那颗心呐。

五行缺鱼的猪肉控

苏轼爱鱼并不是什么秘密,但他到底有多爱鱼?

读读他的诗词就知道,如"芽姜紫醋炙银鱼,雪碗擎来二尺余",这里的银鱼指的是鲥鱼;如"晓日照江面,游鱼似银瓶",这里的游鱼指的是鳊鱼,即武昌鱼;如"西塞山边白鹭飞,散花洲外片帆微。桃花流水鳜鱼肥",鳜鱼即桂鱼也;如"蒌蒿满地芦芽短,正是河豚欲上时"……剧毒的河豚也在他的关注之列。

由此可见,他不仅喜欢食鱼,而且吃的种类亦颇多。

他最拿手的一道菜是鱼羹。以新鲜鲫鱼或鲤鱼活杀,放锅中冷水里,入盐、菘菜心,再放几根葱白,不要搅动。待半熟之时,再放生姜汁、萝卜汁及酒各少许,三者分量相等,临熟,放切成丝的橘皮。

这鱼羹的味道,苏轼没说,估计怕说得太美味没人相信,就神神道道地卖了个关子,"其珍食者自知,不尽谈也",吃过的人都知道喔!

数年之后,在杭州太守任上,他与朋友聚会时,忽然技痒,忍不住复做此羹,请仲天贶、王元直、秦少章品尝,这次他终于没忍住,借朋友之口羞答答地把自己的鱼羹往死里狠夸了一通:"此羹超然有高韵,非世俗庖人所能仿佛。"嗯,我这汤超凡脱俗,妙不可言,普通厨子确实做不来啊!

苏轼喜欢的美食甚多,但他对"羹"似乎特别偏爱,动辄就弄一锅,"时绕麦田寻野荠,强为僧食煮山羹",想来是因为食材易寻,而且制作极为方便之故。

有鱼时煮鱼羹,无鱼时就煮菜羹,即便是无肉之羹,他一样吃得津津有味,"不用鱼肉五味,有自然之甘",并名之曰"东坡羹",具体做法如下:

> 以菘若蔓菁、若芦菔、若荠,揉洗数过,去辛苦汁。先以生油少许涂釜。缘及一瓷碗,下菜沸汤中。入生米为糁,及少生姜,以油碗覆之,不得触,触则生油气,至熟不除。其上置甑,炊饭如常法,既不可遽覆,须生菜气出尽乃覆之。羹每沸

北宋 张择端 清明上河图（局部）

涌。遇油辄下，又为碗所压，故终不得上。不尔，羹上薄饭，则气不得达而饭不熟矣。饭熟羹亦烂可食。若无菜，用瓜、茄，皆切破，不揉洗，入罨，熟赤豆与粳米半为糁。余如煮菜法。

菘，白菜也；芦菔，萝卜也。
将大白菜、蔓菁（各地称"蔓菁"的食材甚多，并不相同，类苤

北宋 张择端 清明上河图（局部2）

蓝、甜菜等一类食材也有地方叫蔓菁的，根据文意推测，最接近东坡先生所言蔓菁者，是形似人参的一种食材，齐如山先生在《华北的农村》里介绍：不能生吃，蒸熟或熬菜粥均可，很甜但有些药味)、萝卜、荠菜切碎，揉洗数次，去除苦汁，并在锅的四壁及大瓷碗上涂油，然后把上述食材下到开水中，放入生米，姜少许，再将大瓷碗盖上，注意大瓷碗不要与汤接触，否则会有股油气。锅上放甑，仍像平时那样蒸饭，但不能立即盖上锅盖，须要等菜的生气完全除尽才行。

如此这般，羹熟，饭也正好可以吃了。一举两得，赞不赞？

黄州土产丰富，物价便宜，"鱼蟹不论钱"，至于笋，可以自己上山去挖，我们经常向往所谓的幸福生活，哪承想就是这么简单，对一个急于满足口腹之欲的吃货来讲，还有什么比这更快乐的事呢。

另有一样极便宜的食材，也是苏轼的心头好——"黄州好猪肉，价钱贱如土"，之所以便宜，是因为当地人不懂如何处理，少食猪肉，导致供过于求。而对嗜肉如命的苏轼来讲，这真真是个福音，便宜又美味，何乐而不为。

他做猪肉的方法特别简单：锅要洗净，添水少许，虚火慢炖，中间不要急喔，就让它一直炖吧，火候足了，管保美味——"早晨起来打两碗，饱得自家君莫管"，能吃两碗，想来味道一定极赞，而且不甚肥腻。

后人管这道菜叫"东坡肉"，它的关键点是"虚火慢炖"——只有抓住了这个要点，才可能做出一碗合格的东坡肉。

不过，老人家并未给出其他关键信息，以至于后人没办法精确地还原这道菜，比如水到底加多少，是没过猪肉，还是仅加到猪肉一半的位置；加不加佐料，加什么佐料；时间需要多久，一个时辰还是两个时辰……我推断，依苏轼不拘小节的天性，他想告诉我们的大概是：每家可根据自家的实际情况行事就好，比如，佐料照个人口味自行添加，有酱油就放酱油，没酱油用盐代替也行。

总之，这是一道开放的菜，是一道可以自由发挥的菜——如果掌握了虚火慢炖这个要诀的话。

他不只在菜品上下功夫，也在主食上做文章，变着法儿吃，"二红饭"便是在黄州时发明的主食。

> 今年东坡收大麦二十余石，卖之价甚贱，而粳米适尽，故日夜课奴婢舂以为饭。嚼之啧啧有声，小儿女相调，云是嚼虱子。然日中腹饥，用浆水淘食之，自然甘酸浮滑，有西北村落气味。今日复令庖人杂小豆作饭，尤有味，老妻大笑曰："此新样二红饭也。"

"新样二红饭"里的所谓二红，一是大麦，一是红小豆，将二者一起蒸，色泽红艳，因而称之二红饭。大麦是粗粮，不好吃，然而用红小豆调味之后，口味亦随之变化，比原来好吃多了。

黄州纵然物价便宜，但架不住苏家本来就穷，一来二去，先前的积蓄快要花完了，必须勒紧裤腰带过生活，为了省钱，必须管住嘴，以节约为第一原则。苏轼苦思之下，得一妙计，说其妙，不过是确实可以省，控制本不宽松的财政。这妙计便是：每月初取四千五百钱，分为三十份，一串一串挂在屋梁上，每天只用其中一串，不得超支。

元符三年八月，苏轼专门撰写一篇短文《节饮食说》，将其写成帖子，张于家中显著位置，以时时提醒自己和家人：

东坡居士自今以往，早晚饮食，不过一爵一肉。有尊客盛馔则三之，可损不可增。有召我者，预先以此告之，主人不从而过是，乃止。一曰安分以养福，二曰宽胃以养气，三曰省费以养财。

我老苏保证：从今以后，早晚饮食，不能超过一杯酒一个肉菜，贵客光临则不能超三杯酒三个肉菜，可减不可加。但凡有邀我赴宴的，我会提前告诉对方我的原则，主人若不照办，我就告辞回家。我这么做有三个目的：一是增加福分，二是护胃养气，三是节省钱财。

哈哈，说得这么义正词严，列举这么多理由，真实目的不过是——省钱而已。不过这个法子的执行效果到底如何，估计只有苏夫人知道了。

日子难过，但还想解馋，怎么办？

这可难不倒我们的这位大才子。他有三种方法，可随时解馋。

一是心理安慰法。他常常告诉自己，普通菜蔬和山珍海味相比，其实一点不差，同样可以充饥，可以满足口腹之欲，喜欢哪种食材，纯属个人爱好而已，与食材本身无关。他老年到海南时，因为缺少食物，他还曾习辟谷之术，吞咽日光以求自饱。

二是吃尽朋友家。他在黄州时结交的朋友，大多好客，他便会

宋 定窑 填白梅花盘

找各种机会,以访友之名,行口舌之欢,比如他的老乡,住长江对岸的王齐愈王齐万兄弟,便常邀请他过去做客,做丰盛的酒席来款待他。

三是聚餐解馋虫。苏轼虽常遭贬谪,好在他名声太隆,地方官大都尊敬他，官员的各种聚餐会上，一般少不了他的身影，这种酒席吃吃喝喝全无负担，借此机会，便可大快朵颐。

讲到这里，不知各位有无注意到一个事实，美食之于苏轼，不只是用来满足生理的需求，以及好吃的本性，还是他精神层面的一件大法宝。他借此法宝，排解人生中那些无趣的时刻，拯救失意的自我，以及无所依靠的灵魂。

美食是心性修炼的手段

被贬官和流放的多数时间里，容易陷入无所事事的牢笼，容易掉进情绪的陷阱，除了读书、写作、禅坐、修行，总还得找点什么实质的事情来做，否则很容易陷入虚无当中。

这时候，美食便成了一个调剂精神和体力的最佳选择。

凡做菜，需要用心，无论择菜、洗菜、切菜、炒菜，皆要聚精会神，而且可以活动身手，使血脉流通，吃菜也会调动全身器官，充分体会其色香味，若菜做得好吃，获家人或朋友认可，精神上又可得极大之满足。

现代研究表明，食物对人的情绪影响甚深，好吃的菜品或美味饮品，皆可以让人放松情绪，提升兴奋，达到满足。

苏轼在黄州的那几年，日子那么清贫，却过得那么愉快，除了夫妻和睦、修佛学道、广交朋友、辛勤劳作等原因之外，必定少不了经常下厨制作美食这个手段。

禅是一枝花，馋也是一枝花，都是心性修炼的手段，一个出世，一个入世而已。

苏轼最令人羡慕的一点，就是不论走到哪里，皆能随遇而安，到什么山上唱什么歌，去什么地方就吃什么地方的食材，被贬谪时可以尝尽苦头，做高官时也可安享荣华富贵。

元祐还朝之后，他的饮食生活得大改善，人在京师，望重士林，所来往者，不是达官显贵，就是当世名流，因而宴游不断，吃喝不辍，苏轼更加着意饮食，讲究口味，吃得非常高级。他参加的各种酒席，不仅菜品丰富，且多有美女相伴，他最喜欢喝至微醺，一边击拍听歌，一边欣赏莺莺燕燕的曼妙身影。

除朋友之间往来的酒席，还有官场应酬的饭局，以及例行的同行工作餐，如经筵官会食，经筵为皇帝听讲书史之处，宋代凡侍读、侍讲学士等官皆以"经筵官"称之，会食乃例定的聚餐，地点在宫中资善堂（皇子读书之地），某次席上，苏轼盛赞河豚美味，吕光明问他到底是怎样美法，苏轼说："值得一死！"

苏门四学士之一的张耒亦在《明道杂志》有记：诸人极口譬喻称赞，子瞻但云："据其味，真是消得一死。"人服，以为精要。

河豚美味，但剧毒无比，处理不当，有性命之忧，苏轼"值得一死"或"消得一死"的豪情实在是超级吃货的极佳写照，大概是经过他大力的推广与叫卖,"拼死吃河豚"竟成了老饕们挂在嘴边以彰显自己吃货精神的口头语。

苏轼身上像是安装了一个转换键,可根据实际情况随时切换。

有则笔记说,苏轼苏辙兄弟被贬南迁时,相遇于梧州和藤州之间,路旁有卖汤饼的,兄弟买而共食,但那味道实在太差了,几乎无法下口,苏辙把筷子丢到一边,轻轻叹气,苏轼则一口气吃得精光,他看着弟弟说,你还想细嚼慢咽吗?说完放声大笑。

他似乎早已掌握了人生的真谛:活在世上,总有不甚如意的时刻,但那又怎样呢,向它低头?向它告饶?向它祈求宽恕从轻发落?并无一点卵用,还不如放宽心,与不如意友好相处——黑暗总会过去,光明一定来临——若无此时难以下咽的汤饼,未来喝下美味的鱼汤时,也未必能get到那汤的鲜美。

如果说吃货有境界的话,苏轼显然已经修炼到最高那层。你看他随时随地不在吃,无时无刻不在吃,他已然将自己的全部人生,都奉献给了美食:不在家里吃,就在外面吃;富有时要吃,贫穷时也不忘吃;既吃有形的食物,亦吃无形之食物;一个人要吃,聚会时更要吃;旅游时要吃,出差时也要吃。

比如,苏轼在杭州任通判时,曾被派往湖州考察水利,行前,他特别写诗给湖州太守他的老朋友孙莘老,在诗中,他历数湖州名产,太湖的橘子、顾渚山的紫笋茶、梅溪的木瓜和吴兴厨子脍鱼的手艺……

> 余杭自是山水窟，仄闻吴兴更清绝。
> 湖中橘林新著霜，溪上苕花正浮雪。
> 顾渚茶牙白于齿，梅溪木瓜红胜颊。
> 吴儿鲙缕薄欲飞，未去先说馋涎垂。
> 亦知谢公到郡久，应怪杜牧寻春迟。
> 鬓丝只好封禅榻，湖亭不用张水嬉。

还没吃上一口，只是数数这些名产，已经口水直流了。

提及水果，又是他的另一大爱好。而对水果更进一步的热爱，则是在被贬岭南之后。岭南特产之果，因交通不便，为中原罕见，尤其是荔枝，饱满多汁，甜蜜可人，一吃之下，顿觉贬谪生活也没有那么痛苦了，于是便有了那首著名的《食荔枝》诗：

> 罗浮山下四时春，卢橘杨梅次第新。
> 日啖荔枝三百颗，不辞长作岭南人。

诗人用他擅长的修辞，说明荔枝之美味："荔枝厚味高格两绝，果中无比，惟江鳐柱、河豚鱼近之耳。"按理说，一边是水果，一边是肉食，断无可比之理，老人家想说的，荔枝是水果之王，江鳐柱、河豚则是肉食之冠罢。不过，"日啖荔枝三百颗"应

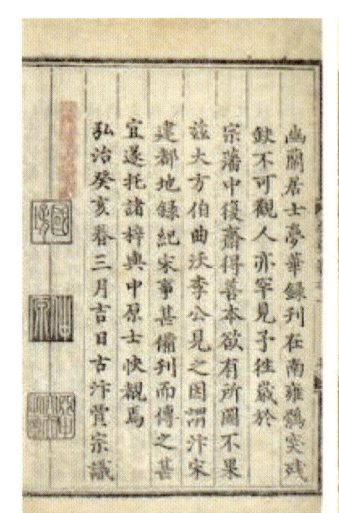 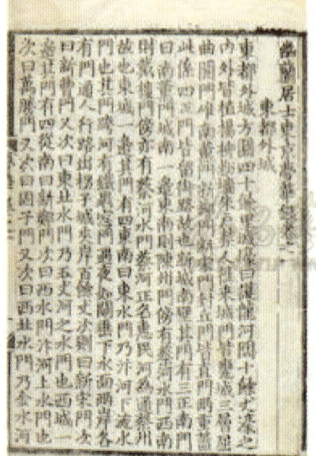

该是夸张的手法,每天能吃许多就是了。

一般的荔枝,六七月间方才所熟,苏轼所食,四月即熟,实是惠州当地一个早熟的品种,肉薄、核大、味酸,远非佳品,但在苏轼已吃得津津有味,他说,"余在南中五年,每食荔枝,几与饭相半"。敢情真的是拿荔枝当饭吃。

除荔枝外,他还爱吃杨桃,有诗为证:

> 糖霜不待蜀客寄,荔枝莫信闽人夸。恣倾白蜜收五棱,细劚黄土栽三丫。

据翁方纲注,五棱即杨桃,此果有五棱,用刀横切,片片皆有五

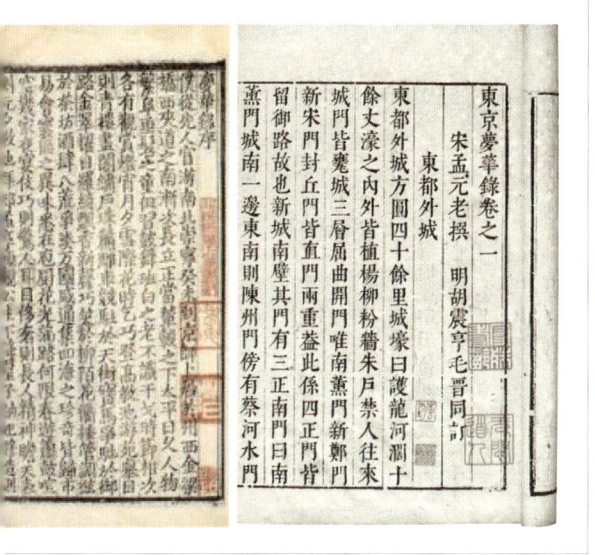

宋 孟元老 东京梦华录

角，放进白蜜里浸一下再食，酸甜可口。

苏轼虽然爱吃，但有挺长一段时间，他却被迫禁食忌食——那是被贬惠州之时。

说起原因，略显尴尬：跟随他多年的痔疮复发，疼痛难忍，而当地又无医药，只好用控制饮食的方法来对付这一顽疾。此前痔疮虽也曾经常发作，但好在还有良医相助，不像现在这般痛苦。

痔疮不算大病，却特别难根治——对于不喜欢忌口的吃货来讲更是如此。苏轼苦此病甚久，数次通过书信向表兄程之才报备病情进展情况。

其一：某近以痔疾，发歇不定，亦颇无聊，故未和近诗也。

【大意】我最近一直和痔疮斗争，没心思和你的诗作啊，老兄。

其二：老弟凡百如昨，但痔疾不免时作。自至日便杜门不见客,不看书,凡事皆废。

【大意】痔疮搞得我没心思干任何正事儿!

其三:轼近来眠食颇佳,痔疾亦渐去矣。

【大意】告诉你一个好消息,我的痔疮快好了,吃得好睡得香。

其四:苦痔疾逾旬,牢落可知,今渐安矣,不烦深念。

【大意】哥,你知道我这十来天怎么过的吗?好在这会儿痔疮消停了。

为求根治,他真的下了决心,断酒肉,断盐酪酱菜,之后甚至把米饭也给断了,每天只吃不放盐不放酱的淡面,真真饿不过了,才吃些胡麻和茯苓的混合物以填饱肚子。中医认为,茯苓味甘、淡、性平,有利水渗湿、健脾健胃之效,长期服用可增强脾的升清和统血功能。

黑芝麻味甘、性平,有滋补肝肾,益血润肠通便之效。

长期服用茯苓芝麻面可起到祛湿健脾,改善痔核脱出、便血和便秘,从而达到治疗痔疮的目的。

如此这般一两个月后,病势稍退。

旧苦痔疾二十一年,今忽大作,百药不效,欲休粮,以清净胜之而未能,今断酒肉与盐酪酱菜,凡有味物皆断,又断白米饭,惟食淡面一味,其间更食胡麻、茯苓面少许取饱。胡麻即黑芝麻也,去皮久蒸暴,白茯苓去皮入少白蜜为美,杂胡麻食之甚美。如此服食多日，气力不衰，而痔渐退。又云：既知此面及淡面更不消别药，百病自去，此长年之真法也。

这大约是除读书外，苏轼做得最有毅力的一件事情了，对于一个自控力不强的吃货，能毅然抛弃一切美味，世间最大的折磨莫过于此了吧。

不过他借着治病的当儿，又专为痔疮患者发明了一种可以治病的食物，也未负了老饕美名。

更多时候，面对口腹之欲，毅力经常被击打得溃不成军。比如他得红眼病时，也要忌口，不能吃肉，但他找理由为自己辩解：我决定不吃，但我的嘴巴不同意我的决定啊。

余患赤目，或言不可食脍。余欲听之，而口不可，曰："我与子为口，彼与子为眼，彼何厚，我何薄？以彼患而废我食，不可。"

哈哈，吃货的心思就是这般赤裸裸。

苏轼爱肉，爱到什么程度呢？

前面《节饮食说》其实已经为我们揭晓了答案：即便穷到那般田地，每天还要吃肉——五行缺鱼之外，他还五行缺肉。

但他吃肉也是很讲原则的——不亲自杀生，这样的习惯最初源于母亲程夫人之教育。而到了黄州之后，他决定在先前基础上更进一步，甚至微小如蟹蛤之类，也不要杀。

所以有这样的决定，皆系此前乌台诗案得出的启示。当他被关在御史台狱中，犹如"待宰之鸡"时，对那种绝望与凄凉的心境有了特别真切和生动的感知。这番经历让他认识到不管任何生命都有被尊重之必要。

自此之后，凡有人送他活物，他都要放生。再加上他曾深入研究佛经，更觉生命可贵，断无伤害之理，杀生的事再不能做。

他第一次到好友陈季常家时，陈家杀鸡捉鸭招待客人，他固然欣慰于陈氏的热情，却觉得因为人类的口腹之欲，要杀掉这些活物，于心不忍。待第二次再去陈家时，他首先声明，千万不要为他杀生。

为劝阻陈季常杀生，还专门作了首诗《我哀篮中蛤》：

> 我哀篮中蛤，闭口护残汁。
> 又哀网中鱼，开口吐微湿。
> 刳肠彼交病，过分我何得。
> 相逢为寒温，相劝此最急。
> 不见庐怀慎，蒸壶似蒸鸭。
> 坐客皆忍笑，髡然发其冪。

南宋 马远 华灯侍宴图

不见王武子,每食刀机赤。
琉璃载蒸豚,中有人乳白。
庐公信寒陋,衰发得满帻。
武子虽豪华,未死神已泣。
先生万金璧,护此一蚁缺,
一年如一梦,百岁真过客。
君无废此篇,严诗编杜集。

　　据说,陈季常读过此诗后,听从苏轼劝告,不再杀生。这诗甚至还影响到陈家的邻里乡亲,有人读后,不只不再杀生,甚至连肉也不再吃了。

第二章

超级驴友：故乡无此好湖山

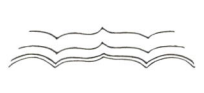

苏轼一生中,最想实现的小目标,大约就是和弟弟苏辙一起退隐乡下,过闲适隐逸的幸福生活。

但终其一生,他并未能真正地闲适和隐逸过——甚至连较为长久持续稳定的生活都不曾拥有——他人生的大多数时间,或者在仕途上奔波,或者在谪地间迁徙,一直被动地行走在人生的路上。

晚年总结过往,老人家意味深长地做了一通自嘲:"问汝平生功业,黄州惠州儋州。"——想苏某人一生,好像并没有建啥功立啥业——我不是在贬谪之地,就是在去贬谪之地的路上。

漂泊无定的生活虽不算佳,倒在客观上满足了他旅游的爱好——他骨子里时时涌动着流浪者的气质,他喜欢在路上漂泊的感觉——风景是移动的,身体是自由的,借机看遍大好河山,阅尽风土人情。

旅途是他增益见识的途径,也是他了解社会的窗口。

也曾遇到穷山恶水,也曾遇到危险时刻,但在他而言,这些都是人生际遇的一部分,他很擅长从普通平淡甚至乏善可陈的地方发现特别的风景。

他说,"九死南荒吾不恨,兹游奇绝冠平生","九死南荒"和"兹游奇绝"都是他传奇人生的注解。

有好事者统计,苏轼一生,行走大半个中国,足迹遍及十四省,东边到过登州(今山东蓬莱),西边到过凤翔(今陕西凤翔),北边到过定州(今河北定州),南边到过儋州(今海南儋县),行程之远,跋涉之广,很可能创下了宋代官员长途跋涉的吉尼斯纪录。

他几乎用了一辈子的时间来旅游,堪称资深驴友。

他又不同于普通观光客,也不同于一般驴友,他去的大多数目的地,总要住上几年,深入并了解那个地方,最后爱上那个地方。他也不只把自己当成过客,他还积极地参与到当地的文化和其他领域的建设当中。

南宋 马远
山径春行图

　　现在交通工具快捷方便，想坐汽车、高铁、飞机，任选便是，千里之遥，短则一两个小时，长则不过一天即可到达。北宋时代的速度，那就慢得多了。可选交通工具少得可怜：要么是船，要么是车，宋时缺马，以牛或骡拉居多，"从前的日色变得慢，车/马/邮件都慢"，宋代的造船技术虽很发达，但仍然要以风为动力，和今天的速度并无可比之处。

苏轼每次出远门，从出发地到目的地，少则需一两个月，多则半年甚至更长，可见那时旅游是件多么麻烦的事。

只要踏上旅途，他想要表达的情绪也特别多。他是感情极丰富的人，心中但有所感，都想要抒发出来，形之于诗词文章。

他把风景内化成自己人生的一部分。

得意或失意的路上

对于古代的读书人，"读书"和"行路"是人生必修的两大主题，读书是为明理，为科举，为建功立业；行路是为增益见识，开阔眼界，了解更广泛的现实社会。

读书是知，走路是行，读书和走路结合起来，才算真正的"知行合一"，是理论与实际的完美结合。

苏轼常常借由行走在路上的当儿，观察和理解大宋现实社会情形，了解民生疾苦；也经常抒发个人的心绪，倾吐那一腔衷肠。

只要踏上旅途，必经之处他都想要多了解一下，百姓生活、农耕水利、社会治安、世风民情都在他的观察范围之内。

嘉祐四年（1059）十月，苏轼苏辙兄弟服完母丧，与父亲和家人一起前往开封,为仕途做准备。他们由水路启程,自故乡眉州入嘉陵江,但见滔滔江水奔流不止,绝崖断壁形如斧削,二十四岁的青年才俊站立船头,忍不住抒发凌云壮志:"故乡飘已远,往意浩无边。"目之所及尽是美景,但他心中所思所想,应该是建功立业的事情了吧。

到荆州时,因近年关,停留数日,有感于当地风土见闻,作《荆州十首》,他哭战国,为屈原遭遇而悲愤;他悲三国,为刘表徒有虚名而慨叹;他哀农事,为百姓不事耕作而痛惜;他叹英雄,为"百年豪杰尽,扰扰见鱼虾"而不平……一个即将出仕的青年,心中装的尽是家国天下。

过唐州(今河南唐河县)时,太守赵尚宽正发动戍卒,招揽流民,以修复三陂一渠,此项工程一旦完工,可灌溉良田万亩。赵太守此举,不仅可以安顿流民,而且利于社会稳定,苏轼对此极为钦佩,虽是匆匆行路的过客,亦为赵太守的行动所感召,作《新渠诗》五章,代赵太守布告于道:"侯谓新民,尔既来止。其归尔邑,告尔邻里。良田千万,尔择尔取。尔耕尔食,遂为尔有。"不用再流浪了,各位,赶紧来这儿种地啊,先占先得,安居乐业。

即将步入仕途,他那救世济时的思想在赵太守的感召下,彻底被激活了,更加坚定了为普通百姓做事的想法。

这一想法持续了一生,但有机会,即便身为犯官,都会想要为百姓做些实事,或修路,或架桥,或捐钱,或成立救助基金,发展慈善事业。

嘉祐六年（1061）冬，苏轼赴陕西凤翔任，路过五年前旧游的渑池，再访当年奉贤和尚的精舍，曾经接待过他和弟弟苏辙的奉贤老和尚已经去世，兄弟俩当年题诗的墙壁也已颓坏，诗句自然无从寻觅，苏轼顿觉人生无常，如天上飞鸟，他有感而发，写下那首著名的《和子由渑池怀旧》：

> 人生到处知何似，应似飞鸿踏雪泥。
> 泥上偶然留指爪，鸿飞哪复计东西。
> 老僧已死成新塔，坏壁无由见旧题。
> 往日崎岖还记否，路长人困蹇驴嘶。

行至关中地区，他看到地方残破，村庄萧条，贫穷的农民比比皆是，这位忧国忧民的青年官员，又忍不住为民生多艰而哀叹不已。

熙宁五年（1072），苏轼到杭州仁知县汤村督导水利工程，对于当地百姓的遭遇，他愤愤不平，怒而写下"盐事星火急，谁能恤农耕"（《汤村开运盐河雨中督役》），赴湖州督导堤岸工程，感慨于受官吏盘剥的百姓，又写下"卖年纳税拆屋炊，虑浅不及明年饥"（《吴中田妇叹》）。

他能体味百姓的生存之艰，但多数时间内都无能为力，于是那感慨里又多了一丝无奈。

他掌控不了百姓的命运,甚至也无法掌控自己的命运。一旦陷入这种思维洼地时,他出世的梦便隐隐地发作了。

就像到湖州出差那次,他与孙莘老等友人饮酒时约定:莫谈时事,违令者罚酒一大盏。席间写给朋友的诗句,尽是寥落无奈,《赠孙莘老七绝》第一首:

嗟予与子久离群,耳冷心灰百不闻。
若对青山谈世事,当须举白便浮君。

又比如,从徐州去湖州上任的路上,他顺道要拜访在南都(今商丘)的弟弟苏辙,在马上,他想了许多要对弟弟说的话,形之于诗五首,寄给子由,第一首便说:

前年过南京,麦老樱桃熟。
今来旧游处,樱麦半黄绿。
岁月如宿夕,人事几反覆。
青衫老从事,坐稳生髀肉。
联翩阅三守,迎送如转毂。
归耕何时决,田舍我已卜。
卜田向何许,石佛山南路。
下有尔家川,千畦种粳稌。

北宋 马麟 秉烛夜游

超级驴友

故乡无此好湖山

老弟啊,前年我到南都,麦老樱桃熟,而今再来,樱桃和麦穗也将成熟。岁月如旧,人生反复,来来回回没啥意思。要不咱回老家眉州的石佛镇上当个普通老农去?

还是这一次上任路上。到扬州,老友鲜于子骏设盛宴于平山堂,许多人前来陪他饮酒,"名士堵立,看其落笔置纸,目送万里,殆欲仙去耳",苏氏风采惹得众名士称颂不已。

几杯之后,怀着醉意,写下怀念先师欧阳修的《西江月》:

三过平山堂下,半生弹指声中。十年不见老仙翁,壁上龙蛇飞动。

欲吊文章太守,仍歌杨柳春风。休言万事转头空,未转头时皆梦。

蹉跎了多少时光,虚掷了多少岁月,人生如此虚空,仿若一场春梦。对去世的人来讲,一切皆空,但对于活着的人,又何尝不是?

乌台诗案后,他从京师去黄州,一路之上,铺满了悲伤,狱中所受的非人折磨,在他心底留下了深深的刻痕。旅途中所作的诗,充满落拓之后的疲惫。

渡淮河时,时值寒冬,住在昏冷阴暗的驿所,他能感受到的,是一阵一阵彻骨的冷鞭打自己的身体和心灵:

>朝离新息县,初乱一水碧。
>暮宿淮南村,已渡千山赤。
>磨鳎号古戍,雾雨暗破驿。
>回头梁楚郊,永与中原隔。
>黄州在何许,想像云梦泽。
>吾生如寄耳,初不择所适。
>但有鱼与稻,生理已自毕。
>独喜小儿子,少小事安佚。
>相从艰难中,肝肺如铁石。
>便应与晤语,何止寄衰疾。

过关山时,山上梅花正盛,但他的心境依然悲凄阴暗,从来不说寂寞的他在此刻却更加寂寞:

>春来幽谷水潺潺,的皪梅花草棘间。
>一夜东风吹石裂,半随飞雪渡关山。
>何人把酒慰深幽,开自无聊落更愁。
>幸有清溪三百曲,不辞相送到黄州。

谁不是人间惆怅客?只是有人表达出来,有人埋在心底而已。而苏轼的寂寞和惆怅后面,是深深切切的悲凉,那悲凉是可以击

明 丁玉川（旧传元吴镇）后赤壁赋图

穿心底的,那悲凉是可以彻底叫人颓废的。

似乎只有旅途之上,他才能将这种情绪全面地释放。这种释放,恰是他能保持心理健康通达的原因,总是憋着,怕是早憋坏了,他不管不顾地抒发出来,整个人就会变得舒坦、自在。

人人都说苏东坡豪放,我却时时有种感觉,像他这样的天才,太容易看透人生的真相,难免常常被寂寞围攻,悲凉也是他人生的底色。

可喜的是,他有一种强大的自我调整能力,他能及时地从坏情绪里拔出双脚。如罗曼·罗兰所言,"世界上只有一种英雄主义,就是看清生活的真相之后依然热爱生活"。

当他得知被贬往海南,反而不再害怕,不再惊恐,他坦然地接受了这一结果,考虑到可能再无生还中原的机会,他向儿子苏迈交代了后事,并打算一到海南,先做棺材,再造坟墓。其实,在海南那个蛮荒之地,并无棺木一说。因而有后人称,苏轼是带着一口棺材去到海南的。

中途过藤州,遇到了正赶往雷州贬地的苏辙,兄弟俩有机会在此相见,却是喜不自胜:

今年各地迁,百事付诸子。
谁言瘴雾中,乃有相逢喜。

兄弟俩在一个卖汤饼的摊贩那儿进餐，买饼共食，饼子难吃，苏辙无法入口，只得置箸而叹，苏轼把自己的一大份吃得精光。

他还跟弟弟开玩笑："九三郎，尔尚欲咀嚼耶？"自己大笑不止。

在这样恶劣的境况下，还可以放声大笑。足以说明，他已经放下了内心的恐惧和不安，绝望和无助。

他好像在跟命运说，即便如此，又怎样。

但把风景都看透

苏轼足迹，遍布南北。

他跨过黄河，涉过淮河，漂过长江，奔向过大海的怀抱。

每至一地，苏轼必然遍访名山大川，但并非所有地方都有名山大川，苏轼厉害的地方是，在那些平庸甚至乏味的地方，也能发现风景。

在他眼里，凡物皆有可观，凡景皆有可取。名山大川自然要体会感受，穷山恶水中也能寻得快乐。

杭州西湖是美景，颍州西湖又何尝不是？庐山、石钟山是美景，密州的常山、黄州的赤壁又何尝不是？他能从雄伟壮观的景色里领略千里江山的多彩动人，又能从日常普通的景色里感悟生命的道理。

他最初的任地凤翔，山秃水浊，荒凉不堪，失望之余，他仍自带一双慧眼,从平淡普通里发现能够抚慰心绪的地方。在城北的开元寺,他研读先秦的《诅楚文》碑,观赏吴道子画的佛像、王维画的竹;凤翔东北郊有天柱寺,在那里他参观唐开元时的雕塑家杨惠之雕塑的维摩像;他还在城东发现了东湖,水清如碧,一如自己家乡的蜀江,自此,东湖成为他游玩的重要目的地,但有机会便去玩个痛快。

密州亦属贫乏之地,与他在杭州时的热闹断无可比,不但没有衣袂飘飘的姣好女郎,人来人往的热闹派对,就连稍佳一点的山水景致也无。难怪他总怀念起杭州的美好,"灯火钱塘三五夜,明月如霜,照见人如画"。

即便如此,他也能玩出花样。"老夫聊发少年狂,左牵黄,右擎苍",没有娱乐节目,就去常山打猎,习射放鹰,跃马扬鞭,快乐丝毫不少。

没有景致,就去自己筑造,他建超然台,建盖公堂,想来这两处建筑也不是什么豪华去处,但他乐得其所,常常前来,日常繁重的公事之余,到超然台上眺望,到盖公堂里闲坐,疲惫一扫而空。他有一双点石成金的手,这普通至极的建筑,经他的《超然台记》和《盖公堂记》两篇文章,而成了人文胜景,广为天下人所知。

流传千古的"明月几时有",便是在超然台上完成的,不只如此,在上面还产生过另一佳作《望江南》:

春未老,风细柳斜斜。试上超然台上望,半壕春水一城花。烟雨暗千家。

寒食后,酒醒却咨嗟。休对故人思故国,且将新火试新茶。诗酒趁年华。

在他笔下,密州风景哪里有什么不堪?比起杭州来,似乎也不差半点:不只有"风细柳斜斜",还有"半壕春水一城花"。

他住了五年的黄州,紧邻长江,有山有水,比密州是好了不少,但也没啥十分拿得出手的风景,去得最多的,不过是赤壁和他劳动的东坡。时间久了,与这些普通景色有了感情,再加上他生花妙笔,所有的景色都优美动人,引得人向往不已。

你看他笔下的赤壁,"清风徐来,水波不兴","月出于东山之上,徘徊于斗牛之间。白露横江,水光接天",好一方人间胜景。

在赤壁之下,他思接千载,跨越古今,思索人生,领悟哲理。

你看他笔下的东坡,哪里只是一块农地,分明是精神放适之所,"雨洗东坡月色清,市人行尽野人行。莫嫌荦确坡头路,自爱铿然曳杖声",月色清明,农人踏着月影归家,道路并不平坦,杖声却清亮悦耳。

他经常在东坡上与老农们一起饮酒,相互逗趣;他经常在雪堂里接待朋友,谈论艺术。

因为苏轼,赤壁和东坡乃至雪堂都被赋予了全新的内涵,不再

超级驴友

故乡无此好湖山

明 仇英
春游晚归图

只是一个平淡无奇的地点,而是拥有了人文意义的景致。

他就有这种点石成金的本领。

即便那些被人吟诵过无数遍的壮丽美景,亦因苏东坡的吟诵而更增色。

他爱西湖,从来不惜笔墨加以描摹,经他大力鼓吹,西湖成为后世人人向往之处。一读那些诗句,就忍不住想要亲近西湖的那颗心。

像这首《饮湖上初晴后雨》:

水光潋滟晴方好,山色空蒙雨亦奇。
欲把西湖比西子,淡妆浓抹总相宜。

又像这首《六月二十七日望湖楼醉书》:

黑云翻墨未遮山,白雨跳珠乱入船。
卷地风来忽吹散,望湖楼下水如天。

又像这首《夜泛西湖五绝》:

新月生魄迹未安,才破五六渐盘桓。
今夜吐艳如半璧,游人得向三更看。

他游庐山，本不打算写诗，因为前人已写太多，再写也难出新意。哪想景色太美，游人热情，争相与他招呼，他那颗未遂的诗心，终于发作，写下那首著名的《题西林壁》：

横看成岭侧成峰，远近高低各不同。
不识庐山真面目，只缘身在此山中。

此诗一出，再无出其右者。庐山从此再也不只是一座山，它承载了诗人的哲思：从不同角度看事情，所得结论会大相径庭，事情总是复杂的，能认清本质又何其不易，身为局中人，我们常常为各种外因迷惑，就是受到认识条件的限制。因此，要想获得正确认知，必须跳到局外。

不过诗人写景摹物，偶也有失手时候。东坡到达惠州前，曾在友人陪同下同游岭南仙山罗浮，得《游罗浮山一首示儿子过》：

人间有此白玉京，罗浮见日鸡一鸣。
南楼未必齐日观，郁仪自欲朝朱明。

不是诗写得不好，是用典多，不通俗，不利于流传，因此罗浮山的知名度未能因东坡而有所附丽。反而是那首歪打正着的《惠州一绝》叫人记住了罗浮山的荔枝：

罗浮山下四时春,卢橘杨梅次第新。
日啖荔枝三百颗,不辞长作岭南人。

大约是人们太过喜欢苏东坡,都喜欢拿苏东坡做文章,特别是缺乏人文资源又想在旅游上做大做强的地方。眼下,全国范围内与苏东坡有关的遗址、公园、景区多达一百多处。

苏轼因在登州当了五天太守,当地便建了苏公祠,还美其名曰"五日登州府,千年苏公祠";江西南康因苏轼南迁经此,当地建了"苏步坊";徐州则号称要在以云龙山为中心的云龙湖风景区,建设全国最大的苏轼文化游览区;在他的故乡眉山和第二故乡黄州,与之相关的景点和遗迹更是多不胜数。

早先他是写风景的人,现在他成了风景里的人。

东坡为什么爱旅行

夫子说:"智者乐水,仁者乐山。"

山水可以滋养人的品性,风景可以开阔人的眼界,人生有限,若只停留在其中一处,天地就会变得狭小,世界就会显得逼仄。

苏东坡因山水而旷达,苏东坡因风景而丰盛。他爬有机会可爬的任何山,他亲近有机会亲近的任何水,他把一切风景都纳入到自己的视野,并在精神上与这些风景融为一体。

《天堂电影院》里有句台词说,如果你不出去走走,你会以为这就是整个世界。

他自由的天性,唯有在旅行的路上,方才得以尽情

南宋 马远 山水图

超级驴友

故乡无此好湖山

地挥洒。在其所处的官僚体制里,他还要做不想做的事,说不想说的话。但一踏上旅途,他可以短暂地放下一切,彻底自由。

你看,他每一次在路上都是那般活泼,那般自在,说什么做什么全是兴之所至。因为没有禁锢,没有思想上的压力和牵绊,那么多妙语脱口而出,随性组合便成流传天下的诗词文章。

他走过不同地方的路,行过不同地方的桥,更见过形形色色的人——偶遇的各地百姓,江湖上的侠客隐者,管理一方事务的官员,谈佛说理的禅师和尚,陪舞侑酒的娇俏姑娘……旅行的目的不只是风景,还有人。

在旅途中,领略人性之恶和人性之美,感受社会的复杂与矛盾。

见得愈多,感受愈多,愈是超脱。

有两个故事值得一提。

贬惠州时,往岭南路上,路遇两个道士。他们看到苏轼,退回到茅屋里,深入不出。苏轼讶异,便对押送的使臣说:"此中有异人,可同访之。"

进得屋来,道士问使臣:"此为何人?"

答:"苏学士。"

"得非子瞻乎?"道士问。

使臣答:"学士始以文章得,终以文章失。"

两道士相视而笑,曰:"文章岂解触荣辱,富贵从来有盛衰。"

苏轼的朋友赵令畤记载过另一个故事:

东坡老人在昌化,尝负大瓢,行歌田间。有老妇年七十,谓坡曰:"内翰昔日富,一场春梦。"坡然之,里中呼此媪为"春梦婆"。

想来,这样的故事有助于让他放下,对生老病死富贵贫穷再无执念。所以,从海南渡海北归的那个晚上,他才能写下那首著名的诗《六月二十日夜渡海》:

> 参横斗转欲三更,苦雨终风也解晴。
> 云散月明谁点缀?天容海色本澄清。
> 空余鲁叟乘桴意,粗识轩辕奏乐声。
> 九死南荒吾不恨,兹游奇绝冠平生。

这才是旅行者的态度啊,他的恨意全无,因为领略到的风景,远远多于那曾经历过的苦难。

其实,即便有那些苦难,也早已内化为生命中的一部分,滋养着他,使他拥有了丰富立体的人生。

第二章

嗜茶者：乳瓯十分满，人世真局促

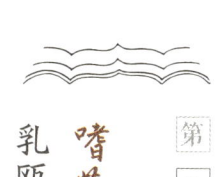

中华茶文化发展至有宋一代，取得了长足的进步。

不管是种茶的技术，制茶的方法，还是饮茶的场景，以茶为游戏的乐趣，都比前代更为发达。茶不再是达官贵人及迁客骚人雅聚的专属，连普通百姓也将饮茶当成日常生活的重要内容、享受生活的最佳方式。孟元老《东京梦华录》称："……以南东西两教坊，余皆居民或茶坊，街心市井，至夜犹盛。"宋代民间茶事之发达，由此可见一斑。打开张择端的《清明上河图》，对茶事发达的认知更为直接：沿河茶肆众多，屋檐下、店门前设有茶桌，饮茶者怡然自得地享受着美好的时光。

宋人饮茶，使用的器物精美，技艺复杂，仪式亦相当烦琐，茶不仅是人们物质生活的基本需求，更是精神生活中不可或缺的必备要素。

东坡嗜酒，酒量却不佳，但饮酒总可以叫人忘却眼前的烦恼，在虚幻的温柔乡里获得短暂的逃离；东坡亦好茶，是茶的深度爱好者和研究者，善饮又能饮，茶所营造的轻松恬静的状态和氛围，最能让他在现实里感受世俗生活之美好。

他通过茶，放松了身心，舒展了情绪，精神获得了极大的自由和解脱。

于苏东坡而言，酒是他逃避现实的最佳道具，茶则是他通往精神世界的幽径。在他66年波折坎坷的人生里，酒和茶缺一不可，且互相不可替代。

假如说，酒是他忠直不二的男性好友，而茶则是他滚滚红尘里的红颜知音。

因为"从来佳茗似佳人"。

他对茶执着的爱，跨越了整个人生。

宋人怎么喝茶

中国茶,兴于唐,盛于宋,由于文人广泛的参与,有宋一代,终于使茶脱离了生活必需品的范畴,而演变成精神生活里的重要元素。

在上,徽宗皇帝赵佶亲撰《大观茶论》,在下,有蔡襄撰《茶录》、丁谓撰《北苑茶录》、叶清臣撰《述煮茶泉品》、黄儒撰《品茶要录》,等等,更有欧阳修、苏轼、黄庭坚、陆游等社会名流的鼓与呼,饮茶之风终成规模,中国历史上第一次全民饮茶风气轰轰烈烈地就此展开。

大家都饮茶,你好意思不饮?

不饮茶,你拿什么与人沟通?不饮茶,去哪里获取最新资讯?对于宋人而言,茶不再只是一杯简单的饮品,它还是人们交际的通道,获取流行信息的平台。

宋人饮茶法,基本是两种,一种叫煎茶,一种叫点茶。

煎茶历史悠久,出现的时间应该不晚于唐朝,它是将研成细末的茶投入到滚水中煎煮;而点茶则是将茶末先在盏中调制,然后用滚水冲点。这两种饮茶的方式在中国都没能流传下来,而点茶则被日本人引入本土,后经一系列茶人通过实践和理论上的操作,使之演变为今天日本的茶道。

唐人煎茶,习惯在煮茶时放入姜、枣、盐、茱萸等佐料调味,陆羽对此深表不然,他认为只要放盐就行了。读者诸君用心感受一下,唐人煎的茶是不是有股中草药的味儿?

煎茶还需要注意一点,那就是茶与水的比例要恰当,水多茶味则淡,水少茶味则浓。

而宋人煎茶,更多是强调茶的原味。

苏轼对唐人乱放调料的做法很不满,他在《东坡志林》里说：唐人煎茶用姜,故薛能诗云,"盐损添常戒,姜宜煮更夸",据此,则又有用盐者矣,近世有用此二物者,辄大笑之。

"辄大笑之"的意思是说,怎么能这样！鄙视你们。

扬之水先生说："煎茶以它所蕴含的古意特为士人所重,这实在是两宋茶事中最不应忽略的一个重要细节。"

宋人继承并守护了煎茶的古意,且将其推向一种清淡、虚无的境界,将茶事独立于流俗之外,如洪咨夔诗句,"不交半谈共细啜,山河日月俱清凉"。

煎茶和点茶是两宋并行的饮茶法。而点茶,由于文人和士大夫的大力倡导,而成为风靡全国的饮茶方式,从庙堂之上到江湖之远,流行和普及程度极高。而煎茶,更多是在士人阶层中流行。

点茶,则是宋人在煎茶的基础上,独创的饮茶法。

它的整个过程是：炙烤茶饼(炙茶),碾磨成末(碾茶)；用绢罗筛茶(罗茶),选水与烧水(候汤),温热茶盏(熁盏),将茶末投入茶盏,使用少量水搅和茶末(调膏),调匀、添注茶汤,调出泡沫,又称汤花、沫饽(击拂)。

南宋 刘松年 撵茶图

点茶使用的茶器更是多种多样：从风炉、汤瓶到茶碾、茶磨，从茶罗、茶匙到茶筅、茶盏，在讲究的文人那儿，茶器与茶与水一样，务以精美为要，唯有如此，方可达到点茶所需要的境界：一场茶事下来，茶品、水品、茶器、技巧融为一体，诸美并具，缺一不可。

显然，点茶比煎茶更为耗时费力，也更为讲究。

对于点茶的优劣，宋人有严格的评定：以沫饽出现是否快、水纹露出是否慢为标准，沫饽洁白、水脚晚露而不散者为上。

优质的点茶，应当做到茶乳融合，茶汤浓稠，饮下去之后，盏中汤花仍胶着不干，此种现象称为"咬盏"。

点茶的出现，催生了斗茶这一博弈游戏的盛行。所谓斗茶，即比赛茶的优劣，又称斗茗、茗战。斗茶者各取所藏好茶，轮流烹煮，以点茶方法进行评茶及比试茶艺高下。

刘松年有两幅名画，《茗园赌市图》和《撵茶图》，是宋代关于斗茶最真实最生动的画作。

《茗园赌市图》中，左侧共有五位男子，一位端着茶盏，似乎刚刚喝完，正在仔细品味，一位正要举盏而饮，一位拿着汤瓶在冲点茶汤，一位喝完茶正擦拭嘴角，还有一位斗茶失败正要落荒而逃。画面右边，男子站在茶担旁，一手搭着茶担一手掩嘴，吆喝叫卖，茶担一头贴着"上等江茶"的招贴，另有一位手拿汤瓶、茶盏等茶具的妇女，边走边回头看四位斗茶人。

《撵茶图》中，左侧共两人，一人跨坐于一方长条矮几上，右手以茶磨磨茶；石磨旁横放着茶帚，用来扫碾碎的茶末。另一人伫立于黑色方桌边，左手持盏，右手提汤瓶点茶。他左手边是煮水的风炉，右手边是贮水瓮；方桌上是筛茶的茶罗、贮茶的茶盒、白色茶盏、红色盏托、茶匙、茶筅等用器。

右侧共三人：一僧人正创作书法，神情专注；一羽客与僧人相对而坐，意在观览；一儒士端坐其旁，似在欣赏。

这幅画展现的，正是宋代文人茶会的真实场景。

两张画一俗一雅，相得益彰，放在一起看就会发现：斗茶这种风俗跨越了地域和阶层，成为全国人民喜闻乐见的一种饮茶游戏。

而宋朝，是茶从士人阶层走向平民化的一个时代。

活水还须活火烹

苏轼爱饮茶，饮得还很专业，说他是茶的理论家，是中华茶文化史上的重要人物，亦不为过。

正是他与宋代的诸多文人一道，筑就了茶文化的一个高峰，使茶成为风靡天下的时尚饮品，"君子小人靡不嗜也，富贵贫贱靡不用也"，宋代茶文化有两大特征，一是市井需求的兴起，使茶成为日常生活之必需品，普通百姓也成为爱茶客，饮茶之风于民间广为盛行；二是内省精致的趋向，文人墨客将饮茶视为风雅之事，讲究品位和情调，讲究氛围之幽雅，器具之名贵，与饮对象之匹配，欧阳修有诗曰，"泉甘器洁天色好，坐中拣择客亦嘉"，泉水是甘甜的，器具是洁净的，天色是晴朗的，客人是相称的，茶当然也要新的，你说精不精致？

这一片神奇的东方树叶所引领的潮流，在1000年前的华夏大地上就已蔚然成风。

甚至高贵如皇帝徽宗，亦不惜放下身段，热烈地参加到这一潮流当中，谈茶，饮茶，撰写《大观茶论》，为茶的推广助力。

苏轼茶喝得多，心得也多，论茶的诗词颇多。

如这首《试院煎茶》：

> 蟹眼已过鱼眼生，飕飕欲作松风鸣。
> 蒙茸出磨细珠落，眩转绕瓯飞雪轻。
> 银瓶泻汤夸第二，未识古人煎水意。
> 君不见，昔时李生好客手自煎，贵从活火发新泉。
> 又不见，今时潞公煎茶学西蜀，定州花瓷琢红玉。
> 我今贫病长苦饥，分无玉碗捧蛾眉。
> 且学公家作茗饮，砖炉石铫行相随。
> 不用撑肠拄腹文字五千卷，但愿一瓯常及睡足日高时。

据陆羽《茶经》,水有三沸:其沸,如鱼目,微有声,为一沸;缘边如涌泉连珠,为二沸;腾波鼓浪,为三沸;已上,水老,不可食也。

"鱼目"是陆羽的发明,"蟹眼"则是唐人皮日休的说法。

按苏诗中第一句"蟹眼已过鱼眼生"来论,蟹眼应是发生在鱼眼前的一个过程,从蟹眼到鱼眼,是水泡变大水温升高的过程。

初沸之时,水泡微细而小如"蟹眼",之后沸声渐大,水面起泡渐如"鱼眼",沸腾之声恰如松风阵阵,即为一沸。此时,将炭火扇旺,使火焰跃动,这跃动的火焰便是"活火",活火急煎,水沸得更为激烈,茶铫边缘的水像涌动的泉眼一般冒出来,是为二沸。之后如波浪翻滚,则为三沸。

一沸时水性尚生,无法激活茶的品性;二沸时水性最佳,最容易煎出好茶来;等三沸时水就太老了,泡出来的茶汤也必然会老。

将碾好的新茶投放于茶瓯之中,用二沸的水冲下,但见杯中茶末随水激荡流转,雪白的茶乳(白沫)漂上来,清香立时四溢,一杯下肚,便可放下世间尘俗杂事,确是人间至美的享受了。

晚年流放儋州时,生活条件极其艰苦,苏轼依然不改其乐,对生活品质的追求从未间断。他曾夜间到宜伦江汲水,归而自烹自饮,喝得开心,便写下那首著名的《汲江煎茶》:

活水还须活火烹,自临钓石取深清。

大瓢贮月归春瓮,小杓分江入夜瓶。

北宋 耀州窑
青瓷印花菊花纹茶盏

嗜茶者

乳瓯十分满，人世真局促

雪乳已翻煎处脚，松风忽作泻时声。
枯肠未易禁三碗，坐听荒城长短更。

老人家认为好茶的要素有二：一是要活水，即流动的水，有源头的水；二是要活火，即上面所说的旺火。二者相互依存，缺一不可。前一首《试院煎茶》里他也强调"贵从活火发新泉"，那"新泉"当然也是"活水"。

茶圣陆羽在《茶经》中称，烹茶以山水为上，江水次之，井水为下，如果取江水，须要远离人群居住的地方，这样的江水因不会受到污染而质地纯净。茶圣还将天下好水分为二十个等级，排名第一的庐山康王谷水帘水，排名最末的为天降雪水。

苏轼显然是听信了茶圣的话，特意趁着月色跑到大老远的江边取水，取水的方式大概也比较危险——站在一块石头之上，取深江之清水——为喝上一口好茶，还真得下点真功夫，苏先生在吃喝方面向来是不惜功夫的。

有人说，东坡先生取的这江水绝不亚于茶圣所言的山水，它远离尘世，又取自流水深处，清澈澄明且贮月光之精，将它用来煎茶，岂不比茶圣的山水更多几分诗意？"雪乳已翻煎处脚，松风忽作泻时声"，我等读者不在现场，却可以借着诗句中的情景和意蕴，去怀想那个晚上发生的一场经典茶事。

陆茶圣对用什么燃料烧水也有相当严格的要求，"其火，用炭，次用劲薪",烧水最好用木炭,其次是硬木柴,又称"膏薪疱炭,非火也",有油烟的柴和有油烟气的炭,都不适合用来烧水,因为会串味,影响到茶汤的质感。

不知道苏先生有没有彻底地按照茶圣的要求去做,但仔细想来,儋州物质生活比较艰苦,条件绝无完全具备之可能,多数时候恐怕也只能凑合一下了。

这首感性十足的《汲江煎茶》,到后代评论家的眼里,却不再只是一首诗那么简单,它还是十分重要的茶论,是茶文化史上极为重要的作品。

南宋胡仔说:"此诗甚奇,道尽烹茶之要。且茶水非活水则不能发其鲜馥,东坡深知此理矣。"胡先生意思是说,这位苏老爷子,真真厉害,一诗便将要点概括完尽,是个懂茶的高人啊。

清代吴乔则称:"子瞻煎茶诗'活水还须活火烹',可谓之茶经,非诗也。"

最推崇此诗的是杨万里,他在《诚斋集》里称:

> 东坡煎茶诗"活水还须活火烹,自临钓石取深清"第二句七字而具五意:水清,一也;深处取清者,二也;石下之水非有泥土,三也;石乃钓石,非寻常之石,四也;东坡自汲,非遣卒奴,五也。大瓢贮月归春瓮,小杓分江入夜瓶。其状水清美,极矣。

辽至宋 柳斗形玉杯

又说：

山城更漏无定,"长短"二字有无穷之味。

杨万里感慨的,大约有二：一来,这切切实实是首好诗,妙不可言,有此诗在先,后人再写茶诗都是狗尾续貂；二来,苏先生也

唐代 周昉
调琴啜茗图卷

乳瓯十分满,人世真局促

太会喝茶太懂喝茶又太会搞气氛了吧。

饮茶所涉及的种种器物,苏轼也有精到之研究。

比如,他说"铜腥铁涩石宜泉",铜器有腥味,铁器有涩味,都不宜用来煮泉水,唯石铫才是合宜的煮水器具。《试院煎茶》里他又说,"且学公家作茗饮,砖炉石铫行相随",基本可以看出,石铫是他煮水器具的首选。

"铫"即宋时所谓"铫子",不独有石铫,也有银铫,石铫应是宋代比较流行的煮水器具，北宋吴则礼有"吾人老怀丘壑情，洗君石铫盱眙情"之句，李光有"山东石铫海上来，活火新泉候鱼目"之句。据扬之水先生考证，铫又雅称为鼎，陆游诗中"正须山石龙头鼎，一试风炉蟹眼汤"，这鼎便是石铫。

比如，他说"定州花瓷琢红玉"，饮茶须用好瓷，定窑为北方名窑，所产茶盏为士大夫所钟爱，苏轼亦不例外。不只定窑好盏，建盏也是他的心头好，建盏是建宁府所产名盏，出自建窑，基本器型为敞口小足，斜直壁，其釉料独特，烧制过程中产生不同的筋脉和色彩，成品呈兔毫、油滴、曜变等斑纹，苏诗中有"明窗倾紫盏""忽惊午盏兔毫斑"之句，足见他对建盏的情有独钟。

不独苏轼，两宋士大夫中爱建盏者不可胜数，蔡襄《茶录》中称："茶色白，宜黑盏，建安所造者绀黑，纹如兔毫，其坯微厚，熁之久热难冷，最为要用。"

徽宗也是建盏的超级粉丝，他称"盏色贵青黑，玉毫条达者为上"。

陆游亦有诗曰："墨试小螺看斗砚，茶分细乳玩毫杯。"这里的"毫杯"亦是指兔毫盏。

宋人所以独钟建盏，与当时所风行的斗茶大有关系，所谓"斗茶"，就是比拼茶的好坏优劣而已，又称"斗茗"，参与者各取自家好茶，以点茶方法比试高下：将茶饼炙烤后，碾碎为末，再将盏烤热，用小勺舀取茶末放盏中，加水调和为膏状物，此时以汤瓶往盏中冲点，冲点时要竹制的竹筅或银制的茶匙反复击打或搅拌，使之泛起泡沫，这泡沫在宋人那儿便叫作"乳花"，或称沫饽，乳花在盏上停驻的时间长短便是斗茶之关键，能将乳花停得愈久的人，便是斗茶之胜利者。

斗茶时，茶面泛出的汤花呈乳白色，与建盏的黑色釉面相互映衬，形成鲜明对比，汤花留在杯上的痕迹清晰可见，容易判别高下，因而人们斗茶时偏爱建盏。

连磨茶的石磨，苏轼也有要求，宋人饮茶，用石磨或石碾将茶饼碾成茶末，再将筛出的细末倒入盏中，冲入沸水饮用。他最欣赏自己家乡四川一带出产的良磨，"巴蜀石工强镌凿，理疏性软良可咄"。

苏轼对茶本身的品质要求亦高，他认为本色天然之茶最佳，采用某些手段对茶精心润色，使其外表看起来光洁耀眼，纯属画蛇添足，弄巧成拙，因而有诗云："要知玉雪心肠好，不是膏油首面新"，本色即为最佳，光鲜亮丽倒不如真实呈现，完全没必要搞那些有的没的。

苏轼另有一长诗《寄周安孺茶》，共120句，600字，是他论茶的集大成之作。

大哉天宇内，植物知几族。

灵品独标奇，迥超凡草木。

名从姬旦始，渐播桐君录。

赋咏谁最先，厥传惟杜育。
唐人未知好，论著始于陆。
常李亦清流，当年慕高躅。
遂使天下士，嗜此偶于俗。
岂但中土珍，兼之异邦鬻。
鹿门有佳士，博览无不瞩。
邂逅天随翁，篇章互赓续。
开园颐山下，屏迹松江曲。
有兴即挥毫，灿然存简牍。
伊予素寡爱，嗜好本不笃。
粤自少年时，低徊客京毂。
虽非曳裾者，庇荫或华屋。
颇见纨绮中，齿牙厌梁肉。
小龙得屡试，粪土视珠玉。
团凤与葵花，碔砆杂鱼目。
贵人自矜惜，捧玩且缄椟。
未数日注卑，定知双井辱。
于兹自研讨，至味识五六。
自尔入江湖，寻僧访幽独。
高人固多暇，探究亦颇熟。
闻道早春时，携籯赴初旭。

惊雷未破蕾，采采不盈掬。
旋洗玉泉蒸，芳馨岂停宿。
须臾布轻缕，火候谨盈缩。
不惮顷间劳，经时废藏蓄。
髹筒净无染，箬笼匀且复。
苦畏梅润侵，暖须人气燠。
有如刚耿性，不受纤芥触。
又若廉夫心，难将微秽渎。
晴天敞虚府，石碾破轻绿。
永日遇闲宾，乳泉发新馥。
香浓夺兰露，色嫩欺秋菊。
闽俗竞传夸，丰腴面如粥。
自云叶家白，颇胜中山醁。
好是一杯深，午窗春睡足。
清风击两腋，去欲凌鸿鹄。
嗟我乐何深，水经小屡读。
陆子咤中泠，次乃康王谷。
蠏培顷曾尝，瓶罂走僮仆。
如今老且懒，细事百不欲。
美恶两俱忘，谁能强追逐。
姜盐拌白土，稍稍从吾蜀。

宋末元初 钱选 卢仝烹茶图

沿欲外形骸，安能徇心腹。
由来薄滋味，日饭止脱粟。
外慕既已矣，胡为此羁束。
昨日散幽步，偶上天峰麓。
山圃正春风，蒙茸万旗簇。
呼儿为招客，采制聊亦复。
地僻谁我从，包藏置厨簏。
何尝较优劣，但喜破睡速。
况此夏日长，人间正炎毒。
幽人无一事，午饭饱蔬菽。
困卧北窗风，风微动窗竹。
乳瓯十分满，人世真局促。
意爽飘欲仙，头轻快如沐。
昔人固多癖，我癖良可赎。
为问刘伯伦，胡然枕糟曲。

这首实在是苏诗中少见的长诗，放之于唐宋两代的诸多诗篇当中，其长度也属少见，此诗中，苏轼不厌其烦地介绍茶的历史，以及采茶、制茶、煎茶的技艺，述说饮茶的乐趣，但又不止于此，他还借茶事来纾解心曲，感怀际遇：乳瓯十分满，人世真局促。

乳瓯可以轻易注满，人生却注定有种种欠缺，但那又如何？

不妨趁这大好春光，和风晓畅，饮掉这杯香气浓郁的好茶吧。

——果然洞穿了人生真相。

请注意，酒和茶都是苏轼人生中最不可或缺的两种道具，一有酒和茶，诗里的情绪便比平时浓郁了许多，诗中的哲理性也呈几何倍数增长。

从这个角度讲，苏轼将茶这一饮品从日常生活的物质需求提升到了精神需求的层面，他不仅是茶的理论家，也是将茶文化发扬光大的关键人物之一。

日高人渴漫思茶

苏轼人生最为钟爱的，茶第一，酒第二。

他酒量不大，喝几口就醉，但他"茶量"惊人，只喝几口是断断不行的。若没有酒，尚可以正常度日，若没有茶，这小日子真真是没法过了。

比如，他在黄州开辟东坡这块土地不久，温饱问题尚未有根本的解决，便迫不及待地写诗向大冶长老求茶树苗种之。

他无时不在饮茶。

鉴赏名画时要喝茶，"唤人扫壁开吴画，留客临轩试越茶"；

练习书法时也要喝茶，"子瞻书困点新茶"；

写首诗更要喝茶,"皓色生瓯面,堪称雪见羞。东坡调诗腹,今夜睡应休";

加夜班时要喝茶,"煮茗烧栗宜宵征";

睡前也要喝茶,"沐罢巾冠快晚凉,睡余齿颊带茶香";

当然,梦中也要喝茶:"梦人以雪水烹小团茶,使美人歌以饮。"

春天时要喝茶,"且将新火试新茶";

夏天时更要喝茶,"日高人渴漫思茶";

……

对于这样一个嗜茶如命的人,没茶那可是要了小命:没茶怎么写诗作画,没茶怎么彻夜长谈,没茶怎么熬夜加班,没茶怎么寻找灵感。

东坡一生,因仕途流转和贬谪致流离失所,生活无定,但也因此而有广博见闻和口舌之福,他尝尽天下名菜,发明众多美食,也品到各地名茶,满足了骨子里对茶的热爱——如他那句霸气的宣言"我官于南今几时,尝尽溪茶与山茗",饮酒咱不算行家里手,但喝茶你们比不了!

天下名茶,尽收吾腹中矣。

咱走过许多地方的路,行过很多地方的桥,自然也饮过很多地方的茶。

"白云峰下两旗新,腻绿长鲜谷雨春",说的是杭州名茶"白云茶";

"雪芽为我求阳羡,乳君水应饷惠泉",说的是宜兴雪芽;

元代 赵原 陆羽烹茶图（局部）

明 唐寅 事茗图

"千金买断顾渚春,似与越人降日注",说的是湖州名茶"顾渚紫笋茶"和绍兴名茶"日铸雪芽";

"未办报君青玉案,建溪新饼截云腴",说的是南剑州所产茶饼;

"浮石已干霜后水,焦坑闲试雨前茶",说是的广东大庾岭下所产的"焦坑茶";

"雪芽双井散神仙"说的是黄庭坚的故乡江西修水所产的白芽;

"环非环,玦非玦,中有迷离玉兔儿"说的是四川涪州的月兔茶;

他还喝过湖北兴国的桃花茶,在黄州时还亲手种过桃花茶……总之,是资深茶客,是在茶世界里见过大世面的人。

每至一地,便迫不及待地开启寻茶及饮茶的生活。

第一次去杭州做通判时,于烦琐的公务之余,他喜欢到西湖附近的寺院中与和尚对谈,学习佛理,排遣烦恼,而和尚们亦喜欢与这位平易近人的官员交往,知他喜欢饮茶,都会拿出寺中珍藏,以上好泉水烹茶待他。

苏轼可以一口气痛饮七杯浓茶,饮到欢喜处,连羽化登仙也不稀罕了,大笔一挥,题诗句于孤山之上:"何须魏帝一丸药,且尽卢仝七碗茶。"谁说人间不值得?若有卢仝七碗茶,便大大的值了,哪个又会稀罕曹丕那劳什子的药丸呢?

与高僧畅谈佛理，寺院里饱食斋饭，再睡个轻松舒适的大头觉，醒来饮一杯好茶，那真是人间极致的享受了：食罢茶瓯未要深，清风一榻抵千金。腹摇鼻息庭花落，还尽平生未足心。

熙宁五年秋八月，苏轼主持杭州乡试，因不满王安石的科举之法，难免牢骚满腹，唯一可以排遣的方式，亦不过是饮茶，于是在试院里煎起茶来，他希望借着茶的香气，将自己从烦恼窟里解脱，以获取精神上的自由。

一边煎茶，一边还总结煎茶的方法，形之于诗，便是那首著名的《试院煎茶》。

监考的时候要饮茶，出差的时候也要饮茶。

往湖州考察水利前，先寄诗给人在湖州的朋友孙莘老（此君另一身份是黄庭坚的岳父），说苏某人早就听人讲，湖州名优特产众多，老孙你可得帮我准备好了，洒家要趁此机会一网打尽噢——最最要紧的是别忘了给我弄点顾渚山的上好紫笋茶品尝。

顾渚紫笋茶，因鲜茶芽叶微紫，嫩叶背卷似笋壳，故而得名。早在唐代时，此茶便被茶圣陆羽论为"茶中第一"，唐朝广德年间更正式成为贡茶。因紫笋茶的品质优良，还被朝廷选为祭祀宗庙用茶。当时皇室规定，紫笋贡茶分为五等，第一批茶必须确保"清明"前抵达长安，以祭祀宗庙。这第一批进贡的茶就被称为"急程茶"。

也不知道苏轼喝上了紫笋茶没有，但我等大可不必担心，以他和孙莘老的交情，及孙莘老还要求苏轼举荐他女婿黄庭坚的急迫心情看，老孙必定尽力寻找最高等级的紫笋茶邀苏轼共品了。

别人知他爱茶，也多以好茶相送。宋人喜欢送礼，诸般物品当中，以茶为最。包裹精美的茶角与盛诗的竹筒一起借助于邮驿，递送到对方手中。一边品茶一边读诗，何其妙哉!

苏轼早在任杭州通判时，就与祥符寺的可久、垂云、清顺三僧交好，等他十五年后再度去杭任知州时，寺里只剩清顺一人。春天时，寺里所种的新茶可采，清顺知他爱茶，特别赠茶于他。

嗜茶者

乳瓯十分满，人世真局促

南宋 建窑 黑釉兔毫盏

当他成为望重士林的文坛领袖，赠茶的人肯定与日俱增，家里更是不缺好茶。唯一可能的担忧怕是，旧茶未及饮完，新茶又已上市了吧。

连太后及皇帝也会送茶于他。

苏轼自离开黄州，重被起用，一路高歌猛进，回京师做了朝中大员，便有机会获得宫廷赏赐的"密云龙"，此茶产自福建武夷山，是皇室贡茶，只赏赐给皇亲国戚和近身大臣，甚为珍贵，苏轼自己偶尔才喝，一般宾客无缘得尝，能够一起与他分享"密云龙"的，不过是苏门四学士而已。

当苏轼不堪党争，决意离开京师再去杭州时，朝廷又送他一堆东西：衣一对，金腰带一条，金镀银鞍辔一副，马一匹，当然，还有密云龙茶，以及银杯。

苏轼挚友王巩在《随手杂录》里还交代过一个故事：子瞻自杭召归，过宋，语余曰，在杭时一日，中使至，既行送之，望湖楼上迟迟不去。时与监司同席，已而曰："某未行，监司莫可先归。"诸人既去，密语子瞻曰："某出京师辞官家。官家曰：'辞了娘娘了来。'某辞太后殿，复到官家处，引其至一柜子旁，出此一角，密语曰：'赐与苏轼，不得令人知。'"遂出所赐，乃茶一斤。封题皆御笔。官家指的是哲宗，苏轼曾为帝师，哲宗听闻有人要去杭州，赶紧拿出一斤好茶托中使带去。

对于一个嗜茶的人来讲，最痛苦最难熬的莫过于海南那几年的时光吧。在写给朋友的信里，苏轼如实交代海南生活的困境，"此间食无肉，病无药，居无室，出无友，冬无炭，夏无寒泉，然亦未易悉数，大率皆无耳"，最低的基本生活保障都谈不上，更别说茶了。

想想，傍晚时分，落日熔金，暮色四合，老人家走在儋耳的海边，吹拂着海风，感受自然的凉爽和快意，此情此景，多想坐下来，品一杯好茶，尽情享受惬意的时光。

可是，无茶可饮。那种感觉有多不爽，各位一定能深深地体会。

茶除了是苏轼精神上的慰藉之外，还是他养生的重要道具。

苏轼《仇池笔记》里有《论茶》一则：除烦去腻，不可缺茶，然暗中损人不少。吾有一法，每食已以浓茶漱口，烦腻既出，而脾胃不知。肉在齿间，消缩脱去，不烦挑刺，而齿性便漱濯，缘此坚密。率皆用中下茶，其上者亦不常有，数日一啜，不为害也，此大有理。

大意是说，茶有除烦去腻之效，却也可能对脾胃造成损伤，要想二者兼顾，不妨尝试下面的方法：饭后用浓茶漱口，即可除烦去腻，塞在牙缝里的肉丝，也因浓茶而消缩，不用剔牙自己就出来了，牙齿也因常用浓茶漱口而坚固。

第四章

爱酒客和酿酒人：饮中真味老更浓

苏东坡好饮,但酒量实在是不太好。

关于这点,他自己倒是乐于承认,而且至少承认过五次,从这点看,绝对是个实诚人儿。

其一,"吾饮酒至少,常以把杯为乐"。

其二,"吾饮少而辄醉兮,与百榼其均齐"。

其三,"若仆者又何其不能饮,饮一盏而醉"。

其四,"吾少年望见酒盏而醉,

今亦能三蕉叶矣"。蕉叶，是一种浅底的酒杯，宋时酒杯，唯钟鼎为大，屈卮螺杯次之，梨花蕉叶最小。

其五，"予饮酒终日，不过五合（gě），天下之不能饮，无在予下者"。

五合，换算成现在的重量是一斤半，这酒量小吗？按今天的白酒，一斤半当然厉害，但按宋朝的酒计，这酒量算一般中的一般。

北宋时期，烈性酒还没有出现，那时的酒，一般都是黍、秫、麦、糯米煮烂后加上酒母酿成的，成酒的过程短，且未经蒸馏，因此酒精含量远低于现在的白酒，度数亦低，所以，苏东坡一天才喝了不到一斤半，实在是很小的酒量了。

苏轼自称酒量小尚有谦虚之嫌，而他的酒友黄庭坚的证言则基本将这一说法坐实："东坡居士性喜酒，然不能四五龠已烂醉，不辞谢而就卧，鼻鼾如雷。"这里的龠（yuè），等于半合，和东坡自称的酒量大差不差。

为让大家对苏东坡的酒量有直观的认识，我举个例子，北宋初名将曹翰，天生好酒，喝几斗而不醉。一斗等于十升，一升等于十合，换算下来会发现，苏东坡的酒量只相当于曹翰的几十分之一，甚至百分之一。

但，这一点也不妨碍他对酒的爱——真真切切的爱，实实在在的爱，他的作品里，"酒"出现的频次不可胜数，遍布诸种文体，诗里写酒，词里写酒，文章里也不例外——字字句句，酒香四溢。

酩酊但酬佳节了。
——《少年游·重阳》

别酒劝君君一醉。清润潘郎,又是何郎婿。
——《蝶恋花·别酒劝君君一醉》

夜阑对酒处,依旧梦魂中。
——《临江仙·尊酒何人怀李白》

持杯月下花前醉。休问荣枯事。
——《虞美人·持杯遥劝天边月》

颠狂不用唤,酒尽渐须醒。
——《和刘道原寄张师民》

举酒属客,诵明月之诗,歌窈窕之章。
——《前赤壁赋》
……

评选中国文化史的嗜酒人物排行榜,苏东坡轻轻松松可以跻身前三名,另两位应该是李白和陶渊明,而杜甫和白居易,怕只能位居其后了。

所以，苏东坡又说，"天下之好饮，亦无在予上者"——苏某人是这世界上最爱酒的人，你们都比不了。

酒量不行又怎样，咱就爱喝两口，不仅和同事喝，和朋友喝，连陌生人也要喝，"醉笑陪公三万场"，这气势，这豪情，怕是连李白也自叹弗如。

酒如神方妙药，饮则通身舒泰，烦恼顿消，普通人喝酒求的是自己开心，苏东坡则是看别人喝便开心不已。"见客举杯徐引，则予胸中为之浩浩焉、落落焉，酣适之味，乃过于客。"幸福感比饮者更甚。

苏东坡好热闹，喜群聚，最爱坐在一群朋友中间，举杯问盏，高谈阔论，唱和诗词，但每每不胜酒力，三杯必醉。

人一醉，脸一红，脑袋一热络，灵感就嗖嗖嗖地来了，好多词儿，挤什他口腔里，争先恐后往外涌，他只消动一下舌头，挥一下笔，流泻出来的，便是一首好诗、一首好词或一篇好文章。

那酒可不是白喝的。

酒于中国文人，终究不只是杯中物，不只是叫人容易上瘾的琼浆玉液，它还是与天地沟通的

清 黄慎 赤壁图

爱酒客和酿酒人

饮中真味老更浓

媒介，情感抒发的通道，写作灵感的助产婆，加强友情的润滑剂。

这一点于苏东坡尤甚。

使我有名全是酒

苏东坡与酒的缘分，随年纪增长而愈深厚，"少年多病怯杯觞"，小时候是不敢喝，长大了是喝不多。

他真正开始喝酒，应该是做了地方官之后，同僚聚会，朋友相见，社交应酬，怎么可能没有酒？最初可能是被动喝，被逼着劝着喝，但喝着喝着，感受到酒的趣味了，体会到飘飘欲仙的快乐了，由此而爱上酒，虽然酒量不曾见长，但对酒的热爱却一发而不可收，到黄州时，已经是"殆不可一日无此君"，已经是"饮中真味老更浓"，待到年迈，爱酒的心仍然不改，去世前一年，他还写下"明朝酒醒知何处"的诗句。

但有美酒在手，尤其是好酒，苏东坡总忍不住想要与人分享，"我有一瓢酒，独饮良不仁"，人在黄州时，他本是犯官之身，经济条件比较差，生活质量直线下降，偶然得到美酒，还念念不忘和朋友共饮。

按理说，得酒不易，他本可独自斟饮，细细品玩，享受其中。但他天性就是喜欢分享的人，他追求与朋友相处的欢乐，精神交流的畅快。

分享是他的人生哲学——酒要分享，快乐要分享，忧伤也要分享。他待人热情诚挚，一心袒露，全无隐瞒，"快乐着你的快乐，忧伤着你的忧伤"，对这样的朋友，谁又能不回报以热情，回报以歌。

东坡不爱独饮，有酒无友，不免怅怅。虽偶尔也会一个人喝，那也不过是寻酒友不着无奈之下的不得已之举。

东坡参与的酒局，大体分为三种。

一是同事局。

宋代官员，饮酒几乎是必修课，是厮混官场的基本技能，一则逢重大节日，同僚都要聚会；二则士大夫间宴游之风甚盛，饮酒机会亦多。

苏轼初入仕途时，给人的感觉似乎不甚合群，明证之一就是对同事酒局不感冒。

比如嘉祐七年九月初九，凤翔府举办"府会"，群官欢聚，唯他不愿参与，一个人跑到东门的普门寺玩耍，同事们兴高采烈，他却心情郁闷，第一次远离父亲和弟弟，思家心切，令他的情感备受煎熬，"花开酒美盍言归，来看南山冷翠微。忆弟泪如云不散，望乡心与雁南飞"——后来以豪放著称的大文豪，那会儿身上还带着婉约青涩的一面。

第二年的八月十五中秋节，苏轼仍未参加聚会，穷极无聊之下，跑去城北街的开元寺看王维的壁画。

南宋 刘松年 西园雅集（局部）

直到杭州通判任上,苏东坡爱酒的本性才得以淋漓尽致地发挥。杭州山美水美,同事中又不乏私交甚好之人,饮酒渐成他的爱好,又是日常必需的社交。他与上司杭州太守沈立等同事相处甚睦,但有机会就会组局饮酒。

比如熙宁五年三月,杭州吉祥寺举办花会,沈立带着苏轼等一班官员前往赏花,置酒作乐,众官员们与百姓代表共饮,一片欢乐祥和,苏轼受人们的情绪感染,亦喝得晕晕乎乎,恍然之间,忽生苍老之感,醉吟一首:

人老簪花不自羞,花应羞上老人头。
醉归扶路人应笑,十里珠帘半上钩。
——《吉祥寺赏牡丹》

彼时苏轼不过刚刚三十七岁,离年老尚有大把时日,所以有此感触,大约是感觉韶华易逝青春不在,趁着酒劲儿慨叹一下人生罢了。

宋朝官员饮酒,常要有妓女相陪,政府规定,隶身乐籍之妓,一律由政府派员监督管理,称为官妓或营妓,她们的工作仅限于歌舞陪酒,不得私侍枕席,官员若与官妓有私,则属违法。

除官妓外,一般的官员家里还有家妓。达官贵人、豪门巨室争相蓄养家妓,且以家妓的声色过人为荣,即便当世大儒或朝廷高官，亦无免俗，苏轼是杭州通判，一州之副首长，日常应酬也需家妓陪侍，十二岁时进入苏家的王朝云，承担的便是家妓角色。关于苏轼与妓女的交往，将在相关章节里专门讨论。

苏轼入杭时，文名已盛，士大夫之酒局，断断少不了这等人物，但凡官场宴会，皆以邀他为荣，他与酒的亲密接触，自此进入繁盛时期，朝夕宴饮，绵密不绝，纵是喜欢热闹的苏轼，也受不了这等待遇，以至于搞到肠胃不适，一度还对酒局生出厌烦之心，他经常跟人诉苦："到杭州做通判，真是入了酒食地狱。"

因为厌烦，便推掉了许多酒局，借口差不多都是"老病年来益自珍"——苏某人身体不佳，我得爱惜自己。

后来苏轼调密州当知州，此地穷困，又遭天灾，即便想喝，也无太多可能，由此，频繁的官场酒局才宣告结束。密州虽无杭州那般密集的饮酒机会，但苏轼想要喝一杯时，亦会适时地制造条件饮将起来，他在此地筑一"超然台"，有空时便拉几位同事，"铺糟啜醨，皆可以醉"，不求酒的质量，有酒可饮已经满足。

而后不久，他因乌台诗案被贬黄州，成为犯官，如果不是黄州太守徐大受有时拉他去喝几杯，基本上已失去参加官场酒局的机会。

至元祐年间，苏轼还朝，宴游社交才重新多起来，此一阶段的酒局与杭州不差，这一时期，苏轼政治上屡被攻击，酒桌倒成了他暂离现实的温柔乡。

二是友人局。

北宋 汝窑
青瓷水仙盆

苏轼的朋友之多,怕是宋代文人无出其右,一则他为人豪爽仗义,性喜结交;二来他不分高低贵贱,皆可为伍。有此两点,何愁无友?

他的朋友遍布各界,身份芜杂,既有朝中要员,也有农夫野老;既有显贵之士,也有隐者逸人;既有方外僧道,也有凡尘俗子……庙堂之上,江湖之中,繁华都市,偏僻乡村,处处皆有他们的身影。

"朋友来了有好酒",苏轼喜欢召集酒局,少则二三人,多则十来人,与繁文缛节的官场酒局比,他更喜欢友人相聚的亲切随意。

遇喜事要与朋友分享,需酒助兴;有忧愁要与朋友诉说,需酒化解。

和朋友在一起欢聚,就是饮酒的最佳时刻。酒的好与坏,菜的丰与俭,都已经不重要——我只想与你对饮,畅谈,心灵交汇。

他和友人的那些酒局,早已成为文化史上的传奇。

比如,他在歧亭和陈季常喝的那场酒。当时,他正在赶往谪地黄州的路上,于歧亭偶遇老朋友陈季常,陈氏立刻动员全家上下,为他张罗酒食,"知我犯寒来,呼酒意颇急。抚掌动邻里,绕村捉鹅鸭。房栊锵器声,蔬果照巾幂。久闻蒌蒿美,初见新芽赤。洗盏酌鹅黄,磨刀削熊白。"

落难之际,寒冷当中,有老友热情招待,自是让苏轼感动不已,此时举起的一杯酒,自是流遍全身的暖意。

比如,他在东坡与无名氏朋友的那场酒。元丰五年五月初九,苏轼与几个朋友饮酒,酒后填词《临江仙》,"夜饮东坡醒复醉,归来仿佛三更",没交代和谁喝,可能有他的朋友马梦得,也可能有一起干活的农夫,大概是喝得尽兴,醒了又醉,回家时已经三更,家童鼾声如雷,睡意正浓,不管他如何敲门,都无回应,他索性不敲了,"倚杖听江声",一副坦然洒脱自得其乐的做派。

苏轼每有所作,立马为人传诵,这阕《临江仙》亦不例外,其中因有"小舟从此逝,江海寄余生"之句,还引起一则谣传:人们纷纷传说苏轼写完此词,便脱下衣冠,泛舟而去,不知所终。

谣言传到太守徐大受的耳朵里,把老徐吓一大跳,苏轼系本州犯官,自己负有监管之责,倘若苏轼就此失踪,他就要负担罪责。情急之下,赶紧前往苏家去寻,却发现苏轼正在卧床大睡,鼾声阵阵,不由大笑。

比如,他在西园和文人朋友们喝的那场酒。西园是苏轼好友王诜家的园林,是苏轼和一帮老友经常聚会的场所,元祐二年五月的那场盛大派对,借李公麟的《西园雅集图》,而成为文化史上最著名的事件之一。

参加这场聚会的,皆为一时俊杰,"自东坡而下,凡十有六人,以文章议论,博学辨识,英辞妙墨,好古多闻,雄豪绝俗之资,高僧羽流之杰,卓然高致,名动四夷"。苏轼作书,李公麟绘画,黄庭坚持扇,苏辙执卷……大宋朝的风雅人物,皆聚于此。

雅集同样离不开酒席,王诜有一家妓,名唤春莺,出来侍酒,连不爱美色的苏轼亦为她的容貌惊艳,忍不住作词《满庭芳》,盛赞其美:

> 香叆雕盘,寒生冰箸,画堂别是风光。主人情重,开宴出红妆。腻玉圆搓素颈,藕丝嫩、新织仙裳。双歌罢,虚檐转月,余韵尚悠扬。

元明 佚名 西湖清趣图卷

人间，何处有，司空见惯，应谓寻常。坐中有狂客，恼乱愁肠。报道金钗坠也，十指露、春笋纤长。亲曾见，全胜宋玉，想像赋高唐。

总之，对苏轼而言，有酒有友，世间便无比此更美好的生活了。

三是迎来送往局。

苏轼一生，仕途迁转，颠沛流离，离别是其人生中最为重要的

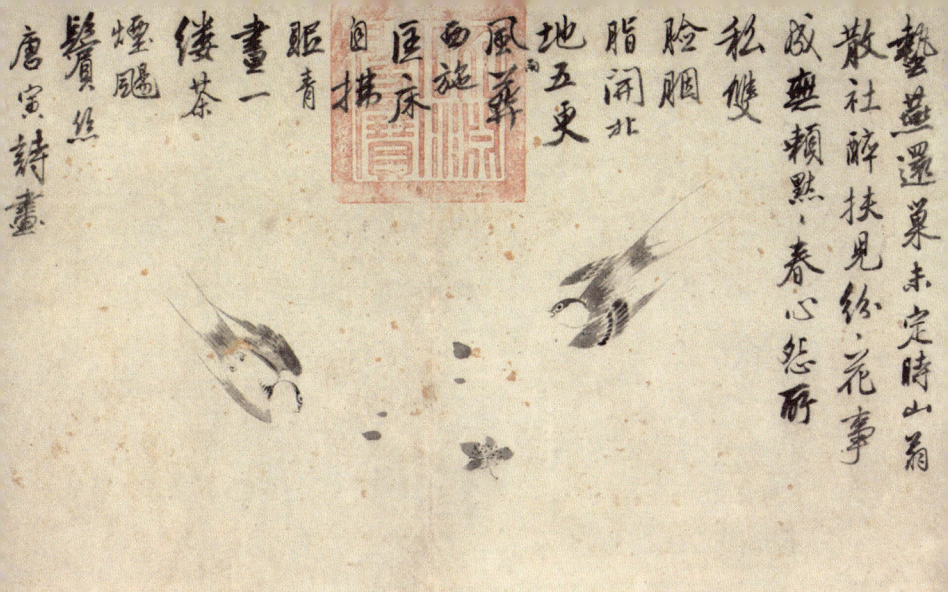

明 唐寅
落花诗意图

饮中真味老更浓

主题之一,他朋友多,同事多,迎来送往的酒局也格外多。

离开一个地方,有人送行;到达一个地方,有人接风;路过一个地方,有人招待。

有时是别人送他迎他,有时是他送人迎人。人生的聚聚散散,世事的浮浮沉沉,都在一杯又一杯酒里了。

迎来送往,觥筹交错,人的感情最易流露,情绪最易起落,苏轼的很多诗词,便是在这些酒局上写下的。他写诗词文章,总是真性情，迎来送往的诗词文章，则更见真性情。

除以上三种酒局外，在苏轼的饮酒记录里，亦不乏各种突如其来的酒局。

比如，住惠州时，有天半夜，他的一位姓邓的道士朋友突然叩门，邓道士身后还站着位奇异之人，"衣桃榔叶，手携斗酒，丰神英发如吕洞宾者"，问他："子尝真一酒乎？"各饮数杯，而后击节高歌，不知道有没有惊醒沉睡中的家人。

有次苏轼到乡下去，半路上一位83岁的老翁拦住他，求与同饮，苏轼欣然应允，喝个痛快。

而令他写下《后赤壁赋》的那场酒局，也是来自于朋友突如其来的提议。

东坡本是酿酒人

苏轼好饮酒，也好酿酒，其酿酒始于何时，难追究竟，但酿酒的爱好一直持续到晚年，则是不争的事实。不过，好饮酒好酿酒并不等于善酿酒，看过不少文章，言之凿凿称苏轼是酿酒专家，那些作者八成被一些表象给骗了：一来他总是讲得头头是道，二来还著有《东坡酒经》这种看起来相当专业的文章。

酿酒对他而言，顶多算个业余爱好，而非专业。

苏轼到黄州后,"州酿既少,官酤又恶而贵",市面上的酒,难喝且价昂,"酸酒如齑汤,甜酒如蜜汁。三年黄州城,饮酒但饮湿。"酸酒像咸菜汤,甜酒又甜到下不了嘴,没办法,只好自酿。

酿酒的方子是从杨世昌道士那儿得到的,倒也不算复杂:蜂蜜四斤,炼熟,入热汤搅成一斗,加好面曲二两,南方白酒饼仔米曲一两半,捣细,用生绢袋子盛了,与蜜水共置一器,密封,等它发酵。三五天后即可饮用。

酒成之后,苏轼颇有成就感,遂作《蜜酒歌》赞之曰:

真珠为浆玉为醴,六月田夫汗流泚。
不如春瓮自生香,蜂为耕耘花作米。
一日小沸鱼吐沫,二日眩转清光活。
三日开瓮香满城,快泻银瓶不须拨。
百钱一斗浓无声,甘露微浊醍醐清。
君不见南园采花蜂似雨,天教酿酒醉先生。
先生年来穷到骨,问人乞米何曾得。
世间万事真悠悠,蜜蜂大胜监河侯。

苦中作乐,穷中作乐,苏轼达观而开朗的一面在酿酒这事上表露无遗。

至于这酒的味道,是否真像《蜜酒歌》所称道的那般香甜可

宋 青玉羽觞洗

口,则要打一个大大的问号,后人叶梦得《避暑录话》记载,"苏子瞻在黄州,作蜜酒不甚佳,饮者辄暴下,蜜水腐败者尔。尝一试之,后不复作。"如叶梦得所言属实,则证明苏轼的这次酿酒其实是一次非常失败的行动:因为蜜水腐败变质,让喝这蜜酒的人动不动就拉肚子。

因此,他在黄州可能只做过这一次蜜酒,就再也没有下文了。

被贬惠州时,苏轼家中客多,酒总是不够,尽管当地的官员朋友

宋玉罐

经常送酒给他，仍然不能满足所需，便又开始自酿，所酿之酒，比黄州时名目更多样，有罗浮春、真一酒、桂酒、万户春、紫罗衣酒，等等。

  苏轼跟当地客家人学着酿了一种糯米黄酒，因色泽如玉，芬芳醇厚，入口蜜甜，便将其名之为"罗浮春"，罗浮山乃粤南名山，风景秀丽，以山名为酒名，大约取其令人陶醉之意。他似乎也颇为这种黄酒所倾倒，动辄歌而咏之。如"一杯罗浮春，远饷采微客。遥知独醉罢,醉卧松石下",如"三山咫尺不归去,一杯付与罗浮春"。

某次,他酿成桂酒,请长子苏迈和三子苏过品尝,结果二子只喝了一口就停下来,明明是桂酒,喝起来却像屠苏酒,显然是品质不过关。

从苏轼酿蜜酒和桂酒的经历来看,他酿的酒似乎大多并不见佳,但他关于酒的研究和理论,远远超出一般酒徒,比如他这段关于南酒与北酒的论证,就颇有见地:

> 北方之稻不足于阴,南方之麦不足于阳,故南方无嘉酒者,以曲麦杂阴气也,又况南海无麦而用米作曲耶?吾尝在京师,载麦百斛至钱塘以踏曲,是岁官酒比京酝。而北方造酒皆用南米,故当有善酒。吾昔在高密,用土米作酒,皆无味。今在海南,取舶上面作曲,则酒亦绝佳。以此知其验也。

酒后多有佳作

苏东坡一生,写就太多广被传诵的千古名篇,其中不少是在饮酒之后一气呵成,仔细闻闻,它们散发着香醇的酒味儿。

熙宁九年八月十五,苏轼与众同事饮酒于超然台上,兴致非常

南宋 梁楷 泼墨仙人图 纸本水墨画

爱酒客和酿酒人

饮中真味老更浓

高昂，但当抬头望见那轮清冷圆月，又不禁思念起身在济南的弟弟子由，大醉之后，写下了那首著名的《水调歌头》，成为中秋词中的绝唱。

元丰元年九月九日，时任徐州太守的苏轼，邀请众多诗友齐聚一堂，举办黄楼诗会，诗会结束后，人已半醉，兴致仍高，和众人去黄茅岗游玩，此处乱石甚多，半醉半醒的他有几次差点摔倒，索性醉卧于黄茅岗的乱石之上，并赋诗一首《登云龙山》：

> 醉中走上黄茅岗，满岗乱石如群羊。
> 岗头醉倒石作床，仰看白云天茫茫。
> 歌声清谷秋风长，路人举首东南望，
> 拍手大笑使君狂。

好一场率性而为的潇洒做派。

元丰二年过扬州时，老友鲜于子骏设盛宴于平山堂，平山堂乃欧阳修做扬州知府时所造的建筑，苏轼身临其境，忍不住怀念先师，作《西江月》：

> 三过平山堂下，半生弹指声中。十年不见老仙翁，壁上飞龙飞动。

欲吊文章太守，仍歌杨柳春风。休言万事转头空，未转头时皆梦。

元丰五年七月十六日，苏轼与远道而来的朋友杨世昌等人到黄州赤壁游玩，"举酒属客，诵明月之诗，歌窈窕之章"，喝得尽兴，玩得开心，还唱了起来。之后又与朋友交流人生感悟，颇有所得。他将这件事写在《前赤壁赋》中，又成就一篇尽人皆知的文章。

三个月之后的十月十五之夜，苏轼与另两位朋友从东坡雪堂回临皋亭的路上，仰见天上圆月，俯看地上人影，又起饮酒之心，其中一友说，今天得巨口细鳞鲜鱼一尾，只恨无酒，可惜了这良夜！苏轼一听，兴致大涨，马上赶往家里问妻子有何办法，王闰之不慌不忙，回他："我有斗酒，藏之久矣，以待子不时之需。"有酒有菜的三个伙伴，乘着小船，又去喝个痛快游个痛快了。与前篇相呼应，这次他又写了一篇《后赤壁赋》。

这两篇奇文，堪称双绝，是苏轼酒后的杰作，也是他此阶段人生感悟的总结。弟弟苏辙赞叹："子瞻诸文，皆有奇气，至《赤壁赋》，仿佛屈原宋玉之作，汉唐诸公皆莫及也。"

知杭州时，他喜欢在西湖边上小酌，熙宁五年六月二十七日，又喝到醉，为眼前美景所感，挥毫写下五首诗，以第一和第五首最为著名：

黑云翻墨未遮山，白雨跳珠乱入船。

卷地风来忽吹散，望湖楼下水如天。

未成小隐聊中隐，可得长闲胜暂闲。

我本无家更安住，故乡无此好河山。

苏轼天纵的才华，借由酒的催发，成就了一首首（篇篇）佳作，若无酒的助力，感觉还真写不出那味道。

他还有一特殊癖好：作书作画，皆非酒后不可，特别是写大字或草书时。苏轼曾说，"吾醉后乘兴作数十字，觉酒气拂拂从指间出也。"又说，"吾醉后能作大草，醒后

自以为不及。然醉中亦能作小楷，此能为奇耳。"

唯有酒后，感觉到位，灵感就仿佛从笔尖上流淌一般，一气呵成。醉酒写出的字，与清醒时写出的字相比，格外有灵气。黄庭坚曾亲见过他醉后作字，称之为"笔落惊风雨"，几乎以为是神仙下凡，"此岂与今世翰墨之士争衡哉？"

以此推断，估计凡有人来请他写字，大约总会说一句：稍等，苏某人且饮几杯。所以，想请苏轼写字，除好墨好纸好笔伺候外，最好来一桌上等酒菜，这位大书法家喝得爽了，哪用你百般提醒，自己看见笔墨都手痒了吧。

过分强调酒在创作中的作用，也容易给人造成一种错觉：似乎只要有酒，苏轼总能写出好的诗词文章，作出好的书画。事实上，他还有许多佳作，是在未喝酒的情况下完成的。前提还得是有才，如我等平庸之辈，纵喝成烂泥，也没什么用处。

第五章 中年危机男：寂寞沙洲，其实不冷

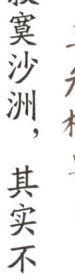

元丰二年（1079）三月，朝廷的一纸调令，将苏轼从徐州调往湖州。

五月二十日，苏轼抵达湖州任上。

七月二十八日，苏轼在知州官署被御史台所派的兵丁逮捕，押往京师，此时距他上任不过两个月零八天。

无妄之灾从天而降，苏轼的第一反应是惊诧的，错愕的，无法接受的——身为一州长官，名声日隆的文坛盟主，做梦也没想到，仅仅一夕之间，自己便由刚赴新任的朝廷命官变成前途未卜的阶下囚，惶惶如待宰之鸡,只得在煎熬中等待命运的审判。

就像一个野心勃勃的探险者,本来已经爬到了半山腰,一不小心,攀住岩石的手打了滑,嗖地直接掉进谷底——那种万劫不复的人生体验只有亲历者才能体会。

在御史台的大狱中,苏轼被关了一百三十多天。时间不算太长,但于苏轼而言,却不啻于一场挥之不去的噩梦:他受尽羞辱、拷打、责问,肉体的疼痛在所难免,精神的折磨更是不堪忍受。

为了让苏轼招供,主审官使出各种对付犯人的招数。

经常连夜提审,不让睡觉,如拒不招供,就来顿板子伺候,再硬的汉子也难招架,更何况一介文人;硬的不行,就来软的,先许你一颗糖,然后告诉你,如果招供,以后还会有更多的糖。

苏轼自度没办法忍受这非人折磨,他想到一个解决方法:自杀。他将常服的青金丹藏于狱中,想着万一哪天忍受不住,就一次性服用下去,一了百了,从此再不用理会这帮孙子,再不用承受这般苦痛。

他写下两首绝命诗,托付给热心的狱卒梁成保管,一再叮嘱,哪天自己真死了,务必将它们交给弟弟苏辙。绝命诗《狱中寄子由二首》如下:

予以事系御史台狱,狱吏稍见侵,自度不能堪,死狱中,不得一别子由,故和二诗授狱卒梁成,以遗子由。

其一

圣主如天万物春，小臣愚暗自亡身。
百年未满先偿债，十口无归更累人。
是处青山可埋骨，他年夜雨独伤神。
与君世世为兄弟，更结来生未了因。

其二

柏台霜气夜凄凄，风动琅珰月向低。
梦绕云山心似鹿，魂飞汤火命如鸡。
眼中犀角真吾子，身后牛衣愧老妻。
百岁神游定何处，桐乡知葬浙江西。

当然，他没有死。

这一年他才44岁，怎么可能就死了呢——他正值壮年，许多重要的问题还没有参透，许多著名的诗词文章未及书写，许多极致的人生还没有体验。

自他入狱后，许多人来救他，除了要好的师长、朋友、弟弟苏辙，还有杭州的百姓，他们感念他这个好官，为他做解厄道场，祈祷神灵保佑他平安无事。

连政敌王安石也特地给神宗写信为他说情，王安石的弟弟王安礼也率直地对神宗进言："自古大度之主，不以言语罪人。苏轼以才自奋，谓爵禄可以立取，顾录如此，心里不免觖望，今一旦置于理，恐后世谓陛下不能容才。"

最后，太皇太后亲自出马，要皇帝赦免了他。太皇太后对神宗说："以作诗系狱，得非仇人中伤之乎。捃至于诗，其过微矣，吾疾势已笃，不可以冤滥致伤中和。"

元丰二年的腊月二十九，案子了结，苏轼无罪释放，但领受到另一个小小的处罚：贬官黄州。

这就是历史上著名的乌台诗案。

苏轼的中年危机，先前已露出苗头，经此诗案，便轰轰烈烈地大规模展开了，迅猛而急切——这位不世出的天才，回望来路，不免心惊：人生已过大半，两鬓略现斑白，竟然一事无成，不但功业未立，修行尚差，也还没有像样的著作可以传世。

"百年强半，来日苦无多"，过去那些看似丰富多彩的过往，在此刻竟显得如此幻灭，如此虚无。

他焦虑，他痛苦，他彷徨，他难过。

他犹疑不决，他进退两难。

他不知该如何自处，他不知该如何与他人相处。

拣尽寒枝不肯栖，寂寞沙洲冷。天冷，心更冷。寒风一吹，凉透胸背。

是那种凛冽的冷。冰冷的冷。渗透全身每个细胞的冷。一不留神，就成为冰雕的那种冷。

诗人先前那颗热烈的心彻底被冻住了。

得罪以来，深自闭塞

初到黄州的苏轼，一想到乌台诗案，便后怕不已。"去年御史府，举动触四壁。幽幽百尺井，仰天无一席"，失去自由的日子刻骨铭心。

"一朝被蛇咬，十年怕井绳"，是人之常情，苏轼有他豪爽潇洒的一面，也有普通人的恐惧和脆弱的一面。我们看过的许多文学作品里，只将他的豪爽潇洒示人，却隐藏起他的恐惧脆弱——那一定不是真的苏东坡。

事实上，苏轼不止一次想过自杀，不止一次想要就此逃往乡下，去当种田老农，这样明确的信息却被很多写作者刻意忽略了。我们喜欢一个人，往往喜欢放大他的一面，而忽略他的另一面。

之后的很长一段时间里，苏轼不敢作诗吟词，不敢给朋友写信，甚至不敢喝酒——万一酒后说出什么不应该说的话，岂不又要引祸上身？

他刻意地将自己封闭起来，一个人强行忍受着乏味枯燥的时光，任由无边的寂寞将自己咬啮。

无事可做，无友可会，无酒可饮，他能做的，不过是蒙头大睡，一觉睡到日头偏西。傍晚时分，从床上爬起来，到外面散会儿步，聊以消遣。

他仿佛变得多愁善感起来，哪怕散步时偶尔遇到一株海棠，也能激发起他内心那些淡淡的忧伤。

> 忽逢绝艳照衰朽，叹息无言揩病目。
>
> 陋邦何处得此花，无乃好事移西蜀。
>
> 寸根千里不易到，衔子飞来定鸿鹄。
>
> 天涯流落俱可念，为饮一樽歌此曲。
>
> 明朝酒醒还独来，雪落纷纷哪忍触。

近现代 徐忠浩 苏文忠公像

中年危机男

寂寞沙洲，其实不冷

这海棠到底从何而来,又为何流落此地?估计是天上的鸿鹄把海棠花的种子从我家乡衔来的吧,它何其不幸,在这偏僻之地独自开着鲜艳的花,而无人赏识,那不也是我苏某人的命运吗?

遇上风和日丽的响晴天气,他常常独自到赤壁的沙滩上,捡小石子,这地方的石子,色彩各异,温润如玉,他不只自己捡,还用食物跟来此捡石子的小朋友交换,他一共收集了298枚之多。

——那天荒地老的寂寞啊,那旷日持久的孤独啊。一颗飘摇无着的心,在这平淡的时光里呐喊着,徘徊着,彷徨着。

唯一让他快意的,是去城南的安国寺洗澡。躺在热汤中,双眼微闭,尽情地感受热气的包裹,久久不愿起身,只想享受这彻底放松的时刻——这一路走来的风尘,内心无限的苦衷,充溢天地的孤独,都在雾气的氤氲当中逐渐消融,唯有此时,心灵才可得暂时的解脱和安慰。

他希望趁洗澡的机会,把先前经受的痛苦和屈辱也一并冲刷掉。他从未觉得人生这般无趣,日子如此难捱。

"得罪以来,深自闭塞,扁舟草履,放浪山水间,与樵渔杂处,往往为醉人所推骂,辄自喜渐不为人识。平生亲友,无一字见及,有书与之亦不答,自幸庶几免矣。"

人在偏远之地,无亲无友,只好寄情山水,和樵夫渔夫聊天,之前的亲友,害怕被牵连,不敢给他写信,他写给别人的信,也没人敢回。写过几次之后,他也懒得写了,索性将自己与外界断了联系。

——这是多尴尬多无奈又多矛盾的心境,一代最伟大的天才困于其中无法自拔。

自救是唯一出路

　　天才与凡人的区别,智力与才华只是其一。

　　短命的天才常以自毁的方式,使刹那成为永恒,虽然夺目却留下诸多遗憾;真正的天才却可以放弃自怨自艾,于深重的苦难当中,通过心灵的体察和省悟,实现自我的救赎,从而发出更璀璨夺目的光彩。

　　唯有自救,才可以助他走出困境。

　　当苏轼意识到这一点,他的自救行动就要开始了。

　　第一要做的,就是接受现实。

　　与其期期艾艾地抱怨朝廷不公,痛恨人生无情,还不如老老实实地接受现实,与现实和解,与自我和解。当时他所面临的现实就是:被贬谪到黄州这个偏僻之地,是朝廷犯官,无亲无友,无依无靠,经济情况不佳,生存都是问题,更别提什么建功立业。

　　那好,先来解决生存好了。有了这个大前提在,就不会再去理会那些曾经困扰自己的各种负面情绪了。生存大于一切,少废话，多挣钱，赶紧养家，一家子人还等米下锅呢。

第二要做的，是反思自我，检讨人生，"吾日三省吾身"。

苏某人过去太无知，太轻率，做事鲁莽，不讲方法，遇事从不曾做过深入思考，仅凭知识和才学，发表了诸多不成熟的意见，这次诗案之祸，实在是因为自己过于鲁莽无知；

少年时代，读书作文，专为应举，考中进士后，又举制策，不过是凭口舌得官，并没有真正懂得其中的道理；

我有负父亲为自己取名为"轼"的苦心，才华外露，自以为是，听不得别人规劝，这是病，得治；

苏某人牢骚太盛，把应该不应该说的话都写进诗文里，为自己和亲友惹来祸端；

……

一番总结下来，真发现不少问题。

苏轼试图通过反思总结过往，汲取经验教训，走好以后的路。

他的反思，不是对自我的彻底否定，而是要通过重新审视自己，调整方向，建立起更符合规则更加理性的处世态度。

他不再是那个志得意满的青年才俊，不再是那个牢骚满腹的地方官员，不再是那个无话不说的耿直BOY。

他要做成熟的中年人苏轼，全新的中年人苏轼。

全新——不是抛弃旧我，不是丢掉"过去的苏轼"，而是从旧转变到新，是要在"旧我"基础上建立"新我"。

中年危机男

寂寞沙洲，其实不冷

宋人集绘 无款
溪旁闲话

第三要做的,就是找点事干。

无所事事的人生最容易闲出病来,最容易使人堕落,精神上萎靡不振,身为一名犯官,确无公事可干,那就自己找事情做。

比如劳动。

有了东坡那块地之后,苏某人忙得不可开交,除草、翻地、播种、浇水、施肥、收获,几十亩地,从春天到秋天,天天忙得晕头转向,哪还有时间为那些不着边际的苦恼烦恼?

比如写作。

立功、立德看起来遥不可及,至少还有立言的机会。想我苏某人少年苦读,中进士后为官,除了做些诗词自娱,竟还没有时间完成想写的作品,何不趁此机会大干一番。仔细列了个单子,发现想写的东西还真是不少:如老爸曾命我完成解读《易经》的书,比如我自己想写的解读《论语》的书,等等。

如此一来,回过头才发现,黄州五年的时间不是太长,而是太短。

学佛读经,修定发慧

反思之后,他要直面人生的根本问题了。归纳起来,不外乎几种。

我是谁,从哪里来,到哪里去?

人究竟为何而活?

如何面对荣誉和苦难？如何面对人生的正常和无常？理想和现实发生冲突怎么办？

如此等等。

他通过阅读经典来寻找答案，这些经典包括两部分，一部分是佛经，另一部分是庄子。

苏轼读佛甚早，"少年知读佛书，习禅理"，后来出任杭州通判，遍访当地高僧，与多位禅师来往密切。但这次黄州读佛，与先前稍有不同，先前仅是因为喜欢和向往而了解，这次则是出于实用之目的，借阅读佛理来排解人生的苦难，求得精神上的彻底解脱。

只读经书不够，他还在安国寺长老的指导下，学习禅坐功夫。坐禅是佛教修持的重要方法之一，修禅即为修定，修定可发慧。定是排除杂念，专心致志，观悟痛苦成因，慧是智慧，代表着无欲见真的状态。人一旦达到无欲的境界，痛苦也就自然消除。

读经和坐禅对苏轼的帮助很大，这是他主动调整人生观的一次积极尝试，效果甚佳——离开黄州时，他的坐禅功夫已相当了得，"物我两忘，身心皆空"。

苏轼与老庄也极有渊源，8岁时他还曾跟随道士张易简从学，幼年好道，倾心庄子。在黄州孤苦冷清的境况之下，庄子那种超然物外的处世态度重又引发苏轼的关注，再次重读，有豁然开朗之感。

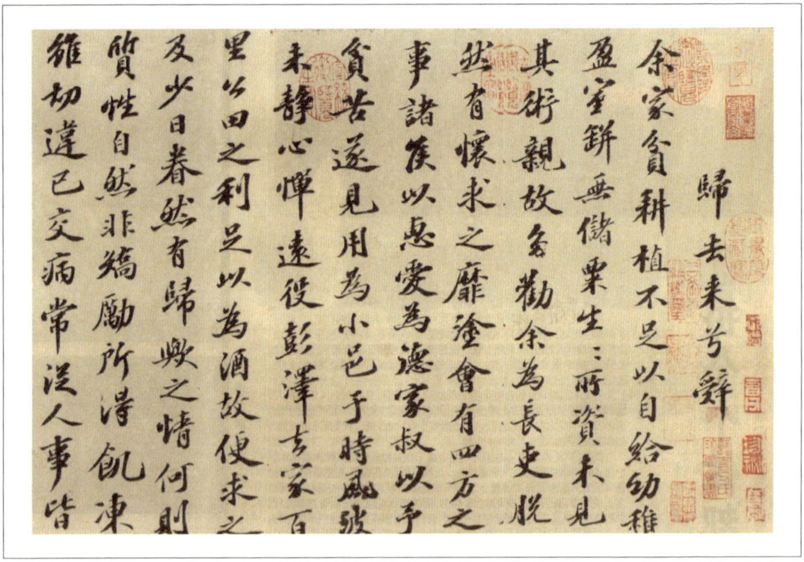

归去来兮辞

余家贫耕植不足以自给幼稚
盈室缾无储粟生之所资未见
其术亲故多劝余为长吏脱
然有怀求之靡途会有四方之
事诸侯以惠爱为德家叔以余
贫苦遂见用为小邑于时风波
未静心惮远役彭泽去家百
里公田之利足以为酒故便求之
及少日眷然有归欤之情何则
质性自然非矫励所得饥冻
虽切违已交病尝从人事皆

宋 苏轼
书归去来辞 卷

在本质上,苏轼是一个儒士,但他平生所学,并不限于儒家经典,而是广泛求取各种精神资源,为我所用。事实证明,佛教和老庄,在关键时刻对他有极大之帮助——借助这两种思想资源,他得以安然地游出人生的苦海,爬到了岸上。

好友如一帖凉药

苏轼对付中年危机的另一大杀器是广交朋友。

他平生最爱与朋友厮混,别人是老婆孩子热炕头,他是朋友朋友好朋友。

一天不见朋友,和失恋的小伙子没啥两样。

来黄州前他所担心的,不是路途遥远,亦非生活困苦,而是没有朋友。

"黄州岂云远,但恐朋友缺。"

因系犯官之身,外地的朋友连信都不敢写,遑论有什么交往。

苏轼意识到,远水不解近渴,要解决朋友稀缺的困境,须从身边下手。他个性开朗,长于谈笑,到黄州不久,就建立了一个庞大的朋友圈。

他先认识了监黄州酒税的乐京,又认识了住在武昌的同乡王齐愈、王齐万兄弟。乐京也是因反对新法而被贬黄州的官员,两人同为政治上的失意人,很快就成了无话不说的朋友。而王家原是蜀中的大地主,富而慷慨,其先人自蜀来黄,兄弟二人便落籍于此。苏轼每次去江对岸,都会去王家拜访,王氏兄弟热情相待,每每杀鸡置酒,款待这位流落于此的同乡人。

他还新交了三个本地朋友,开酒坊的潘丙,热心公益人脉甚佳的古耕道,卖草药的郭遘,这三人朴实真诚,对流落此地的苏轼多有帮助,特别是后来开辟东坡,这三位朋友帮他干了不少农活。

陈季常是苏轼多年的老友,住在离黄州不远的歧亭,这位几乎从不出门的隐士到黄州看望苏轼来了,每次来都要住十多天,陪老友喝酒游玩话家常,黄州五年,两人在一起的时间竟有一百多天。

苏轼亦与当地的官员结交,黄州太守徐大受,鄂州太守朱寿昌都对他多有照应,逢年过节便送他礼物。

老朋友马梦得也来黄州了,正是在他的大力协助下,苏轼才得到东坡这块闲地——借助这块地,苏轼实现了渴望已久的田园之梦。

苏轼在东坡建了几间房子,取名雪堂,雪堂成了朋友的招待所,来看他的朋友更加络绎不绝:老朋友杜道源来了,道士杨世昌来了,同乡巢谷来了,诗僧参寥来了,画家米芾来了,琴师崔闲来了……有友情温暖,困顿的苏轼活络起来了,快乐起来了,满血复活了。

劳动最是治愈

最意外的收获是,在黄州种的那块地。

地在黄冈东城门外,瓦砾遍地,十分贫瘠,几乎没有耕种价值,朋友马梦得帮他拿到这块地时,又赶上当地干旱,苏轼初看这块地时,差点晕了过去。好在他没有放弃,积极地投入到规划当中,低洼的湿地种粳稻,平地上种枣树和栗树,原本打算种片竹子,因怕竹根蔓延,危害别的庄稼生长,故而放弃。他还留了片地方,打算以后造所房子,来解决家里住宿拥挤的问题。

规划完毕,即开始行动,烧掉了茂盛的枯草,便开始了耕种工作,一家男女老少和几个朋友齐齐上手,很是忙活了一阵,才将这块地打理停当。

最初只是为解决全家温饱问题而向官府申请的土地,哪承想带给他的幸福远远不止于此。耕种东坡不仅让苏轼的身体得到锻炼,更让他的精神生活上了一个台阶。

中年危机是心理的危机,也是生理的危机。年近五十,最易感到体能不支,力不从心,但下地劳动不久,奇迹出现了:腰不酸,腿不疼,走路也有精神了。

他换下官服,穿上普通农夫的衣裳,拿起锄头,挥汗如雨,那认真劲儿,与一般农夫无异。他从老农那儿获取种庄稼的经验，和老妻一起照料生病的老牛，叫上朋友来帮助收割，享受丰收的喜悦和欣喜。

他喜欢那种淋漓尽致的快感，喜欢那种汗流浃背的状态，劳动之后，心情变得充实，心态变得积极。再没有愁苦来纠缠他，再没有孤独来侵扰他，再没有无所事事无所适从的焦虑感。

他种花种草，也种茶树。庄稼可以管温饱，花草则可以怡精神，而茶树，则预示着他朝气蓬勃的文化生活就要大规模地展开了。

他在地头上盖了一座房子，取名"雪堂"。苏轼在此处招待外地来访的朋友，吟诗作词，饱览风景，读书习字——雪堂成了黄州的文化中心。

卢梭说，在人的生活中最主要的就是劳动锻炼，没有劳动就不可能有正常人的生活。如果苏轼能听到这句话，一定会点头称是。

他为自己取号曰"东坡居士"，他一迈从苏轼成为苏东坡，这意味他精神世界的重建，意味他已成为全新的苏轼。

劳动在其中的作用不可小视。

并借劳动的机会，知晓了民间疾苦，且与劳动人民打成一片。

著书立说，用功甚深

远离庙堂，立功和立德的机会不多，但却是立言的好时光，现

中年危机男

寂寞沙洲,其实不冷

宋玉双蜂

在，他有大把的时间可以拿来写作。

主要是做解读经典的工作。

他花了一年的时间，写成《论语说》五卷；与弟弟苏辙合作，写作《易传》，易学是苏氏家学，两兄弟写此书是遵父亲苏洵遗言行事，此书真正完成要到18年后；他还写了《书传》，但一直未能完成。

写作之外，他坚持读书不辍。有个故事，颇能说明他用功之深。

某天，黄州的朋友朱载上来访，仆人通报之后，迟迟不见苏轼人影。朱载上等得不耐烦，欲起身离去，却见苏轼匆匆出来："不好意思，老朱，刚才忙于日课，让你久等。"

朱氏问："先生所谓日课是什么？"

苏轼答："抄《汉书》。"

朱氏不解："以先生之才，开卷一览，自可终生不忘，何用手抄？"

轼答："不然，我读《汉书》，至今已抄过三遍。第一次每段事抄三字，第二次抄二字，现在只抄一字。"

朱载上不依不饶："先生所抄的书，肯让我见识见识？"

苏轼便让人把自己所抄的书取来，递给朱氏："足下试说一字。"

朱随便说一字，苏轼便可以背诵百言，无一字之差。朱氏惊叹。

你看，哪里有什么天才，苏轼不过是把别人喝咖啡的时间，都花在了背诵汉书上。

几年以后，苏轼重被起用，一路高歌猛进，成为朝廷要员，又几年之后，苏轼被放逐岭南，尝尽颠沛流离之苦，他是否会想起黄州四年多的时光？

我想，他一定会。

因为他不再为荣辱而揪心，不再受名誉地位牵绊。

他已能坦然面对命运在他身上所做的事。

借由黄州这场盛大的中年危机，他早已重塑了自我，寻找到生命的真正坐标，实现了真正意义上的自我突围。

第六章

养生达人:无事以当贵

苏轼是养生真达人，不是一般的养生爱好者：他不但写了许多与养生有关的诗文，而且还将养生理论真正地付诸生活实践。

为了学习养生，他不但博览群书，而且广泛地向民间人士虚心请教，最重要的是，他还身体力行，将收集来的养生之法一一实践，验证到底有无效果，在写给前辈张方平的信中，他主动交代："某近年颇留意养生，读书延问方士多矣。其法百数，择其简而易行者。间或行之，辍有其验，今此闲放，益究其妙，乃知神仙长生，非虚语尔，其效初不甚觉，但累积百余日，功用不可量。比之服药，其效百倍。"这些年我很关注养生的，从书本学习，向方士们学习，收集到好多养生法，我把其中的一些都试过了，一开始没觉得怎样，后来越练越有效，比吃药好一百倍噢！您老要不要来几个偏方试试？

我就想，如果不是在海南那几年营养跟不上，又染了瘴疠之气，东坡先生大可以多活一些年头，按他的体格以及乐天知命的性格，又有那么多养生的诀窍和方法，活到80岁应该不成问题。

即便按他的实际年龄算，在宋代也算高寿，关于宋人的平均寿命，并无特别精确的数据，南京师范大学陆岩以北宋墓志资料为研究中心，抽取2183例人口样本进行统计分析，计算出北宋人口平均死亡年龄为53.30岁，这一数据相对科学，且远低于苏轼的66岁。

苏轼甚至还写了一本专业药书《苏学士方》，后人将这本书与沈括的《良方》合而为一，称为《苏沈良方》。如果他不当官，不做诗人词家，会是个特别优秀的民间医生，未必能成为赶得上扁鹊华佗的神医圣手，但对付一般的病症绰绰有余——他善钻研，又有拿自己当小白鼠的试验精神。

他对于养生有着一种近乎迷恋的热爱，无论是身处庙堂之际，还是流落江湖时候，他都不忘收集各种民间药方，收集之后亲身实践，然后介绍给有需要的朋友，甚至救助于百姓；他对佛家或道家的养生之道有深入研究,如其论道云:"道家者流,本于黄帝、老子,其道以清静无为为宗,以虚明应物为用,以慈俭不争为行,合于《周易》何思何虑、《论语》仁者静寿之说,如此而已。"

他研究气功,他研究辟谷,他研究各种食物的养生功能。

他给朋友开过一个特别的药方,这位朋友叫张鄂,他开的是"四味长生药":一曰无事以当贵,二曰早寝以当富,三曰安步以当车,四曰晚食以当肉。

这四味长生药当然不是真正的药,但在他看来,却又可以起到长寿的作用:无事以当贵,就是保持一颗平常心,恬淡平和,任性逍遥,如《黄帝内经》言:"恬淡虚无,真气从之,精神内守,病安从来?"

早寝以当富,就是生活有规律,早睡早起,遵循自然规律。

安步以当车,是说人不能过于安逸,要多运动,多劳作。中医认为阴阳平衡则身体强健,如果静多动少,动静失衡,则阴阳失调。

晚食以当肉,是说饥饿时才吃饭,吃饭也不能吃太饱,拒绝暴饮暴食,否则易伤身体。他在给张方平的信中说,"须常节晚食,令腹中宽虚,气得回转","已饥方食,未饱先止,散步逍遥,务令腹空",总之,一定要饿了才吃,又不能吃太饱。

他还给自己开过一个方子:安分以养福,宽胃以养气,省费以养财。开这方子时他经济紧张,主要目的是"养财",但"养福"和"养气"在他的养生观里也一样重要。

尽管苏轼也迷恋炼丹之类的活动,但他对于养生,仍有着相当朴素的认知：人间没有长生不死的活神仙，更无长生不老的丹药，只有慎于起居饮食，节制色欲，能劳能逸的人方能尽享天年。

以此来看，东坡养生法不仅是身体的养生，而且是精神的养生，在他眼里，二者唯有结合起来，方能做到真正的长寿。

苏氏食疗养生法

苏轼到底具体是从何时开始养生的，并不可考，但我们仍可以有一个大概的推断：是他到密州做知州之后。

到密州前，他在杭州任通判，社交机会甚多，宴饮玩乐不断，彼时三十多岁，人也年轻，似无养生的必要，或者还顾不上养生。

但密州比不得杭州的繁华和富裕，地方本就贫穷，又因王安石新法实施之后，地方余利几被搜刮一空，搞到连正常的薪水也无法正常发放，"衣食之奉，殆不如昔者"，连吃饭穿衣都成了问题，"斋厨索然，不堪其忧"。

但肚子哪管这些，照饿不止，无奈的苏轼只得和通判刘庭式一起，沿城寻觅废圃中野生的枸杞和野菊吃，枸杞和野菊都是草药，前者具促进免疫、抗衰老、抗肿瘤、抗疲劳、保肝之功效，后者则可明目去火。不想，因为吃了这两样东西，身体日甚一日地好了，特别是野菊，对他的眼病疗愈起到了很好的作用。他曾在《小圃五咏》中，咏过枸杞和甘菊。

> 神药不自閟，罗生满山泽。
> 日有牛羊忧，岁有野火厄。
> 越俗不好事，过眼等茨棘。
> 青黄春自长，绛珠烂莫摘。
> 短篱护新植，紫笋生卧节。
> 根茎与花实，收拾无弃物。
> 大将玄吾鬓，小则饷我客。
> 似闻朱明洞，中有千岁质。
> 灵庞或夜吠，可见不可索。
> 仙人倘许我，借杖扶衰疾。

大意说，枸杞的全身都是宝，根茎花实皆有其用，从大处讲能让我的白发变黑，从小处讲可以用来招待宾客。真好。

> 越山春始寒，霜菊晚愈好。
> 朝来出细粟，稍觉芳岁老。
> 孤根荫长松，独秀无众草。
> 晨光虽照耀，秋雨半摧倒。

先生卧不出，黄叶纷可扫。
无人送酒壶，空腹嚼珠宝。
香风入牙颊，楚些发天藻。
新黄蔚已满，宿根寒不槁。
扬扬弄芳蝶，生死何足道。
颇讶昌黎翁，恨尔生不早。

大意说，菊花好食，实乃养生之宝，既然身边无酒，何妨嚼嚼菊花，不但口齿留香，而且长生不老。

不独甘菊，苏轼似乎对一切菊花都喜欢，菊花是他诗作中传情达意的重要道具，如"菊花须插满头归"，"菊暗荷枯　夜霜"，"美人怜我老，玉手簪黄菊"，"短日明枫缬，清霜暗菊球"，"霜风渐欲作重阳，熠熠溪边野菊黄"，等等，多不可数。

菊所营造的意境叫人喜

明末清初　陈少梅　东坡居士像

欢，而东坡大约更看重它的品性。"菊性介，然不与百卉盛衰，须霜降乃发"，大约是有感而发，感同身受，他自己又何尝不是个耿介的人呐！

食枸杞与菊花大约就是他食疗的开始。之后，更是一发而不可收。

在苏先生的食疗名单里，可以列出长长的一串食物：麦门冬饮子、茶、芡实、粥、赤豆、汤、茯苓芝麻面、鲅鱼、芋头，等等，甚至连雨水或者井水都挤进了他的list。

麦门冬饮子煮水，是很好的饮品，主治膈消、热伤气阴、胸满烦心、津液燥少、短气，可以安神催眠，苏先生大约喝得开心了，因而有诗曰："一枕清风值万钱，无人肯卖北窗眠。开心暖胃门冬饮，知是东坡手自煎。"

东坡喜茶，茶在他眼里也是保持健康的良药，但茶饮多了也有坏处，"暗中损人殆不少"，"消阳助阴，益不偿损"，他便发明了一个法子来抵消饮茶的坏处：用粗叶浓茶漱口，使油腻不入肠胃，牙齿也因而更为坚实，不生虫病。

芡实味甘涩、性平，有补中益气、抵抗衰老、健脾止泻、固肾益精、除湿之效，苏轼十分钟爱这种食材。将芡实煮熟之后，放进嘴里缓缓咀嚼，至津液满口，再鼓漱几遍，然后徐徐咽下，每天吃10粒至30粒。

他用赤豆煮粥，赤豆又名红小豆、红饭豆，具利水消肿、解毒排脓之效。他还曾与夫人将赤豆与大麦一起蒸饭，名之曰"新样二红饭"。

粥或汤也是苏氏养生的一大法宝。"吴子野劝食白粥，云能推陈致新，利膈益胃。粥既快美，粥后一觉，妙不可言也。"因为利膈益胃，方能一觉后有妙不可言之感。当然，大半夜不能多喝，一旦撑着就不会妙不可言了。

苏轼还发明过一种养生粥，叫薤姜蜜粥，薤即薤白，又称藠头，其性味辛、苦、温，归心、肺、胃、大肠经；生姜味辛，性微温，入脾、胃、肺经；蜜在五味中属甘。此粥做法是：将大米煲至断生，加入藠头和姜末继续煮，最后调入蜂蜜，据称此粥可以养中和之气。

至于茯苓芝麻面，前文有详细叙述，这里就不细讲了。

苏先生虽然爱美食，但对饮食还是有相当的节制。虽然嗜肉如命，却也愿意多食蔬菜；他特别强调饥而后食，食不过饱，反对大吃大喝。

在登州时，眼疾复发，他听人说本地的鳆鱼可以明目、治青盲失精，就去吃了鳆鱼，想必并没有吃过几次，因为他在登州时间极短，待了没几天就又被外调他处了。

在海南时，芋头吃得最多，虽然久吃难咽，但芋头有益气功效，且能消疠散结、消肿毒，在客观上亦保证了他在海南这种艰苦条件下的基本生存。

北宋 李公麟
丹霞访庞居士图

《东坡志林》里,他特别提到雨水和井水的养生作用。

> 时雨降,多置器广庭中,所得甘滑不可名,以泼茶煮药,皆美而有益。正尔食之不辍,可以长生,其次井泉甘冷者,皆良药也。

究竟雨水和井水有无养生作用,不好定论,但这种"置器广庭中"以及"泼茶煮药"的试验精神,还是值得鼓励的。

苏氏食疗法用一句话便可概括,那就是"好好吃饭",他写给乔全的诗,代表了他对于食疗养生的认知,"千古风流贺季真,最怜嗜酒谪仙人。狂吟醉舞知无益,粟饭藜羹问养神。"狂吟醉舞,于身无益,还不如粟饭藜羹,可以保养精神,所以,好好吃饭最为重要。

苏氏药疗养生法

《调谑编》有则逸事颇说明苏轼对药材之熟悉。

他到朋友刘贡父家做客,刚到刘家,家里仆人就急匆匆跑来说夫人有要紧事,让他速速回家。爱开玩笑的刘贡父有心嘲弄,吟道:幸早里(杏、枣、李),且从容(苁蓉为中药名)。

苏东坡头也不回，应声而答：柰这事（苹果、蔗、柿，中国古代将野生苹果称"柰"），须当归（当归为中药名）。

苏轼喜欢收集药方，他的药方来源甚广，除了向身边的熟人朋友讨教，还会向方外的道士和尚们索求，当然还有各类古书。他去过的地方多，见识的风物多，收集起来也比一般人更为方便。

收集药方之癖，除了满足个人的喜好，还因为有实际之需——帮助亲人或朋友治病，乃至于劳苦大众。

他收集的方子多，来源广，有些是正经方子，有些则不那么正经，杂七杂八，无所不包。

苏轼被贬黄州时，童年小伙伴巢谷不远千里跑来看他，当时黄州及邻近州郡大疫流行，死人无数，苏轼心忧却无办法。巢谷用家传秘方圣散子治好了不少病患。

此方救人甚多，但巢谷囿于祖训，不愿将方子公之于世。后经东坡反复劝说，巢氏才勉强同意将此方授之，但要求不得转授他人。东坡得此方后，并没有遵守约定，而是将它传给庞安常——他认为圣散子应该救治更多病人，庞安常是名医，善著书，将它交给老庞便可普救众生。庞氏未负东坡期待，在其著作《伤寒总病论》中附了此方，圣散子由此得以流传。

苏轼对圣散子夸奖有加。

一切不问阴阳二感，或男子女人相易，状至危笃，连饮数剂而汗出气通，饮食渐进，神宇完复，更不用诸药，连服取瘥。其余轻者，心额微汗，正尔无恙。药性小热，而阳毒发狂之类，入口便觉清凉，此药殆不可以常理而诘也。若时疫流行，不问老少良贱，平旦辄煮一釜，各饮一盏，则时气不入。平居无事，空腹一服，则饮食快美，百疾不生，真济世卫家之宝也。

不过这段话也将苏轼的问题暴露无遗：治病毕竟不是写文章，可以随性抒情，治病则要从症状出发，先行诊断，后下药方，再者说，不同疫病不同症状，都用这药来对付未必管用，不能因圣散子救治过病患，就说它包治百病。

元祐四年，苏轼主政杭州，当年杭州大旱，五年，发生了大瘟疫，死人无数。

苏轼立即采取了两项措施：一是设置病坊，一是施药。他从官钱里拿出两千贯，自己又捐黄金五十两，设置病坊一所，取名"安乐坊"，专请僧人主持施医的工作——安乐坊是中国历史上最早的公立医院。医院成立后，苏轼又自费修合圣散子，免费发放给贫穷百姓。

这个方子还是出了问题。

叶梦得《避暑录话》记载："宣和后，此药盛行于京师，太学诸生信之尤笃，杀人无数。"

圣散子药方中，多为辛温大热之品，历来不乏专家对此方提出质疑。

南宋陈言在《三因方》指出：

> 此药似治寒疫……今录以备疗寒疫用者，宜究之。不可不究其寒温二疫也。

俞弁《续医说》认为：

> 昔坡翁谪居黄州，时其地濒江多卑湿，而黄之居人所感者，或因中湿而病，或因雨水浸淫而得，所以服此药而多效。是以通行于世，遗祸于无穷也……殊不知圣散子方中，有附子良姜吴茱萸豆蔻麻黄藿香等剂，皆性燥热，反助火邪，不死何待？若不辨阴阳二证，一概施治，杀人利于刀剑。

圣散子从救人无数的"仙方"变成"杀人方"，这个惨痛的事实表明：任何疗法处方都会有一定的适应证，超出其治疗范围可能会走向反面，圣散子绝不是包治百病的神药。

如果苏轼知道这个情况，估计会后悔死的。

苏先生爱医学医也懂医，但毕竟不是医生，他去世前给自己开的药方，亦为后人诟病。

苏轼去世前,夜发高烧,热毒大作,自知不久于人世,他停服了一切药物,只以参苓汤代茶,参苓汤是用人参、麦门冬、茯苓三味煮成的浓汁,人参主安精神,定魂魄,开心益智,茯苓安神,麦门冬疏导心腹结气、暖胃,老人家饮参苓汤,意在培养元气,增强抵抗力来对付病症。

南宋 (传)胡直夫 释迦出山图

从病象看,苏轼患的是痢疾,是细菌性的传染病,这个方子几乎起不到任何作用。

眼看无药可救,急坏了身边的老友钱世雄,情急中钱氏不知从哪儿给他弄了一服"神药",劝他服用,他回说:

"神药希代之宝,理贯幽明,未可轻议也。"并不服用。

清人陆以湉《冷庐医话》评价苏轼给自己开参苓汤这件事,

士大夫不知医,遇疾每为俗工所误,又有喜谈医事,研究不精,孟浪服药以自误。如苏文忠公事,可惋叹焉。

陆氏进一步解释,

> 病暑饮冷暴下,不宜服黄,迨误服之。胸胀热壅,牙血泛溢,又不宜服人参、麦门冬。噫!此岂非为补药所误耶?

老先生,你这饮品喝得不恰当啊,正好助长了发病,否则可以多活些时间。

另一位清人林昌彝,在其作品《射鹰楼诗话》亦对此事做了点评:

> 公当暴下之时,乃阳气为阴所抑,宜大顺散主之,否则或清暑益气汤、或五苓散、或冷香引子、及二陈汤、或治中皆可选用,既服黄粥,邪已内陷,胸作胀以为瘴气大作,误之甚矣,瘴毒亦非黄粥所可解,后乃牙龈出血,系前失调达之剂,暑邪内干胃腑,宜甘露饮、犀角地黄主之,乃又服麦冬饮子及人参、茯苓、麦门冬三物,药不对病,以致伤生,窃为公惜之云云。余谓甘露饮、犀角地黄汤用之,此病固当。至桂、附等味,公之热毒如是之甚,亦不可用也。

苏先生啊，你到底是吃错了药，体内的毒气未能排解出去，反而又因之而早逝，真是可惜。

这件事告诉我们：得病时还是要请医生，万不要自作主张给自己下方子，否则很容易死在自己手里。

但苏轼收集药方的态度还是非常值得肯定的：他一向谨慎，所收集的方子，大多经过别人或自己的检验，方才纳入囊中。他的很多药方，直到现在还广为流传，并为中医大量采用。

他常给庞安常写信，探讨用药的一些理论。他于出方用药方面，还是相当谨慎的，向求方求药者反复叮咛，循州太守周彦质患足疾，曾向他求方，苏轼专门写了封信，详细介绍这剂方药：

> 累日欲上谒，竟未暇。辱教，承足疾未平，不胜驰系。足疾惟葳灵仙、牛膝二味为末，蜜丸，空心服，必效之药也。但葳灵仙难得真者，俗医所用，多藁本之细者尔。其验以味极苦，而色紫黑，如胡黄连状，且脆而不韧，折之，有细尘起，向明示之，断处有黑白晕，俗谓之有鸲鹆眼。此数者备，然后为真，服之有奇验。肿痛拘挛皆可已，久乃有走及奔马之效。二物当等分，或视脏气虚实，酌饮牛膝，酒及熟水皆可下，独忌茶耳。犯之，不复有效。若常服此，即每岁收樱皂荚芽之极嫩者，如造草茶法，贮之，以代茗饮。此效，屡尝目击。知君疾苦，故详以奉白。元素书已作，稍暇，诣见。

因此，万不要因为他曾犯过错误，下错药方，就彻底否定了他在医药方面的贡献，毕竟，神医也有失手的时候。

哪怕现在，许多吃中药的朋友抓过的方子里，很有可能就有苏老先生的贡献。

苏氏身心养生法

苏轼喜谈佛论道，又爱好养生，每每遇上高人，总要请教一番，不想还因此遇上骗子。

叶梦得《避暑实话》里讲过一个故事。

元祐二年冬，京师来了一个叫乔仝的老头儿，此人八十岁的年纪，三十岁的身体，健壮异常。

乔仝跟苏轼交代：俺年轻时候啊，也曾是一个长发飘飘潇洒俊俏的美少年，比你苏大人还帅好几倍，只是一场大病改变了俺的人生，不但须眉尽落，而且面貌也变丑陋，干脆弃世入山，从贺亢学道。结果学到一身本事啊，你看俺这么大年纪了，翻山越岭，轻快如飞。

乔仝还告诉苏轼，有一年我随师东游，在密州的路上曾经见过你，贺老师还曾想和你聊几句来着，老人家好像流露出一副很喜欢你的样子。

宋白玉碗

贺亢是五代时人,传说其得道不死。乔仝生于仁宗年间,如果他曾向贺亢学道,那贺老先生当时至少已经150岁。

对乔仝所言,苏轼深信不疑,还特别挽留他不妨多住一些时日。乔仝拒绝了:"贺师约我于明年上元节,会于蒙山,现在已是十二月中旬,我必须要离开了。"

苏轼遂拿出二十缣绢资助乔仝(唐制布帛四丈为匹,亦谓匹为缣。古时多用作赏赠酬谢之物,亦用作货币),出手不可谓不阔绰。只送东西不够,还特别赠诗于他,诗曰《送乔全寄贺君六首并叙》,老哥,别忘了向贺师问好啊。还相约明年秋天,再会于京师。

在诗里,他向贺大师表明心迹:"闻道东蒙有居处,愿供薪水看烧丹",亲爱的贺大师,我好想去蒙山,搬个小马扎坐你边上,看你炼丹,那也是一种特别幸福的生活啊!

乔全一去,杳如黄鹤,江湖上再无此人的消息。

还有一个叫姚丹元的道士,也多次糊弄苏轼。

姚丹元天资聪慧,读过很多书,记忆力特别好,尤其喜欢吹牛,到处跟别人说他能召唤天上的神仙,让神仙在空中现形。苏轼深信不疑,认为此君是李白转世。

其实,姚丹元是京师富家不肖子,被其父赶出家门,靠方术骗人吃喝,为方便行骗,他曾多次改名换姓。

有人说苏轼接连受骗,太过天真,事实上,除了天真之外,还因为他太过着迷于谈佛论道,并从佛道中汲取养生之法,因为迷恋过甚,常常把那些骗子当成了世外高人。

骗归骗,但在养生的道路上,他一直没有停下过前进的脚步。

苏轼鼓捣出许多神奇的养生方法,炼丹和服丹是他最热衷的事情之一。

其一,阳丹诀/阴丹诀。

冬至后斋居，常吸鼻液，漱炼令甘，乃咽下丹田。以三十瓷器，皆有盖，溺其中，已，随手盖之，书识其上，自一至三十。置净室，选谨朴者守之。满三十日开视，其上当结细砂如浮蚁状，或黄或赤，密绢帕滤取。新汲水净，淘澄无度，以秽气尽为度，净瓷瓶合贮之。夏至后取细研，枣肉丸如梧桐子大，空心酒吞下，不限丸数，三五日后服尽。夏至后仍依前法采取，却候冬至后服。此名阳丹阴炼，须清净绝欲，若不绝欲，其砂不结。

把鼻涕都吸进嘴里，反复在口中漱炼，直到觉得甘甜时方可咽下。选三十个瓷器，尿尿进去，放进干净的室内，选个信得过的谨朴之人守护它们。三十天之后，尿液结成黄色或红色的细砂，用手帕蒙在瓷器口上多次净化，直到没有尿骚味止，然后加细砂和枣泥制成丸，以酒空腹服用。对了，制作此丹时要绝欲噢，否则，不会成功。
What？喝鼻涕？吃尿做的丹丸？苏大人，你确定可以得了口？
这阳丹真不是盖的，阴丹亦不遑多让。

取首生男子之乳，父母皆无疾恙者，并养其子，善饮食之，日取其乳一升，少只半升已来亦可。以朱砂银作鼎与匙，如无朱砂银，山泽银亦得。慢火熬炼，不住手搅如淡金色，可丸即丸如桐子大，空心酒吞下，亦不限丸数。

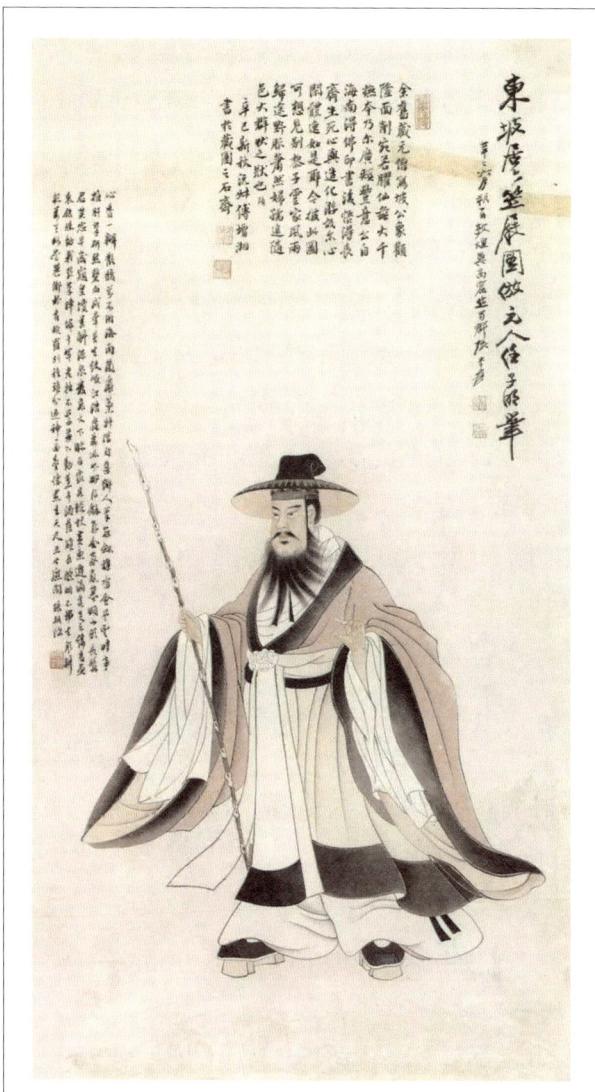

近现代 张大千 东坡居士笠屐图

要找第一胎生儿子的母亲，注意，父母身体都要健康。然后取母亲的乳汁来炼丹，把乳汁在文火上加热，要用银汞合金制成的锅，一边加热，一边用银汞合金制的调羹缓缓搅动，直到奶凝结，最后制成药丸状。用酒送服。

窃以为，这阳丹阴丹皆不靠谱，想想，喝鼻涕，吃尿做的丹丸，恶心不说，怕是并没啥营养可言；而用母乳做成的丹丸，营养应该是有，但制作过程中使用银汞合金的锅，对身体却又有危害性。

苏轼自小学道，思想受道家影响至深，对丹药亦有一种特别的迷恋，凤翔任上，他就读过炼丹的著作，到黄州时，他开始尝试炼丹，但那会儿刚刚入门，只是兴趣，"决不敢服"，而被贬岭南后，心灰意冷，下了学道的决心，又起炼丹求仙的心思，到惠州后还写了篇誓文，表明炼丹之决心：

饮食之精，草木之华。集我丹田，我丹所家。我丹伊何？铅汞丹砂。客主相守，如巢养鸦。培以戊己，耕以赤蛇。化以丙丁，滋以河车。乃根乃株，乃实乃华。昼炼于日，赫然丹霞。夜浴于月，皓然素葩。金丹自成，曰思无邪。

炼丹需药材和工具，如松脂、硫黄和铁炉一类，惠州没有，就特地托表哥程之才从广州购买。

此后便开始炼丹，研究龙虎铅汞之说，但有所感，形之于文，

《续养生论》《辨道歌》等都是此一时期的作品，谈的都是与炼丹服丹有关的理论。

除了服用丹药，他还有很多其他的养生方法。

在黄州时，无事可做，经常去安国寺跟老和尚学习禅坐功夫，"得城南精舍曰安国寺，有茂林修竹，陂池亭榭。间一二日辄往，焚香默坐，深自省察，则物我相忘，身心皆空，求罪垢所从生而不可得。"

禅坐是佛家修炼的一种方式，它能使心灵集中于所观想之对象，排除现实世界中情感的混杂，以精神上的直觉主宰个人意志和情感，使身心达到平衡，不再为人世的俗念而执着。

换句话说，就是"把心带回家"。

苏轼在黄州五年，坚持禅坐，效果也出人意料："一念清净，染污自落，表里翛然，无所附丽。私窃乐之。"

如果说，黄州五年是苏东坡人生的大突破，那么禅坐在其中功不可没，通过修行，他祛除了内心的不安、焦虑和失落，经此五年，他的整个人一下子开阔起来了：他不再受困于大起大落的人生际遇，不再烦恼于无穷无尽的被贬谪的现实。

禅坐是身体的养生，更是心灵的养生。

元祐还朝后，他每日五更初起床，梳头数百遍，盥洗后，便和衣卧到另一干净榻上，假寐数刻，"美不可言"。天色平明，吏役齐集，他就起身换上朝服，戴上官帽，入宫上朝。

南宋 李从训画 赵孟𫖯书
乐志论(局部)

晚上睡觉亦有方法：躺床上将四肢安放，使每处都舒适稳妥，如稍感不适，便继续寻找最舒服的睡觉姿势。若身体上有任何轻微倦痛的地方，就自己按摩一下，闭目，听自己呼吸，直到呼吸平匀，心也跟着安定。如此这般，大约一顿饭的工夫，四肢百骸，无不和通，睡意跟着上来，直接就跌进梦乡去了。

叩齿也是他养生的一种习惯，"一过半夜，披上上衣面朝东南，盘腿而坐，叩齿三十六下，当会神清气爽"。

晚年在海南，他写了《谪居三适三首》，海南条件艰苦，有三种养生法简便易行，即谓"三适"，是指旦起理发、午窗坐睡、夜卧濯足，早上起来梳头，中午盘膝坐睡，晚上洗脚。他一向喜欢沐浴，但此地没有澡盆，洗澡便成奢求，不得已搞起了"干浴"：上床之后，擦热两手，并以双手摩擦身体，是一种自我推拿方法，此法最早出自陶弘景《养性延命录》："摩手令热以摩面，从上至下，去邪气，令人面上有光彩。又法，摩手令热，摩身体，从上至下，名曰干浴。令人胜风寒时气，头痛，百病皆除。"隋人巢元方《诸病源候论》也有收录："摩手令热，令热从体上下，名曰干浴，令人胜风寒时气，寒热头痛。"总之，是一种不花钱且能起到良好作用的养生法。

苏氏终极养生大法被他写进《养老篇》，共42字，字字珠玑。

软蒸饭，烂煮肉。温羹汤，厚毡褥。少饮酒，惺惺宿。缓缓

> 行，双拳曲。虚其心，实其腹。丧其耳，忘其目。久久行，金丹熟。

随年龄增长和新陈代谢减弱，老年人的消化吸收功能逐渐衰退，饮食上应以多稀少稠为主。饭菜要做熟做软，便于消化吸收，保护肠胃，因此，不好消化的肉食更应煮熟炖烂。

羹汤有很强的滋补性，特别适宜老年人。羹汤多种多样，每人皆可根据自己的口味、身体状况加以选择。服用时要趁热温，这样能温阳化阴，和畅气血，改善循环与微循环功能。

睡觉时，要注意防寒保暖，被褥要松软绵厚。

饮酒要少，少则有益，多则有害。饮酒过量，对身体造成不可挽回之损害。

缓缓行，慢走是老年人健身延寿的最好方法。人老腿衰，四肢无力，行动迟缓。如果能坚持经常散步，则能加强腿部的活力，延缓腿部功能的衰老，推迟"不良于行"这一情况的发生。

双拳曲，双手弯曲，能养护劳宫穴，不致使内气散发。

"虚其心，实其腹"化自老子之语，出《道德经》，"圣人之治，虚其心，实其腹，弱其智，强其骨，常使民无智无欲"，本是统治之术，被苏东坡引用到养生中来。

虚其心，就是别想那么多事儿，引申出来就是要放宽心，唯有心宽，方能体胖，方能长命百岁，否则就容易掉入到情绪的陷阱里无法自拔，古代医家认为，"悲哀忧愁则心动，心动则五脏六腑皆摇"，心态不佳或者起心动念，对健康有极大损害。

实其腹，意思是要吃饱，吃不饱则能量供应不足。

丧其耳，忘其目，意思是眼不妄视耳不妄闻，主动摒弃一切有碍修身养性的外界信息，所谓眼不见为净是也。

久久行，金丹熟，是说养生之道贵在坚持，长此以往，按照上述方法去做，必能达到延年益寿之目的。

大概苏轼太迷于搞养生，以至于江湖上数度出现他的传闻。

其一是，当年他在黄州时，恰好在南京的曾巩去世，便有传言说苏轼与曾巩同时死了，传言说得有鼻子有眼："跟李贺一样，他们是被上天召走的。"连神宗都相信了传言，还托人四处打听苏轼的情况。

其二是，他被贬海南，又有传言说，苏轼已得道成仙，坐了一叶扁舟驶向大海，这一次传言也搞得整个京师沸沸扬扬，儿子特意把这事写到信里告诉他。他在海南还遇到一个黄州来客，说听太守何述讲，人在海南的苏轼忽然失踪，独独留下一身道服，应该是羽化登仙了。

第七章

工程师：我来钱塘拓湖绿

看苏轼的资料越多,越感到讶异,这人果真是个天才!天才中的天才!

他怎么什么都懂?

诗词文章写得好也就罢了,却还有一手书法和绘画的本领。最气人的,他还精通其他诸般专业领域,比如建筑、园林、水利,他为这世界留下许多人文景观,直到今天人们还可以从他曾经的设计中获得审美的愉悦。

不当工程师实在是可惜了!

在密州他建了超然台、盖公堂，在徐州他兴修了水利工程、筑了黄楼，在杭州他建了苏堤、疏通六井，在广州他和邓道士一起设计了供水系统……他不仅将自己的设计和施工理念实施于公共建筑当中，还将它们应用到自己的私人领地：在黄州他规划了东坡和雪堂，在惠州他建设了白鹤堂新居。

经他的妙手点化，那些非常平淡的场景，一下子变成了人文胜景，变成了人人想要去旅游的胜地。

他就是那个拥有点石成金的手指头的人。

苏轼搞建筑或工程，总能因地制宜，充分利用当地的条件，与周边的环境相协调，既不突兀又有新意。

他不只强调美观，还强调实际功用。即便放之于眼下，这样优秀的工程师和设计师仍然不多。

他总能将那些人造景观与人文内涵联系到一起，赋予它们蓬勃的生命力，那些景观也便活了起来，而不仅仅是一处干巴巴的景观。

这实在在值得现在的工程师和设计师们好好去学习。

苏大人的亭子、台子、堂子、城门楼子

苏轼从杭州通判调任密州当一州之长，官职是升了一格，但

工作条件和生活条件下降了可不止一格。先前相对轻松悠闲的公务员苏先生，到密州后一下子坠入到无尽的忙碌之中。

刚到任就遇到蝗灾，之后又忙于捕捉盗贼、救助弃婴等事务，一时竟没有什么休息的时间，生活上更别说像杭州那样锦衣玉食，有时连温饱都成问题，无奈之下只得去路边捡枸杞与野菊充饥。

好在一年之后，一切逐渐安稳下来，他也适应了当地的生活，终于可以安下心来搞搞建设，便叫人去安丘和高密的山上伐木，着手修理破败不堪的官舍、长满荒草的园囿。修理过程中，他发现园囿北面有个被弃用的旧城台，台子甚高，视野开阔，登而眺望，向南隐隐可以看到马耳山、常山，东观卢山，那是秦人卢敖隐居的地方，西望穆陵，那里有姜子牙、齐桓公的遗迹，北望则是碧波荡漾的潍河，它让人想起当年指挥潍水之战的淮阴侯韩信。

有此发现，苏轼不胜惊喜，这台子只需稍加修葺，便是可以免费观赏风景的理想所在。"台高而安，深而明，夏凉而冬温。雨雪之朝，风月之夕，予未尝不在，客未尝不从。撷园蔬，取池鱼，酿秋酒，瀹脱粟而食之，曰：'乐哉游乎！'"终于找到一个可以寄托身心与精神的地方了。在这个台子上,可以观望四处,可以思幽怀古,更可以与朋友一起游玩唱和,享受美食与美酒带来的欢愉。

台子既已修葺,便要取个名字,苏辙建议取"超然",他的理由是,"以见予之无所往而不乐也,盖游于物之外也",知兄莫若弟,正是基于对哥哥的深切了解,苏辙方才建议此台称超然台,亦有兄弟相勉的意思在。面对世事,何妨超然一点,看淡一点。不管是繁华的杭州,还是眼下贫困的密州,都应该采取超然之态度,无所往而不乐,不为外物所役,不为外物所困,世间万物皆有可欣赏之处,有此心境,便能保持物外,而不陷入物内,不在意一时得失,不为眼下的困难迷茫。

密州是汉代盖公故里,苏轼遂又生出修一座盖公堂的想法。盖公其人事迹不详,似乎是一个隐居民间的高人,《汉书·曹参传》有非常简略的记载:

> 孝惠元年,除诸侯相国法,更以参为齐丞相。参之相齐,齐七十城。天下初定,悼惠王富于春秋,参尽召长老诸先生,向所以安集百姓。而齐故诸儒以百数,言人人殊,参未知所定。闻胶西有盖公,善治黄、老言,使人厚币请之。既见盖公,盖公为言"治道贵清静而民自定",推此类具言之。参于是避正堂,舍盖公焉。其治要用黄、老术,故相齐九年,齐国安集,大称贤相。

由此可见，苏轼修盖公堂的目的，除了将其作为聚会场所的实际功用外，也有借此讥讽现实之义：他认为王安石变法，与民争利，搜集民脂民膏，令百姓不堪承受，修盖公堂是想提醒这些当政者，要懂得与民休息！别再折腾了！

大概怕人家不明白他的想法，还特别写了一篇《盖公堂记》，与其说他极力推崇盖公的治理思路，还不如说他是在斥责王安石及他的同党：别再用你们那套新法治理天下了！

苏轼在密州所建设，不唯超然台和盖公堂，另有雩泉亭、快哉亭、山堂三处建筑。

雩泉亭。熙宁八年，密州大旱，苏轼两往常山求雨，他求雨的心是相当虔诚的，上天似有感应，每次求雨皆得雨，灵验无比。这在他的求雨史上实是第一遭。

苏轼特意再去常山，感谢山神，并把庙宇修葺了一遍。在庙门西南十五步的地方，有口泉，汪洋回旋如车轮，清凉甘滑，冬夏如一，苏轼说自己有理由相信，常山山神如此灵验，大约是因为有这口泉在，但这泉没有名字，苏轼就建了个亭子，为泉命名为雩泉，亭子自然就叫雩泉亭。他修这个亭子的目的是让人们记住常山的恩泽，并怀有一颗感恩之心。

常山不但是苏轼祈雨处，且是游览打猎之地，他极喜欢这个地方。苏轼离任时，再游常山，览雩泉，并写下《留别雩泉》诗：

举酒属雩泉,白发日夜新。

何时泉中天,复照泉上人。

二年饮泉水,鱼鸟亦相亲。

还将弄泉手,遮日向西秦。

快哉亭。苏轼在黄州和徐州曾为当地的亭子命名为快哉亭,黄州的快哉亭更因苏辙的名篇《黄州快哉亭记》而闻于天下。其实,他早在密州时就亲手建过一个快哉亭。

密州这个亭子建在潍水边上,大约是送客亭,苏辙和表哥文同的诗里都提到过。

山堂。苏轼曾作《山堂铭》:"熙宁九年夏六月,大雨,野人来告故东武城中沟渎圮坏,出乱石无数。取而储之,因守居之北墉为山五,成列,植松柏桃李其上,且开新堂北向,以游心寓意焉。其铭曰:谁哀斯坚,土伯所储。潦流发之,神以畀予。因庑为堂,践城为山。有乔苍苍,俯仰百年。"

他将收集起来的乱石建成五座假山,并植树于其上,将因灾害而得的石头变成了一景,这几乎是苏轼信手拈来的创意,他特别擅长搞这样的风景。

苏轼所经手的较大规模的建筑,非黄楼莫属。

熙宁十年四月,苏轼到徐州任知州,哪想到任不到两个半月,徐州突发大水,苏轼带领军民抗洪,日夜奋战,经将近三个月苦斗,

南宋 宋徽宗 溪山秋色图

元 夏永 黄楼图

大水才慢慢消退。朝廷嘉奖苏轼抗洪有功,不但向徐州方面发了奖金,还另发一笔工程款子。

苏轼在城东门上新建大楼,名之为"黄楼",取五行中土能克水之意,意谓黄州从此太平,再也不会被大水侵犯。苏轼还将这次抗洪救灾的经过,写成一篇文章,连同皇帝的诏书,刻在石头上,立于黄楼。

元丰元年的重阳节,苏轼在新落成的黄楼上举行盛大酒会,共庆抗洪胜利及黄楼落成,连好朋友王巩也跑来徐州助兴,一时宾客云集,锣鼓喧天,好不热闹,忙碌了好一阵子公务的苏太守终于可以休息一下,痛喝几杯庆功酒了。

兴修水利的那些事儿

兴修水利是苏轼的拿手绝活,他在杭州任通判时,曾有一大部分精力用于水利事务,积累了不少治水经验,后来当他主政一方,这些经验发挥了不小的作用。

不只有实践,在实践中也总结出了不少理论。比如,苏轼在《禹之所以通水之法》中提出:"治河之要,宜推其理而酌之以人情。河水湍悍,虽亦其性,然非堤防激而作之,其势不至如此。古者,河之侧无居民,弃其地以为水委。今也堤之而庐民其上,所谓爱尺寸而忘千里也。故曰堤防省而水患衰,其理然也。"苏轼认识到,水灾所以频繁发生,不只与"河水漂悍"有关,更与人们"爱尺寸而忘千里"的短视行为有关,当人类的活动空间过度地挤占了水的活动空间,水就会"激而作之",报复人类。

他认为,治水的关键,是要在"水理"和"人情"间把握一个合理的度。人若不过分侵占水的空间,水就很难形成患情。

可以说,苏轼的理论极具前瞻性,放眼于今天,我们治理环境采取的不正是这种和谐的态度吗——正确处理人与自然的关系,1000年前的苏轼早就这么干了。

苏轼治水,首重调查研究,找出形成水患的原因,其次他善于采纳别人意见和建议,再次,他的治理不只是考虑眼下,他考虑的是长久的对策。

比如在徐州治水患,他先了解到这次大水所发突然,是由黄河澶州段决口导致的。面对滔天的大水,他知道这时候民心稳定最为重要,面对城中富豪争相出城避难时,苏轼坚定地表达了自己的立场:"富有者都出城,民心立刻动摇,我跟谁守这个城?有我在,决不任洪水泛滥,淹没城池。"

人手不够用,他想都没想直接跑去驻地的禁军,对首领提出要求:"河将壤城,事情紧迫,你们虽是禁军,不归地方指挥,但也应该帮我们出份力。"

有徐州百姓建议说,真宗天禧年间,徐州曾经筑过两条防水的堤岸，十分有效。苏轼立即听从百姓的建议，筑防水堤岸。

当水患消除，苏轼也未罢休，他又考虑在城外加造外小城，创建石堤，以消除未来可能的水患。

苏轼知杭州时，又切切实实地将当地的水利事务做了极大之提升。

钱塘江水流湍急，十分危险，而浮山那一段则为险中之险，此段江滩水浅，必须等涨潮时方可行船。江潮汹涌，浪头高急，此处又多山，对船家行进中把控船只极为不利，即使经验丰富的船老大和潜水员，也无法预测航道深浅，每年因此船毁人亡的事故不计其数。

恰好有个叫侯临的人，仔细研究过这个问题，并将自己的研究写成《开石门河利害事状》，交给苏轼作为参考。苏轼接受侯氏建议，邀集多位专家及手下实地勘验，再行商讨，遂拟定开石河之计划。此河开凿完成之后，事故大大减少。

元祐六年八月，苏轼到颍州任知州，正赶上颍州开挖八丈沟。

当时，京城开封一带连年水患，官吏们想当然地开挖沟渠注水于惠民河，惠民河水上涨，结果造成陈州水患。为解除陈州水患，又有官员奏议主张开挖八丈沟，将陈州之水引入颍河。至于此举能否解除水患，他们并没有做认真的调查研究。

苏轼走访民众，实地勘察，请教水利行家，最后得出论断：开挖八丈沟不仅无法减轻陈州水患，反而会使淮水倒灌，颍州亦将难保。

苏轼遂向朝廷提交《奏论八丈沟不可开状》。他指出：

"颍州境内诸水，但遇淮水涨溢，颍河下口，壅遏不行，则皆横流为害，下冒田庐，上逼城郭，历旬弥月，不减尺寸。"

"淮水一涨，百沟皆壅，无益于事，而况一八丈沟乎？"

总之，开挖八丈沟大大有害，这招就别想了。朝廷应奏，八丈沟遂不得开挖。

八丈沟停工，当年颍州免除服18万人劳役，节省钱米37万贯石，避免了开沟之后万寿等三县农民产业受损，更消除了开沟之后的水灾隐患。

苏轼写起诗来，豪情万丈，感性难抑，但在水利建设层面，他的科学精神还是相当严谨的。

再造西湖，修建苏堤

苏轼对西湖感情深厚，不只写了许多关于西湖的诗句，还亲自参与了西湖的建设。西湖在中国，是人人向往的胜景，它的文化意义与精神内涵，以苏轼的功劳为最大，若没有苏堤，若没有"欲把西湖比西子""望湖楼下水如天"这样的名句，西湖在人们心目中的地

明 沈周 东庄图册

位必将大打折扣。

苏轼治西湖缘自杭城六井枯竭，治好了六井，但解决不了根本问题，因为六井水源在西湖，西湖水竭则六井必竭。

为治理西湖，苏轼不辞劳苦，克服重重困难，给朝廷书《乞开杭州西湖状》，请批专款。之后开工之时，他又亲自到湖上监工。

治西湖的关键是处理湖面上的葑田，挖出堵塞泄水的淤泥，但这数量甚巨的葑草和淤泥如何处理呢？苏轼思之甚久，还是从西湖原有的长堤及白居易先前治理西湖的行动中获得灵感，这葑草和淤泥作为建筑材料，筑之为堤甚佳！可谓取之西湖，用之西湖。

原来已有的堤是东西方向，南北却无堤，行人极为不便，苏轼决定修一条自南至北的堤，由此节省行人走路的时间和体力，提供了很大方便。

堤成后，在其两岸遍植芙蓉和杨柳，这一做法的目的是利用树根的生长盘曲巩固堤岸，沿堤又建九个凉亭，供行人休息。

苏轼对西湖的改造，实是对西湖有再造之功，他将这一水源地重新浚通，令杭城百姓再不为水源枯竭而犯愁，一举解决了数年的饮水问题。另一重大的意义在于，西湖再不局限于一个普通平淡的湖，它被赋予了太多的人文意义和审美意义。

不妨读几首古人的词作，领略苏轼改造后的西湖之可爱。

鹧鸪天·潋滟湖光绿正肥

宋 汪元量

潋滟湖光绿正肥。苏堤十里柳丝垂。轻便燕子低低舞,小巧莺儿恰恰啼。花似锦,酒成池。对花对酒两相宜。水边莫话长安事,且请卿卿吃蛤蜊。

柳梢青·长记西湖

宋 姚勉

长记西湖,水光山色,浓淡相宜。丰乐楼前,涌金门外,买个船儿。而今又是春时。清梦只孤山赋诗。绿盖芙蓉,青丝杨柳,好在苏堤。

南浦·春水

宋 张炎

波暖绿粼粼,燕飞来、好是苏堤才晓。鱼没浪痕圆,流红去、翻笑东风难扫。荒桥断浦,柳阴撑出扁舟小。回首池塘青欲遍,绝似梦中芳草。 和云流出空山,甚年年净洗,花香不了。新渌乍生时,孤村路、犹忆那回曾到。余情渺渺。茂林觞咏如今悄。前度刘郎归去后,溪上碧桃多少。

第八章

慈善家：岁活百个小儿，亦闲居一乐事也

苏轼一生，是做慈善的一生，是献爱心的一生，是悲天悯人的一生。

他曾说过，"凡人为善，不自誉而人誉之；为恶，不自毁而人毁之"，在他看来，做善事是一个活在世上的基本出发点，也就不难理解他在慈善事业上做出的斐然成绩。

苏轼做慈善，非出于名，亦非出于利，是出于那与生俱来的同情心，但凡力有所及，他一定会救助他人，即便力有不及，他也发动身边的人去救助他人。

他珍惜一切有生命的东西，不唯人类，他对动物，对植物，甚至对一棵大树都不忍伤害。

这样的人是真慈善，不像现在某些企业家、明星，或别有用心的人，打着慈善的名号，披着慈善的外衣，净干些沽名钓誉的勾当，真正的慈善家以做慈善为理所应当，假冒的慈善家以做慈善为谋取利益的途径和手段。

真正的慈善家想的是别人，假冒的慈善家想的是自己。

我们现代人的观念是，做慈善这件事，应当量力而行。而苏轼不，他做慈善，常超出自身的能力之外。

苏轼做官时，充分利用工作之便，发挥政府作用，将慈善推进到更深的地步；他不做官时，也要将慈善进行到底，他会借助于自己的人脉，苦口婆心地去找到在政府做官的朋友，将慈善推进到更深的地步。

他的慈善工作，大约分为两类：一类是让人们生活方便的，一类是让人们活命的。

即便对逝者，他也尽可能将他们的尸骨收集、埋藏，不让这些逝者成为孤魂野鬼。

他修桥修路治杭州六井，都是为方便人们的生活。

他救助弃婴发放药物记录药方，都是为让人们活命。

他是闲不住的人，但凡有时间，都会尽心尽力去做慈善。

救人一命,胜造七级浮屠

苏轼最早展开的救命活动,是在密州任上。

他在密州时,恰逢多事之秋,一则王安石新法对经济伤害甚大,一则当地闹起蝗灾,再加上盗贼蜂起,天灾人祸搅成一团,可忙坏了一州长官苏大人。

朋友刘颁、李常写信到密州,问他近况,他写了首诗回复这二位:

> 何人劝我此间来,弦管生衣甑有埃。
> 绿蚁濡唇无百斛,蝗虫扑面已三回。
> 磨刀入谷追穷寇,洒涕循城拾弃孩。
> 为郡鲜欢君莫叹,犹胜尘土走章台。

老兄啊,最近那才叫焦头烂额!自我来到密州,再无半点闲情逸致,最近要做的,不过是治蝗、捉盗、拾弃孩。

治蝗、捉盗虽不轻松,尽力而为尚可以做出一些成绩,但到处被丢弃的婴儿生生地让苏大人心疼不已。

那一个个活泼的婴儿,那一双双无辜的眼睛,怎么会有狠心的家长舍得将他们丢到野外?

其实,他心里明白,那些家长也是无奈。

怎么办?怎么办?终于想出来一个解决办法:筹措一笔经费,

慈善家

岁活百个小儿,亦闲居一乐事也

宋人画 千手千眼观世音菩萨

特别针对那些养不起婴儿的父母,由政府出面,每月给米六斗,劝令不要抛弃。一年之后,父母与婴儿有了感情之后,也就不会抛弃婴儿了。

只此一个方法,竟救活了数千婴儿。

等他到黄州时,又遇到比弃婴更糟糕的溺婴行为。元丰五年正月,有个同乡从武昌过江来看他,闲谈时聊起,方才知道附近的岳州鄂州一带,有个延续甚久的恶俗——溺婴。

当地一般百姓人家,限于经济能力,最多养二男一女,如再有生养,就在婴儿刚落地时,浸在冷水里淹死,女婴遭溺死者尤多。有些父母溺婴时心有不忍,便转过身去,闭着双眼用手按住浸在水里的婴儿,婴儿咿咿呀呀挣扎好一阵才断气。

苏轼初闻此事,一时愕然,竟不知道还有此种人间惨剧。向来珍惜生命的他,断难接受亲生父母溺亡自己孩子这样的事实。为此,他十分难过,寝食难安,决定要做些什么,而不是眼睁睁看着那些婴儿死于亲人之手。

但他人在黄州时,究竟与密州时不可相比,在密州他是一州之长,可以最大程度地调动社会资源;但在黄州,他是犯官身份,别说调动社会资源,就是自己想拿点银子出来救助婴孩,也已然是不大可能的事,他本来经济就甚是紧张,一家人吃饭都成问题,哪里又拿得出银子来做慈善。

他想到了朋友鄂州太守朱寿昌是鄂州一府长官,立即着手给朱氏写信,希望他运用官府的力量严厉禁止这个陋俗。

信里他提到,溺婴行为太过残忍太过罪恶,"初生,辄以冷水浸杀,其父母亦不忍,率常闭目背面,以手按之水盆中,咿嘤良久乃死"。他指出,按照大宋律,此行为要负相关法律责任,"准律,故杀子孙徒二年"。而且,这种罪行即便无人到官府去告,地方长官就可以依法检举,是公诉罪而非自诉罪。他诚恳地希望朱太守严格按律行事,以儆效尤。

他还根据自己在黄州救治弃婴的经验,特别指出,刚刚出生的婴儿,父母与他们还没有产生出感情,才能够决绝地溺杀自己的孩子,只要让孩子活上一段时间,亲情渐浓,父母也就不会再溺杀婴儿了,"但得初生数日不杀,后虽劝之使杀,亦不肯矣"。

苏轼救助婴儿的努力,并没有停留在给朱太守的建议上,他还力劝黄州的朋友古耕道出面,组织一个私人慈善机构"育儿会",通过向本地富户劝募钱米,每年每户出钱十千,买米布绢絮,访问那些没有能力抚养婴儿的家庭,给予实物救济,让他们留下自己的骨肉。

古耕道人缘好,人脉广,工作井井有条,苏轼又请来安国寺主持继莲法师来管理"育儿会"的财务,以令众人信服。作为幕后的发起人,家中贫寒的苏轼尽管手头甚紧,亦不忘表达自己的意愿,"若岁活得百个小儿,亦闲居一乐事也。吾虽贫,亦当出十千。"

北宋 李公麟
婴戏货郎图 元人仿

想必，这一次苏轼的努力，也救活了不少婴儿。最可惜的是，他的公益事业进展至中途，朱寿昌调任他处，后任太守与苏轼不认识，这件事由此而陷入停滞。

元祐四年，杭州大旱，第二年三月，气候转暖，疫病暴发，杭州是水陆交通之区，因疫病而死者，数不胜数。担任杭州太守的苏轼看在眼里，急在心里，立即采取措施，防治疫情，救治患者。

他从政府财政里拨出两千贯，又从自家的钱袋子里捐出黄金五十两，在杭州城众安桥设置病坊一所，取名"安乐坊"，并选派僧人主持施医工作。苏轼规定，每年从田赋中留出病坊经费。"安乐坊"可谓中国历史上第一所公立医院。

病坊既成，他又自费修合药剂圣散子，向广大群众发放，圣散子药效奇佳，并且便宜，每服成本只需一钱，苏轼因而劝人广施医药，因为"千钱可救千命"，以极少的费用，便可以救活无数人的性命。最终，圣散子救活的人不计其数。

疫病期间，饥民暴增，苏轼便命人设厂煮粥，向广大百姓发放。

苏轼被贬惠州时，当地也是缺医少药，苏轼遂搜购药材，合药后施舍给民众，遇有惠州买不到的药材，便托人从广州购买。有一次他买黑豆做豉，竟要了三石之多，可见他要救助的人有许多。写给朋友王古的信里，他交代：

> 治瘴用姜葱豉三物，浓煮呷，无不效者。而土人不做豉；又此州无黑豆，闻五羊颇有，乞为致三石，得作豉散饮疾者，不罪，不罪。

不只购买草药，他还自己种植草药。在惠州白鹤峰自家院后面，开垦了小块土地，种植了用途广泛的草药，有人参、枸杞、甘菊、薏苡、地黄，等等。种这么多草药，当然不是自用，他想的是亲戚、朋友，以及那些不认识的陌生人。

但个人一己之力，常常受限于现实，不能帮更多的人留住性命，他因而常感慨："老在没用处！"

苏轼救助之对象，不只有活人，甚而还有死人。

他在惠州江边郊野行走时，发现到处都有野死者的枯骨，受尽日晒雨淋，不得安息，大动恻隐之心，想要帮助这些野死者安放他们的灵魂，遂与惠州太守詹范商量，筹集经费，收拾枯骨，建造坟冢，这项工作，又经其表哥程之才的推动，方得以大规模展开。

苏轼也自掏腰包捐钱，参与其事，他还写了一篇情真意切的《惠州祭枯骨文》，以告慰那些地下亡魂，读来叫人泪目：

> 尔等暴骨于野，莫知何年。非兵则民，皆吾赤子。恭惟朝廷法令，有掩骼之文；监司举行，无吝财之意。是用一新此宅，永安厥居。所恨犬豕伤残，蝼蚁穿穴。但为聚冢，罕致全躯。幸杂

居而靡争,义同兄弟;或解脱而无恋,超生人天。

其实,这不是他第一次写祭枯骨文,早在徐州时,因为灾荒等原因,死于饥寒者无数,苏轼颇为痛心,奋笔疾书,写成《徐州祭枯骨文》:

嗟尔亡者,昔惟何人。兵耶、氓耶?谁其子孙。虽不可知,孰非吾民。暴骨累累,见之酸辛。为卜广宅,陶穴宽温。相从归安,各反其真。

他广博的爱心,透过锥心的文字显露无遗,如鲁迅所言:"无穷的远方,无数的人们,都与我有关。"

修路架桥,全为百姓方便

苏轼是有心人,每去一地,多留意百姓生活,但可以看到旁人常常忽略的问题。

比如,他到惠州时,发现东江之上仅有一座竹子做的浮桥相连,浮桥简陋,而江水湍急,因而这浮桥很容易为江水所毁。苏轼认为,如果可以采用罗浮道士邓守安的建议,改用船桥相连,就坚固,结实得多,过桥人的安全便得以保证。其法是,将四十舟联为二十舫,两船相并为一舫,以铁锢石碇固之,浮桥随水涨落,却不影响稳定。

苏轼有心,但只有心不行,也得需要白花花的银子,他便推动有力者参与其事,如表兄程之才、漕使傅才元、惠州太守詹范等,这几位是官员,更可以充分调动资源,有他们的参与,难度已然减少了一多半。

苏轼没啥钱,便捐了自己的朝服上的犀带。他邀请邓守安道士经办此事,仅用不到两个月的时间,即告竣工。

惠州西丰湖上本有长桥,但经常被人破坏。栖禅寺寺僧希固出面,对此桥进行改造加固,并造飞楼九间,用石盐木构筑,特别坚固。这样的好事自然落不下苏轼啊,但他掏掏口袋,但见空空如也,自己捐不了,那也必须参与一下:便去劝弟媳苏辙夫人史氏多捐点儿,史氏听了大伯哥的话,一口气把内宫所赐的金钱数千悉数捐出。桥成,名之"西新桥"。

两桥落成之日,百姓们喜出望外,父老乡亲云集,人们带着吃的喝的,一起庆祝惠州交通史上的新奇迹,苏轼与百姓同乐,写了《两桥诗》以纪念这一隆重事件,诗中称,"三日饮不散,杀尽西村鸡"。

苏轼在惠州经常捐款,之后又为自己建了宅院,他身上仅有的那点钱几乎全部花光了。

慈善家

岁活百个小儿，亦闲居一乐事也

北宋 文同 墨竹图

治井引水，解决生活困难

苏轼知杭州，遇旱灾。为解决干旱，用了大半年时间，疏通了茆河、盐桥两道运河，解决了航运、洗濯所用之水，但并没有解决百姓日常饮水问题。

杭州原本有六井，其水引自西湖诸山，但至熙宁五年苏轼在此任通判时，六井则久已失修，时太守陈襄曾组织整修，苏轼也曾参与。但十余年过去了，六井中的沈公井再度淤塞，苏轼找人将它修好，杭州家家户户都喝上鲜美甘甜的西湖淡水了。

但问题又来了，六井之水源在西湖，若西湖水源不足，空有六井也是无用。事实表明，西源正日复一日地陷入水荒的境地，其原因是：自入宋朝以来，西湖被定为皇家放生池，浚湖工作被忽略，导致水草丛生，在湖面上形成了大块大块的葑田，葑田占据湖面，湖水则失去了其存在的空间，湖面便越来越少，苏轼做通判时，葑田仅占湖面十之二三，十五六年过去，现在湖面被葑田占去了几乎一半。

那还愣着干啥？除葑田，浚西湖，让人民群众过上幸福美满的生活。

自宣布开工之日，苏轼隔日便来工地，督查工事进展情况。他与工人同吃，奔走于沙石泥淖当中。

湖中的葑草和挖出来的湿泥往哪里堆放，又成了摆在他面前的大问题,后来他终于从白居易那里找到灵感,这一堆堆葑草和湿泥筑成了被后人称为"苏堤"的长堤。

西湖最终得以疏浚,汩汩的西湖水让六井水源充足,杭州百姓喜不自胜,再不用担心六井缺水。

苏太守亦开心不已,"卷却西湖千顷葑,笑看鱼尾更莘莘"。

绍兴三年冬,罗浮山道士邓守安跟苏轼说起广州人民饮水的问题。邓道士说,广州人饮用的水又苦又咸,且对身体极为不好,特别是春夏发生疫情时,许多人会因此死掉。广州倒是有刘王山井水可以饮用,但那都是有钱有势的人家才能做得到的事情。

实际上,广州还另有一水源地,那便是蒲涧山的滴水岩,水源在高处,因此可以引入城中,关于引水入城的诸多涉及技术的细节问题,邓守安都可以找到一一对应的解决方案。因此,他的方法相当具有实操性。

苏轼被邓道士的精神鼓舞,便热情地给自己的朋友广州太守王古写信,建议由他来具体操作,王古也是好官,愿为百姓谋福,收到苏轼的信,立马着手去做。不久,引水工程完工,广州人民再不用饮用又苦又咸的水了。

这项工程大约也是中国最早的自来水工程了。

苏先生做慈善并不局限于上述几个领域,但凡他可以出力的事件,总是要出一把子力气。

比如,苏轼在惠州,看到当地的种植技术落后,便想起过去

曾到武昌看过农夫插秧使用的一种木制的机械，名曰"秧马"，因为工作效率高，他便编了首《秧马歌》，推广这一先进的设备，结果惠州的农民都用起了秧马，工作效率大大提升。

比如，惠州新建了一府海会禅院，苏轼捐助了三十缗。院外有个鱼塘，苏轼将这个鱼塘买下来，改为放生池，为这个放生池，他几乎花光了自己所有的钱，尽管有几个当地人掏钱赞助，但还是不够，最终只得向表兄程之才和弟弟苏辙化缘，才完成了此心愿。

第九章

老农民：我是识字耕田夫

苏轼苏辙兄弟虽生于农家,但自幼读书,大约十岁左右,更是与家人一起到县城里生活,童年和少年时代,东坡对于农业生产并不陌生,但似乎也并没有从农业生产里汲取到太多农耕知识。

他曾在《书晁说之考牧图后》说:

我昔在田间,但知羊与牛。

川平牛背稳。

如驾百斛舟。

舟行无人岸自移,我卧读书牛不知。

前有百尾羊,听我鞭声如鼓鼙。

我鞭不妄发,视其后者而鞭之。

泽中草木长,草长病牛羊。

寻山跨坑谷,腾趠筋骨强。

烟蓑雨笠长林下,老去而今空见画。

世间马耳射东风,悔不长作多牛翁。

放过羊,骑过牛,爬过山,采过果,种过树,都是他童年和少年时代有过的经历,他似乎还是个种松树的高手,"予少年颇知种松,手植数万株,皆中梁柱矣"。数万株?苏学士你再确认一下?就算每天种50株,两年种下来,也不过36500株。

有资料证明,苏轼的爷爷苏序是个农业专家,他曾将家里大部分田种了粟,就是小米,收成之后盖了一个大仓贮存,几年下来,存了足足有三四千石。此后某年,适眉州遭遇饥荒,苏序便开仓放粟,先济族人,再助外戚,其余的分给佃户和贫民。有人好奇问他,"救荒何必用粟?"意思是说,所有粮食都可以救荒啊,为何一定是小米?苏序的答案是:"粟米性坚,能耐久储,缺粮时用它,不会霉烂。"看起来,苏序不只有丰富的农业知识,而且有先见之明。估计少年苏轼在爷爷那里也会学到一些东西。

总之,苏轼基础的农耕经验是有的,但更深一层的农业知识,却也难说有许多。否则不会一到黄州种地时,就感到手足无措，明显知识不够用：当禾苗太过茂盛，还是当地老农告诉他需要让牛羊啃一啃方才会有好收成；当家中耕牛生病，还是妻子王闰之以自己的经验治好了牛的病。

苏轼真正开始拥有丰富的农业知识，还是到了黄州之后。"余至黄州二年，日以困匮。故人马正卿哀余乏食，为于郡中请故营地数十亩，使得躬耕其中，地既久荒，为茨棘瓦砾之场，而岁又大旱，垦辟之劳，筋力殆尽。"正是依赖于在黄州"躬耕其中"的几年实践，他才成为一个真正的农民，一个农业种植专家。

通过在黄州的农耕训练，他掌握了丰富的农业知识。说起农耕的种种，已经头头是道了。

东坡这块地，还是偶然得来。

苏轼到黄州本是犯官，没有薪水，只有一份微薄的实物。先前手里的那点钱，越花越少，眼看着就要无米下锅，而还有一大家子人要养活。苏轼觉得如果有块地就好了，自耕自种，至少可以满足自家温饱。他虽有种田的计划，但一直未付诸实践，我猜测可能有两个原因：一是手里没钱买田，暂时也借不到钱；一是放不下文人的面子，不想求人，反正这事拖拖拉拉了一段时间。

恰好老友马梦得来黄州看他，听说他的计划，行动派老马立刻向官府求地，官府居然也没含糊，随手就批了一块废弃的土地给他。

马梦得是苏轼出仕前在京师里认识的朋友，两人脾气甚为相投。苏轼到凤翔府做签判时，马梦得跟他去做了一段时间的幕府。

东坡笠屐图

东坡笠屐图 苏长公应是牧羊
持节休詐浪上 奴似嫌未緻當年梦故作黄冠一
咲娱贤跂与公题物外清而為我
襲衣襦欣然絶妙丹青手思出
坡仙笠屐圖

东坡管赴岭南一日访友途中
遇雨従農家假笠屐著蹉
踽人小兒俱各相隨爭咲羣大
相吠东坡曰咲所怪也吠所怪也覺
坡仙瀟灑出塵之數百年来
酒可视見
丙戌小春之月廣陵禹之鼎題于
京師需眠山館中

北宋 李公麟 东坡笠屐图

老农民

我是识字耕田夫

但老马性格耿直，不得于世，苏轼将他引为知音，并一直想着帮他实现理想，哪料两个人都受命运捉弄，都变成彻底的穷人，"马梦得与仆同岁，少仆八日。是岁生者，无富贵人，而仆与梦得为穷之冠。"，我们这一年出生的人啊，都是穷苦命，我和老马则是这个世界上最穷的人。

不管怎样，有了地就有了希望。在努力求生存的境遇当中，他彻底投身于农业生产，不想通过这几年的劳作，彻底变成了农业专家。

修整东坡，初见成效

地是申请到了，但真要动手时，还真是觉得相当棘手：这块地原本是军队废弃的一块营地，数年间无人打理，荒在那里，不但有杂草、瓦砾，而且非常贫瘠，光是整理这块地，就要下一番真功夫，否则很难长出庄稼来。

这年夏天黄州又遇干旱，真真叫人难对这块土地抱什么希望。棘手是棘手，但总归是有了一块地，总归是好事，不妨安下心来认真侍弄。

苏轼在这块地上走来走去，了解情况，经过几番观察，他先是定下了一个计划：较低的那片湿地，就种粳稻；东边那片较平的土地，种枣树和栗树；再预留一角视野开阔的地方，盖个房子以解住房紧张之苦。他还打算种片竹子,但因为害怕竹根蔓延,影响了其他作物生长,方才作罢。在中国文人眼里,梅兰竹菊都是高洁之物,是精神的寄托,田地里尚未有一根秧苗长出来,他已经开始安排精神生活了。

规划既定,开始动工,先要烧掉枯草,烧完后竟发现一口枯井,枯井让他异常兴奋,这表示种田用水的问题解决,再不用靠天吃饭,或者从很远的地方挑水来浇禾苗。

枯草烧毕,再捡瓦砾,想必全家一起出动,齐齐上场,他的儿子们自小在城里生活,没有干过农活,如今连捡拾瓦砾这种小事,亦觉得新鲜不已。夫人王闰之对农业生产甚是熟悉,干点农活不过是早前生活经验的复习。

捡完了瓦砾,就可以开始耕地了。马梦得和在黄州新认识的三位好友潘丙、郭遘、古耕道也来帮忙,好在他买了头耕牛,可以节省不少力气,在朋友的帮助之下,总算在冬天到来之前把田耕好。

前面的工作量较大,耽误了后边的种植,地耕停当,已是深秋,原先计划的粳稻是种不成了,只好改种大麦,一个月后,绿油油的麦苗已经冒出来,长势喜人,方才觉得之前的努力全没有白费,心情自是奇佳。这时候,当地经验丰富的老农告诉他,麦苗发得太过茂盛,不妨叫牛儿羊儿过来啃一啃,这样收成才好。苏轼虚心接受老农的建议,依计而行,果然第二年收成大好。

南宋 刘松年 耕织图

大麦种得很成功,苏轼受到了鼓舞,早早开始计划第二年的种稻计划,想象着丰收的喜悦:

种稻清明前,乐事我能数。
毛空暗春泽,针水闻好语。
分秧及初夏,渐喜风叶举。
月明看露上,一一珠垂缕。
秋来霜穗重,颠倒相撑拄。
但闻畦陇间,蚱蜢如风雨。
新春便入甑,玉粒照筐筥。
我久食官仓,红腐等泥土。
行当知此味,口腹吾已许。

南宋 阎次平
四季牧牛图

苏轼那点可怜的农业知识,在东坡这块土地上终于派上了用场,幸好,王夫人的农业知识有过于他,在关键时刻总能帮上大忙,他又喜欢跟老农请教,这种田的第一年,虽经历各种挫折,但终于跌跌撞撞地过来了。

他开始喜欢上了农活,爱上汗流浃背的感觉。

有了这块东坡,苏轼心中有了底气,再不用为生计发愁;盖了雪堂之后,底气更是十足,再不用考虑朋友来了住哪儿这个折磨人的问题了。

他从此自称"东坡居士",此号源自白居易,白氏当年任忠州刺史时,曾在忠州东坡垦地种花,写《步东坡》诗,"朝上东坡步,夕上东坡步。东坡何所爱,爱此成新树",苏轼身为白居易的粉丝,亦将自己这块在黄州城东的土地名之为"东坡",亦有向偶像致敬的意思在。

躬耕东坡,喜乐岁月

种地上瘾,因为有成就感。

苏轼再接再厉,竟一发而不可收:他种了三百棵黄桑,枣树和栗树若干,在安徽做官的老朋友李常听闻他在东坡的种植计划,亦不失时机地送他一批柑橘树苗,他还跟大冶长老讨要桃花茶的种子来种:

> 周诗记苦荼,茗饮出近世。
> 初缘厌梁肉,假此雪昏滞。
> 嗟我五亩园,桑麦苦蒙翳。
> 不令寸地闲,更乞茶子蓺。
> 饥寒未知免,已作太饱计。
> 庶将通有无,农末不相戾。
> 春来冻地裂,紫笋森已锐。
> 牛羊烦诃叱,筐筥未敢睨。
> 江南老道人,齿发日夜逝。
> 他年雪堂品,空记桃花裔。

长老啊,我还有五亩空地闲着,送我一些茶种罢,请不要嘲笑我温饱尚未完全解决,就想喝这助消化的茶了,谁还没点小目标小理想呢。请您老找时间一起到我的雪堂喝喝茶，聊聊天，不亦快哉。

东坡的种地生涯，让他真实地了解了稼穑之苦，了解了民生多艰，对底层人民又有了更深一层的认知。为官时，只想尽自己的责任，减轻农民的负担和痛苦，而自己亲自做了农民，才真正地体会到他们的艰辛和不易。

许多平时并不在意的简单的道理，种地之后便感觉格外生动，比如，"一分汗水一分收成"，比如，"春不种，秋不收"，比如，"庄稼不欺人"。

他身体上感受到的是劳累，心灵却在田野中获得了充分的自由，不当官不参与政治，他一样可以过得幸福安乐，汗水给了他写作的灵感，也给了他强大起来的理由，他不用违心做事，不用谨慎逢迎，不用面对上司的脸色。

明 曾鲸（款）苏文忠公笠屐图

老农民

我是识字耕田夫

他务农的经验与日俱增，当然也经常遇到一些难题，好在身边还有贤惠能干的王夫人。有次，苏家的耕牛病重，几乎一命呜呼，作为最重要的生产资料，这牛若死了可是重大损失，好在王夫人知道这种病，只凭一个单方，就妙手回了春，苏轼以此甚为得意，给老朋友章惇的信里特别写明这件事：

> 某启。仆居东坡，作陂种稻，有田五十亩，身耕妻蚕，聊以卒岁。昨日一牛病几死，牛医不识其状，而老妻识之。曰：此牛发豆斑疮也，法当以青蒿粥啖之。用其言而效。勿谓仆谪居之后，一向便作村舍翁，老妻犹解接黑牡丹也。言此，发公千里一笑。

牛医不识其病，吾妻识之，赞不赞？我老婆不但了解一般的牛病，连水牛的病也非常了解，赞不赞？黑牡丹，水牛之谓也。真个夸妻狂魔也。

每日里辛苦劳作，风吹日晒，他的身体变得强健了，他的精神更加强大了，他的脸被晒得黝黑，他成为一个真正的老农了。

禅坐是一场修行，学道是一场修行，但别忘了，他在黄州种地，也是一种修行，说苏东坡在黄州实现了精神层面的突围，种地的功用是不可或缺的。

吾爱东坡，东坡爱我

辛弃疾说，我见青山多妩媚，料青山见我应如是。

这句话放到苏轼这里特别适用，吾爱东坡，东坡爱我。

他曾一口气写了《东坡八首》，记录在东坡上种地的点点滴滴。这块付出他心血的土地，这块给了他温饱的土地，值得他用八首诗来抒发心绪。

东坡为苏家提供了食物，也为苏轼提供一方隐居的场地。在这里，他远离庙堂，心性自由，不用为自己的名声所累，也不用隐藏他真实的品性。他在田间躺着看云，在地头和老农们谈笑风生。

自从开辟东坡，他每天进出黄州东门，守门的兵卒常用异样的目光看他，笑问他你虽然被贬终归是官，天天做农民何苦来哉？他对答："那又怎样呢，自古贤达之士，谁不曾走过贬谪的路啊。百年之后，黄州百姓还会经常说起我的故事罢。"

那份心安理得，自在从容，断非一般人能够做到。

他有时在雪堂待到很晚，才回临皋亭的家。走在月色铺满的道路上，听手里的铁杖敲击路面的声音，清脆悦耳，心中涌动的是欢喜之情：

雨洗东坡月色清，市人行尽野人行。

莫嫌荦确坡头路，自爱铿然曳杖声。

月色澄明皎洁，内心通透清亮，不疾不徐地走在这回家的路上，竟是一种无言的享受。

有时也会邀请二三好友，在东坡上饮酒，饮到两更三更。白天的劳累借由酒精的挥发，自然会疏解很多，整个人放松下来。醉意蒙眬的某些时候，他仍有出世之想，不愿再受这人间的牵绊，到那彻底自由的地方去。

夜饮东坡醒复醉，归来仿佛三更。家童鼻息已雷鸣。敲门都不应，倚杖听江声。

长恨此身非我有，何时忘却营营。夜阑风静縠纹平。小舟从此逝，江海寄余生。

黄州几年的生活，东坡几年的耕种，苏轼逐渐打消了做官的念头，一心一意只想当个老农，因为东坡的收成略显不足，他还起了再买一块地的想法。元丰五年三月七日，他到距黄州三十里的沙湖去看地，地似乎不错，心情因而颇佳。

看完地回家的路上，天降大雨，同行的人个个挨淋，大家狼狈奔跑，唯有苏轼一个人缓步徐行，任风吹打，任雨浇淋，自由自在。

雨过天晴，他颇为自己的恬淡坦荡得意，作《定风波》：

南宋 无名氏 牧牛图

唐 李思训
耕渔图卷

莫听穿林打叶声,何妨吟啸且徐行。竹杖芒鞋轻胜马,谁怕?一蓑烟雨任平生。

料峭春风吹酒醒,微冷,山头斜照却相迎。回首向来萧瑟处,归去,也无风雨也无晴。

农耕生活的磨炼,对佛家和道家思想的体悟,让他心中再无忧

北宋 赵令穰 湖乡雪捕图卷

惧,敢于平和地面对发生于眼前的一切。风雨或者晴天,不过是天气或际遇之一种,没必要哀哀戚戚,只需安静地待它罢了。

当然,他的老农之梦又一次破灭了。他骨子里是个儒生,当朝廷召他时,他骨子里建功立业的理想又复燃了。

他离开了黄州,离开了东坡,再一次踏上远行的征程。

但东坡于他的意义,却是渗入到骨子里的。

第十章

梦中人：世事一场大梦

苏轼的睡眠状况大概不怎么好,因为他总做梦。

这不过是句玩笑,事实是,梦是古代文人抒情达意的手段,宣泄情感的形式。中国古典诗文里,关于梦的意象比比皆是。

孔夫子有感于礼崩乐坏人心不古之现实,因而发出"久矣!吾不复梦见周公"的悲叹。

庄周梦蝶,而生"不知周之梦为蝴蝶与,蝴蝶之梦为周与?"这一哲学迷思。

杜甫梦见李白，有《梦李白二首》，对太白遭遇感同身受，"冠盖满京华，斯人同憔悴"。

李白梦游天姥山，而有《梦游天姥吟留别》，借而讲出压抑既久的心声：安能摧眉折腰事权贵，使我不得开心颜！

梦是创作的由头，梦是创作的灵感，千古文人骚客，有谁不曾揣着自己的梦一路行走？有梦，生活就不再冷冰冰，不再枯燥乏味；有梦，就有继续前行的勇气，就有闯荡未来的理由。

不管它是江湖梦、隐士梦、建功立业梦，还是寄托情感的梦、奔向未来的梦、阐述哲理的梦。

某种意义上，一部中国文学史，便是一部做梦史。

苏轼关于梦的诗词文章，也特别多。在他的诗词文章中，"梦"频繁地出现，至少有三百余次。他在梦中很忙：思念亲人，写诗，作文章，与人论《左传》，穿越时空，邂逅神仙。

他在密州思念亡妻："夜梦幽来忽还乡，小轩窗，正梳妆，相顾无言，惟有泪千行。"

他在黄州赤壁感怀："人生如梦，一樽还酹江月。"

他描述幻灭之感："万事到头都是梦。"

他在中秋节忽觉时光流逝："世事一场大梦，人生几度秋凉。"

他咏梅花之高洁："不与梨花同梦。"

他在《东坡志林》中记录过两次内容大致相同的梦。

其一,是从老家四川到京城应试的路上所做的梦:

> 轼初自蜀应举京师,道过华清宫,梦明皇令赋《太真妃裙带词》觉而记之。今书赠柯山潘大临邠老,云:"百叠漪漪水皱,六铢纵纵云轻。植立含风广殿,微闻环佩摇声。"

其二,是在杭州任职时所做的梦:

> 轼倅武林日,梦神宗召入禁中,宫女围侍,一红衣女童捧红靴一只,命轼铭之。觉而记其一联云:"寒女之丝,铢积寸累;天步所临,云蒸雷起。"既毕进御,上极叹其敏,使宫女送出。睇视裙带间有六言诗一首,云:"百叠漪漪风皱,六铢纵纵云轻。植立含风广殿,微闻环佩摇声。"

孟晖老师言之凿凿地认为这是苏轼的两次春梦。春梦与否我不确定,我能确定的是,苏大人这是夸自己才华横溢呐!否则怎会有前后两朝皇帝相召?

读者诸君有无发现一个问题:这两个梦里都有同一首六言诗,第一个梦里它还在唐朝杨玉环的腰带上,第二个梦里它已经跃上宋代宫女的腰间了。这不只穿越,简直有点平行宇宙的意思了。

除此之外,相信许多人也有同我一样的困惑:苏轼记得每个梦的细节，且能将梦中所作的诗文记录下来，这不符合我们大多数人的日常生活经验。

弗洛伊德说："梦不是一种躯体现象，而是一种心理现象。梦是一种愿望达成，它可以算是一种清醒状态精神活动的延续。梦并不是空穴来风，不是无意义的，不是荒诞的，也不是一部分意识昏睡，而只有少部分乍睡还醒的产物，它完全是有意义的精神现象。"

荣格也有类似的阐述："梦无所遮蔽，我们只是不理解它的语言罢了。梦给我们展示的是未加修饰的自然的真理，梦是无意识心灵自发的和没有扭曲的产物。梦是启迪，是人潜意识在努力使整个心灵更趋于和谐、合理。大多数危机都有一个很长的潜伏期，只是意识觉察不到而已。梦能够泄露这一秘密。"

苏轼的梦里，寄托着他的情感、希冀、愿望和理想。

思念亲友的梦

1094年8月11日，苏轼起床将欲上朝，看看天色尚早，便穿着衣服继续小睡了一会儿，结果一梦回到家乡旧宅，梦见自己先在菜园子里散步，然后去南轩小坐，看到有数个庄客正往小池里运土，他们发现土地里有两根萝卜，便开心地吃掉了。苏

明 刘贯道 消夏图

轼取笔作文一篇，其中有几句是这么写的："坐于南轩，对修竹数百，野鸟数千。"

醒来后，他觉得心里空落落的。他梦见的那个南轩，正是父亲苏洵当年取名"来风"的小房间。

这是个普通的梦，许多人都做过的梦，苏轼所以将它记下，一定是有些东西触动了他。那个旧宅，是他童年和少年成长的地方，那里曾有繁花盛开鸟叫虫鸣蔬果清香，那里留下过家人的欢声笑语，留下过他和弟弟的琅琅书声，多年以来，自己再未回过家乡，再未看一眼早先的旧宅。

叫我如何不想它！

他想的哪里只是旧宅，还有慈母严父，还有他的童年记忆。

晚年在海南，他又做过一个梦，那个梦与父亲有关：

夜梦嬉游童子如，父师检责惊走书。
计功当毕春秋余，今乃粗及桓庄初。
怛然悸寤心不舒，起坐有如挂钩鱼。

许多人解读此诗，以为苏轼这个梦，是讲父亲教子读书，十分认真严苛。其实，这首诗是苏轼对父亲的怀念，严苛只是它的表面，思念才是其核心。他想表达的内在情感甚为复杂：父亲已去世多年，自己和弟弟流落遥远的异地，退休返乡的梦遥遥无期,无法到老父亲的坟上亲自去拜,只能借由梦追思往昔,借由梦境去还原父亲的形象。

苏轼是个感情丰富的人,容易对人、事、物产生浓郁的情感,当思念得不到疏解时,他常常借由梦境,来诉说自己的想念之情。

夫人去世十年后,他在密州写的《江城子》,也是一场梦的记录:梦中,他看到妻子在小室的窗前,正在梳妆打扮,他和妻子执手相对,竟说不出一句话来,只有滚滚热泪顺着脸庞滑下。

斯人已逝,在现实中断无法执手相看泪眼,也只能在梦里,守候这次不期而遇。

梦也是他思念朋友和同僚的媒介。

比如《南乡子·送述古》里的那个没做成的梦:

回首乱山横。不见居人只见城。谁似临平山上塔,亭亭。迎客西来送客行。

归路晚风清。一枕初寒梦不成。今夜残灯斜照处,荧荧。秋雨晴时泪不晴。

熙宁七年七月,苏轼杭州通判任上,其顶头上司太守陈襄移守南都,与陈氏交好的苏轼追送其至临平,因有此词。

老陈啊,回头望去,远山横亘,城中人影已消失不见,隐隐只见一座城。谁像那临平山上的高塔,亭亭伫立,不忍客人远去。

我回家的路上，晚风凄清，枕上初寒，竟难以入眠，无法成梦。今夜残灯斜照之处，微光闪烁，秋雨虽停但泪仍未尽。

比如《归朝欢·和苏坚伯固》里记述的那个梦：

> 我梦扁舟浮震泽。雪浪摇空千顷白。觉来满眼是庐山，倚天无数开青壁。此生长接淅。与君同是江南客。梦中游，觉来清赏，同作飞梭掷。
>
> 明日西风还挂席。唱我新词泪沾臆。灵均去后楚山空，澧阳兰芷无颜色。君才如梦得。武陵更在西南极。竹枝词，莫傜新唱，谁谓古今隔。

苏坚，字伯固，是苏轼在杭州任太守时的得力助手。

小苏啊，我梦见与你泛舟太湖，雪白的浪花一望无际。梦醒之后，眼前尽是庐山美景，千峰峭崤，蔚然深秀。咱俩行色匆匆，都是江南过客。不管梦中神游之地，抑或眼前清丽景色，俱如飞梭一般，转瞬即逝。

明天你将扬帆西去，我心随帆驶，为你唱送别歌。自屈原死后，那些散发着屈原人格光辉的香草，亦因伟人逝去而憔悴。你才华不减刘禹锡，他谪居的武陵在此地西南，和你要去的澧阳同属莫傜聚居之地，到那边你要接续先贤余风，创作出与《竹枝词》媲美的"莫傜新唱"，与先贤相互辉映。

他竟然还梦到过唐代美人关盼盼,《永遇乐·彭城夜宿燕子楼梦盼盼因作此词》写的就是这场梦。

关盼盼,唐朝名妓,徐州守将张愔宠妾,色艺双绝,两人恩爱。白居易曾在张氏家里参与其家宴,得见盼盼,目睹其风姿绰约,写诗赞之。

张愔去世后,府中侍妾尽数散去,唯盼盼誓不再嫁,仍居徐州张氏旧第内燕子楼,矢志守节。白居易听闻关盼盼如此专情,十分感动和同情,又作诗诵之。也不知道诗人脑子里的哪根弦出了问题,之后又作一首《感故张仆射诸妓》:

黄金不惜买蛾眉,拣得如花四五枝。歌舞教成心力尽,一朝身去不相随。

关盼盼看了此诗,以为白居易讽刺自己,遂答诗一首:

自守空房恨敛眉,形同春后牡丹枝。

舍人不会人深意,讶道泉台不去随?

关盼盼绝食而亡。

苏轼写作《永遇乐》的重点,似乎不是关盼盼,而是眼前的马盼盼,只不过借着关氏之酒,浇自己胸中块垒。

古代交通不便,与亲友、知己相隔异地,通过梦境,拉近彼此的距离,不失为疏解思念的方法之一。

得道成仙的梦

苏轼的思想,儒家是其底色,又杂以佛家和道家。

特别是到黄州以后,面对人生的无常,他积极地投身于自身的精神建设,寻求精神上的大自由和大解放,因而对佛道着迷甚深。

他读佛经,读庄子,他练习禅坐,他炼制丹药,无非是想脱离人世的痛苦,追寻完全的大自由和大快乐。

他的梦里,颇有不少属于"佛梦"。

苏轼离开黄州北上前,游庐山,而后赴筠州看望弟弟苏辙,抵筠州前,与苏辙交好的云庵和尚做了一个奇怪的梦:梦到自己与苏辙、有聪禅师一起出城迎接五戒和尚,醒来后感觉甚奇,便将此梦告诉苏辙,哪知苏辙还没开口,有聪和尚来了,苏辙大声对他说:"刚才我正同云庵和尚谈梦,你也想一起谈梦吗?"

有聪和尚说:"我昨天晚上梦见我们三人一起去迎接五戒和尚了。"

苏辙抚手大笑道:"世上果真有做同样梦的事,真是奇怪!"

苏轼到达筠州那天,三人非常高兴,同往迎接。苏东坡到后,大家对他谈起了三人同梦之事,引出一段更加神奇的故事。

苏轼交代:"我八九岁时,曾经梦到我的前世是位僧人,往来陕右之间。我的母亲刚怀孕时,也曾梦到一僧人来托宿,僧人风姿挺秀,一只眼睛失明。"

云庵和尚惊呼:"五戒和尚就是陕右人,一只眼睛失明,晚年时游历高安,在大愚过世。"

众人掐指一算,此事已过去五十年,而苏轼现在正好四十九岁。从时间、地点和多人相似的梦来看,苏东坡是五戒和尚转世已无异议。

不只有此孤证,证明苏轼是五戒和尚转世的说法还有一个证据。

元祐初,苏东坡曾与黄庭坚同去拜见一老者,老者一见面就说苏东坡的前世是五戒和尚,而黄庭坚的前世是一女子。苏东坡点头不语,黄庭坚则根本不信。

老者对他说:"你到涪陵时就会有人告诉你。"

黄庭坚认为涪陵是被贬的官员才去的地方,自己不可能去。结果他真的被贬到涪陵,他几次梦到过一位女子,亲口向他叙述前生的经历。她自称经常诵念《法华经》,只愿再生变为男子,而且要变成一位名扬天下的男子。为取信于黄庭坚,她还点出黄庭坚的一个秘密,说他有"腋气",即狐臭。

女子说:"某所葬棺朽,为蚁穴居于两腋之下,故有此苦。"因为棺材下有一窝蚂蚁,因而害狐臭。女子还告诉他,想除去这毛病,只需找到她的墓,打开墓穴,"除去蚁聚",狐臭即刻消除。庭坚照办,还为女子换了口棺材,结果"腋气不药而除"。

哈哈,凭啥你苏东坡是高僧大德五戒和尚转世,到了人家黄庭坚这儿就成了狐臭女子!

知杭州时,诗僧好友参寥住在智果寺。寒食节次日,苏轼来访。他看了看四周,跟参寥说:"我从没来过这儿,但目之所及,感觉非常熟悉,就像来过一样。如果我没说错的话,从这儿到忏堂应该有九十三级台阶。"数了一下,果然。

苏轼便和参寥说:"我前身是和尚,我死后,当舍身为寺中伽蓝。"参寥便为他塑了像,供之于伽蓝之列,还写了一个偈子:"金刚开口笑钟楼,楼笑金刚雨打头。直待有邻通一线,两重公案一时修。"

伽蓝者,寺院之护法神也。

《东坡志林》里,有个梦值得一提。

> 明日兄之生日,昨夜梦与弟同自眉入京,行利州峡,路见二僧,其一僧须发皆深青,与同行。问其向去灾福,答云:"向

南宋 赵孟坚 岁寒三友图 纸本水墨

去甚好,无灾。"问其京师所需,要好朱砂五六钱。又手擎一小卵塔,云中有舍利。兄接得,卵塔自开,其中舍利璨然如花,兄与弟请吞之。僧遂分为三分,僧先吞,兄弟继吞之,各一两,细大不等,皆明莹而白,亦有飞迸空中者。僧言:"本欲起塔,却吃了!"弟云:"吾三人肩上各置一小塔便了。"兄言:"吾等三人,便是三所无缝塔。"僧笑,遂觉。觉后胸中喧喧然,微似含物。

这个梦是苏辙做的,他通过书信告诉苏轼,苏轼在这里只是做了转载。表面看起来,它只是一个搞笑的梦,细细品读,却不是那么简单。这个梦似乎触动了苏轼的内心,而将它视为一个隐藏于内心已久的宏愿:弘扬佛法,活出圆满人生。

梦本来是苏辙做的,说给东坡之后,这梦就属于兄弟两人共有了。

"舍利"是佛教精神之象征,"起塔"则是一般传播佛教的方式,无非是建立寺庙、出家为僧、吃斋念佛,等等,苏氏兄弟却将舍利给"吃了",这一吃犹如当头棒喝,反其道而行。在苏氏兄弟而言,"吃了"是佛教精神的内化,将个人肉身与佛教精神合而为一。"吾三人肩上各置一小塔",暗示三人都是佛教精神的信仰者和传承人。

无缝塔,指和尚死后入葬,在地上立一块圆石作塔,没有棱、缝、层级，所以称无缝塔，代表了本心圆满。事实上，实物的无缝塔只是皮相，而真正的"无缝塔"是肉眼无法看见，它具有佛性"无缝"的特征：一则无处不在，无所不包；二则清净澄明，不受污染；三则超越形象，切忌说破。

苏辙的这个梦简直可以纳入禅宗公案。难怪苏轼喜欢，特地记录下来。

宋代许多文人倾心禅宗，喜欢说禅谈玄，他们优游山林，与禅僧交游唱和，将禅机化入诗文当中。在这方面，苏轼可谓大宋最具代表性的文人之一。

他不只有佛家的梦，还经常做道家的梦。《后赤壁赋》中就有一个道家的梦：

> 须臾客去，予亦就睡。梦一道士，羽衣翩跹，过临皋之下，揖予而言曰："赤壁之游乐乎？"问其姓名，俯而不答。"呜呼！噫嘻！我知之矣。畴昔之夜，飞鸣而过我者，非子也邪？"道士顾笑，予亦惊寤。开户视之，不见其处。

元朝虞集《道园学古录》评此赋：

> 坡公《前赤壁赋》已曲尽其妙，后赋尤精。于体物如"山高月小，水落石出"，皆天然句法。末有道士化鹤之事，尤出人意表。

明朝李贽评东坡前后《赤壁赋》：

> 前赋说道理，时有头巾气。此则空灵奇幻，笔笔欲仙。

近代林纾《古文辞类纂·集评》卷七十一引王文濡评：

> 前篇是实，后篇是虚。虚以实，至后幅始点醒。奇妙无以复加，易时不能再作。

之所以"后赋尤精"，"空灵奇幻，笔笔欲仙"，"奇妙无以复加"，皆赖以有此梦画龙点睛。

后赋与前赋的写作相隔三个月，季节却是由秋入冬，因而整体格调差别甚大。前赋偏实，后赋偏虚；前赋充满哲学思辨，后赋则空灵缥缈；前赋写的是人间烟火，后赋则自带仙风道骨。

再游赤壁的那天晚上，苏轼和朋友当真遇到一只巨鹤：适有孤鹤，横江东来。翅如车轮，玄裳缟衣，戛然长鸣，掠予舟而西也。鹤来得突然，巨大而神秘，似非人间凡物。写到这儿，神秘感刷的就起来了。

接下来的梦，则将这种神秘感发挥得更为彻底：一个道士，身着羽衣，在空中飞舞，飞经苏轼居住的临皋亭上空时，他问：

"你在赤壁玩得快活吗?"

苏轼问道士姓名,不答。

他突然明白了什么:"啊啊啊,我知道了,你大概就是那只大鹤先生吧?"

道士神秘一笑,苏轼亦因而惊醒。忙开窗向外望去,空荡荡的啥都没有。

按说巨鹤现身,已经不大正常。巨鹤系道士所化,更令人惊诧不已。但道士进到苏轼梦里来,却只问了一个无关痛痒的问题,"赤壁之游乐乎?"

这个问题亦有趣,看似普通却似有深意。

"你快乐吗?"

东坡似乎一时不知如何回答。似乎也未给出答案。

他可能拿不准自己快乐与否。

他可能也在心底问自己:"我快乐吗?"

"我不快乐吗?"

"此时快乐,代表永远快乐吗?此时不快乐,代表永远不快乐吗?"

人是那般矛盾的动物。

就像东坡,经历过很长一段时间的精神磨砺之后,在黄州一度过得甚是快乐,但离开黄州之后,他不是又陷入世事俗务的泥潭里去了吗?他不是又苦恼于现实的纷争了吗?

宋 无款 人物

这个梦大约是他的一种美好愿望：与那道士同去，彻底地与人间划了界限，去做一个永远快乐的神仙。

但问题是，世人都晓神仙好，神仙的苦恼谁知道？

趣味横生的梦

苏轼对神秘的东西特别留意，他很相信梦里发生的事，并将梦当成现实的预言。

元符二年岁尾，人在海南的他做了一个梦，梦中他登上了惠州合江楼，月色如水，已逝的前宰相韩琦骑着一只鹤来，告诉他："被命同领剧曹，故来相报，他日北归中原，当不久也。"

果然，四个月之后，他得到内迁的命令。

另一梦，也很神奇。

元祐六年三月十八日夜，苏轼乘坐的船停在吴淞江。五更时分，他梦见了仲殊长老，这仲殊长老非一般和尚，有传奇人生，俗姓张，名挥，安州人，曾举进士。其妻曾下药毒害他，遂弃家为僧。能文善词，词写得多，却无一首言及佛理。崇宁中，自缢而死。

苏轼梦见仲殊长老弹一张十三弦的琴，弦音怪异。苏轼诧异不已，问仲殊："琴何为十三弦？"

仲殊以诗代答：

度数形名岂偶然，破琴今有十三弦。

此生若遇邢和璞，方信秦筝是响泉。

梦中苏轼对此诗的意思似乎明白，醒来后，自己觉得诗的意思变得模糊不清，饭后午睡，谁知这个梦不请自来，又做一遍，他觉得奇怪，醒后赶紧取来纸笔将诗句记录下来，打算到苏州与仲殊长老见面时拿给他看。

正写着梦中诗句，你猜怎么着？仲殊长老正在扣舷求见。吓不吓人？

梦也并非总有美梦，总有可爱的梦，也有噩梦。

主政扬州时，他做过一个梦：孤身一人入深山，与猛虎狭路相逢。惊吓之时，有位道士突然现身，道士一声断喝，猛虎落荒而逃。

第二天，州府衙门来了一位道士。那道士问他："昨晚苏大人一定吓坏了吧？"

苏轼方才明白是昨夜所梦道士，立刻呵斥道："何方妖道，竟敢作法吓人，还假装好人，哄骗本官！"

在海南时，有次喝醉，又做梦了：一怪物跃出海面，跳上岸来，疾步而驰，迅若奔马。怪物礼貌地前来邀请他："广利王请苏学士赴会。"

苏轼身穿布衣，脚蹬草鞋，随怪物步入大海，海水中分，无点滴湿衣，沿途只闻风雷灌耳。之后进入一座水晶宫，夜明珠、

北宋（传）李公麟
陶渊明归隐图卷

犀角、玉璧、珊瑚、琥珀，触目皆是。广利王腰悬宝剑，头戴玉冕，身后是两个威武的侍从。

苏轼未屈膝行礼，拱手说道："海上逐客，幸获大王邀请。"

广利王神情温和，命人上茶。东华真人、南溟夫人等一众仙人来宫殿中作陪，他们拿出一丈多长的鲛绡，请苏学士题诗。

苏东坡随兴赋诗：

天地虽虚廓，惟海为最大。
圣王皆祀事，位尊河伯拜。
祝融为异号，恍惚聚百怪。
二气变流光，万里风云快。
灵旗摇红纛，赤虬喷滂湃。
家近玉皇楼，彤光照世界。
若得明月珠，可偿逐客债。

将新诗进献给广利王，仙人传阅，赞不绝口，只有旁边一位鳖相公不满："客人明知水火不相容，却不肯避讳，诗中提及与我们势不两立的火神'祝融'，客人这样做，无异于拿老鼠尿当眼药水。"

广利王耳根子软，经不起挑拨，脸色变难看。苏轼见势不妙，赶紧告退，不禁暗骂："到处都有这种鳖相公使坏！"

哈哈，这梦八成是苏轼自己编排的——无非是借梦说事，将那些先前的政敌统统归入了"鳖相公"，算是出了一口恶气。

第十一章

父亲：但愿生儿愚且鲁

苏轼如何做父亲?

总的来讲,苏轼的教育方式还是挺现代的,他不是虎爸,不是严厉型父亲,从不打骂孩子,而是自由发挥他们的天性。大概是小时候他的父亲太过严厉,严厉到让他觉得不适,以至于留下阴影,直到多年以后,当他身在海南,偶然梦见儿时与弟弟一起跟随父亲读书的场景,仍吓出一身冷汗。

> 夜梦嬉游童子如，父师检责惊走书。
> 计功当毕春秋余，今乃粗及桓庄初。
> 怛然悸寤心不舒，起坐有如挂钓鱼。

当初那种被严格管束的感觉，叫人太过气闷，全然不符孩子们爱玩的天性，他不想再让孩子们受到这种惊吓。

至于孩子们的成就如何，似乎不是他过度关心的问题，他也不曾设定严格的目标。

世人称赞苏轼是天才，他自己亦认可这个事实——大概是身在其中，他深知天才的苦楚及由此而引发的灾祸，"问汝平生功业，黄州惠州儋州"——所以他不要求孩子一定像他那样诗词俱佳，像他那样才华出众成绩突出，他唯一的期待，都写在那首《洗儿》诗里了：

> 人皆养子望聪明，我被聪明误一生。
> 惟愿孩儿愚且鲁，无灾无难到公卿。

在我们外人看来，这可能不是苏轼的真心话，谁不希望自家的孩子聪明？谁不希望自家的孩子从开始就赢在起跑线上？

但对于聪明人苏轼来讲，与聪明相伴的，大约是真实的切肤之痛:大半辈子的颠沛流离,人生路上的无限羁绊,天降的牢狱之灾和无数不期而遇的磨难——"惟愿孩儿愚且鲁"应该是他的真心话。"愚且鲁"不见得就是傻就是笨,是说资质普通,不用去担那些聪明人的风险,外表看起来可能愣头愣脑一点,但处世反而安全,反而无灾无难。至于做不做公卿,那并非他强调的重点。颇多后人都看错了这个重点,以为苏轼希望儿子做高官、享厚禄。

当然,"愚且鲁"还有大智若愚的意思,是说不要像他那样聪明外露,不要像他那样处处表现。

鲁迅曾说,父母对于子女,"应该健全的产生,尽力的教育,完全的解放",这话放于之苏轼和他的儿子们之间,也恰如其分,尤其是"完全的解放"这一点,他不给孩子压力,尽可能让他们选择自己的人生。

他的三个儿子虽未有他那样的成就,但皆善终,算是平平安安地走过属于他们的人生。

苏轼的愿望也算达到了吧。

父慈子孝两代情深

苏轼一生,共有四子,老大是夫人王弗所出之苏迈,老二和老三是夫人王闰之所生苏迨、苏过,王朝云在黄州时也为他生有一子,名苏遁，可惜这老四在随苏轼全家迁转时死于途中。

他爱自己的每一个孩子，犹如老牛，常怀舐犊之情。

苏迈，字伯达，乃第一任妻子王弗所出，是苏轼长子，他生于京城开封，七岁丧母，八岁时随父亲和叔叔一起回故乡眉山，并在眉山读书。之后返京，又跟着父亲一路迁转，从杭州到密州，从密州到徐州……到惠州。

苏轼的人生有多坎坷，苏迈的生活就有多动荡。

苏迈十九岁时，父亲代他求婚，对方是殿中侍御史吕陶的女儿，亦是眉州同乡："里门之游，笃于早岁；交朋之分，重于世姻。某长子迈，天资朴鲁，近凭一艺于师传。贤小娘子姆训夙成，远有万石之家法。聊申不腆之币，愿结无穷之欢。"苏迈遂娶吕陶女，次年生一子，惜乎好景不长，两人婚后五年，吕氏去世。苏迈前后共有四位夫人。

二十岁时，父亲陷乌台诗案，关于狱中，苏迈随父亲入京，亲往陪伴，每日里送菜送饭，劳苦备至。苏轼出狱，贬谪黄州，苏迈又随父前往黄州，相伴五年，直到朝廷诏令苏轼量移汝州，苏迈才有机会出任德兴县尉，为了父亲，苏迈牺牲了许多仕进的机会。

元符三年，宋徽宗大赦天下，苏轼自琼北归，苏迈自广州陪父北行，至常州，父亲病逝，遵从父愿，苏迈乘舟护柩经淮汴赴汝州，并迁继母王闰之灵柩来汝，将继母与父亲合葬于汝州郏县钧台乡上瑞里。

二子苏迨，字仲豫，苏迨生来体弱多病，三岁多了还不会走路，父母怕他长不大，请求辩才法师在观音菩萨像前为他落发，做了沙弥，取名"竺僧"，据说经辩才法师摩顶后不几日，苏迨便能像正常儿童一样行走了。

苏迨因头骨高额头大，被苏轼昵称为"长头儿"，曾有诗曰："我有长头儿，角颊峙犀玉。"

苏迨体弱多病，但脑瓜子却灵光。16岁时随父亲去登州，途经淮口遇三天大风，船不能行，作《淮口遇风》诗，苏轼读过这首诗，大加赞赏，跟着写了《迨作'淮口遇风'诗，戏用其韵》：

我诗如病骥，悲鸣向衰草。
有儿真骥子，一喷群马倒。
养气勿吟哦，声名忌太早。
风涛借笔力，势逐孤云扫。
何如陶家儿，绕舍觅梨枣。
君看押强韵，已胜郊与岛。

吾儿，你出手果真不凡，这诗写得比为父还好。气势汹涌，力量惊人，在写诗的技巧方面，已经胜过孟郊和贾岛啊，继续加油噢。这位父亲虽然欣喜，但也未忘乎所以，他特别告诫儿子要先养浩然之气，不必过早成名。

北宋 苏汉臣
秋庭婴戏图（局部）

父亲

但愿生儿愚且鲁

苏轼越读儿子的诗作越觉得好，忍不住给友人杨康功写信表扬迨儿："某有三儿，其次者十六岁矣，颇知作诗，今日忽吟《淮口遇风》一篇，粗可观，戏为和之。"他把儿子的诗抄了，并信一起寄给杨康功，又要杨转给弟弟苏辙看。可惜的是，苏迨这首诗作未能流传下来。

元祐初，苏轼为苏迨娶欧阳棐第六女为妻，欧阳棐系前辈欧阳修第三子，时欧阳修早已过世，是欧阳修的妻子太夫人应了这门亲事，能与尊敬的师长和前辈结为姻亲，苏轼的心情想必是非常愉快的。先前是师生的缘分，之后是血缘的连接。

只是欧阳修这位孙女在元祐八年病逝，之后苏迨又续娶欧阳棐的第七女为继室。

绍圣元年六月，正赶赴英州的苏轼，途中接到贬谪惠州的诏令。苏轼遂安排原本打算跟他一同去往英州的苏迨，带他和苏过的两房家眷去宜兴生活。苏迨舍不得离开父亲，想随父亲前往，父亲却不忍心让一大家人跟着受罪，一再劝说，苏迨方才同意留下来照顾家眷，让弟弟苏过随侍左右。

苏轼过世后，苏迨闭门读书，长达十年，学识与文章皆有长足进步。陈师道曾有《送苏迨》诗，"胸中历历著千年，笔下源源赴百川"。元代陆友《研北杂志》称，"苏翰林二子迨仲豫、过叔党，文采皆有家法"。

政和元年，可能是因为谋生的需要，从不曾热心于仕途的苏迨，却去武昌当了一个小小的管库官。靖康初年,迨于离乱中逝世,享年五十七岁。

苏过,乃苏轼第三子,生母王闰之,过字叔党,号斜川居士。苏过与两个哥哥一样,他们的人生轨迹,基本是由父亲的仕途命定设定的。

乌台诗案发生时,苏过仅七岁,大哥苏迈入京照顾父亲,苏过则与苏迨一起陪母亲到南都叔叔苏辙家。

苏轼被释后贬黄州。全家人一起劳动种地,做了回农民,日子虽是清苦,却能阖家团聚,度过一段安然恬淡的岁月,苏过自小就养成了荣辱不惊安于贫贱的性格。

神宗驾崩后,哲宗新立,高太后垂帘听政,苏轼苏辙兄弟重又奉调京城,获得任用,苏过与全家又过了四年的安稳生活,他有首诗《冬夜怀诸兄弟》,写的正是在京城读书的美好时光:"忆昔居大梁,共结慈明吕。晨窗惟六人,夜榻到三鼓。"幸福时光很短暂,这生活仅持续了四年时间,苏轼又出知杭州了。

从此之后,依然动荡局促,依然难于安宁。

苏轼一再迁转,从颍州扬州,从扬州到定州,从定州到惠州,从惠州到儋州,苏过则陪侍父亲左右,一起长途跋涉,一起万里投荒,一起迎接路途中的风雨,照顾父亲的生活,聆听父亲的教诲,安慰父亲那颗滴血的心。

南宋 赵孟坚
水仙 卷

绍圣元年九月，苏过随父初至广东惠州，有诗曰《和大人游罗浮山》：

> 海涯莫惊万里远，山下幸足五亩耕。
> 人生露电非虚话，大椿固已悲老彭。
> 蓬莱方丈今咫尺，富贵敝屣孰重轻。
> 结茅愿为麋鹿友，无心坐伏豺虎狞。

苏过时年不过二十二岁，却能像一个得道之人安慰父亲，人生不过一场虚幻，富贵也好，贫穷也罢，并无分别，只要心内平静，去哪里不是人生？他又不只是安慰父亲，似乎也借机表明心志：对富贵和闻达，自己并无非分之想，只甘愿过一种宁静淡泊自由自在的生活。

惠州三年谪居，这对父子的生活过得清苦，却也充实，一边耕种，一边读书，"小儿耕且养，得暇为书绕"，苏轼说小儿子怀有奇志，其《凌云赋》笔势如《离骚》。

绍圣四年，苏轼再贬儋州，又是苏过挺身而出，他将妻儿留在惠州与兄嫂住在一起，随父亲跨越海峡，到达儋州这个瘴疠之地，与语言不通习俗相异的黎族人杂居。

在海南的这几年，苏过悉心照顾父亲的饮食起居，努力在有限的条件下让父亲吃得可口一点，睡得踏实一点。苏轼晚年所以能在海南那样恶劣的环境下得以生存,实与苏过的悉心照顾有极大的关系。

父亲寂寞时,苏过陪他聊天;父亲写诗时,苏过与他唱和;父亲读书时,他陪在边上伴读,生活上清苦,大多数时间内都是食芋饮水,但精神上,因父子间的互相陪伴,却收获良多。

父亲过世后,苏过守父丧。本想父丧期满后求官,逢蔡京当权,不准元祐旧臣子弟在京城任职。直到四十一岁时,苏过才做了太原府监税;四十五岁时做颍昌府郾城知县,后又因党禁被罢。

苏轼四子苏遁,系朝云于黄州所生,孩子生下不久,全家即乘船离黄,在长江上行船至南京段,恰值六七月间,热得厉害,船舱又小,活动不便,一家人先后生起病来,结果初生的遁儿在湿热夹攻之下,竟至早夭。

朝云这个年轻的妈妈痛哭不止,苏轼中年丧子,情感上也是个极大的煎熬,他写了两首诗,以抒写锥心之痛:

其一曰:

> 吾年四十九,羁旅失幼子。
> 幼子真吾儿,眉角生已似。
> 未期观所好,蹁跹逐书史。
> 摇头却梨栗,似识非分耻。
> 吾老常鲜欢,赖此一笑喜。

忽然遭夺去,恶业我累尔。
衣薪那免俗,变灭须臾耳。
归来怀抱空,老泪如泻水。

其二曰:

我泪犹可拭,日远当日忘。
母哭不可闻,欲与汝俱亡。
故衣尚悬架,涨乳已流床。
感此欲忘生,一卧终日僵。
中年忝闻道,梦幻讲已详。
储药如丘山,临病更求方。
仍将恩爱刃,割此衰老肠。
知迷欲自反,一恸送余伤。

一向乐观开朗的苏轼,因这个小儿子的意外丧生,陷入无法控制的悲伤当中。

苏氏教育大法

首先,苏轼对孩子是宽松的、开明的。

他不功利,从不想着让孩子赢在起跑线上,从不想着让孩子成名成家出人头地,成名成家出人头地固然是好,但谁知晓那背后的不为人知的隐情?他自己少年成名,三十多岁便成为文坛领袖,随手写点什么,就能够在文坛上流传,但他承受的那些压力,遭遇的那些苦难,又有谁清楚?

他只有一个愿望,"惟愿孩儿愚且鲁,无灾无难到公卿",好好活着比什么都强。

他放任孩子的天性,让他们尽情地玩耍,特别是病弱的二子苏迨。苏迨多病,身体柔弱,苏轼对他爱护有加,对他学业未有任何要求,只希望这个孩子能够尽快健康起来。

其次,他相信身教的重要性不言而喻。

苏轼的教育理念,想必很大一部分来自于母亲程夫人。他的少年时代,有几年父亲苏洵外出游历,不在身边,全是母亲一手教育哥俩。程夫人是很懂身教的人,她不打骂孩子,更重视自身的榜样力量。

程夫人曾教苏轼读《后汉书》,至《范滂传》,叹息不已。范滂(137—169),字孟博,汝南征羌(今河南漯河市)人,此人少年时便怀澄清天下之志。范滂疾恶如仇,为官清正,任清诏史按察诸郡时,贪官

明 仇英 婴戏图（局部）

父亲

但愿生儿愚且鲁

污吏望风解印绶而逃。任汝南郡功曹时，抑制豪强，制裁不轨，结交士人，打击宦官。党锢之祸起，范氏与校尉李膺、太仆杜密同时被捕。

被释还乡时，迎接他的士大夫的车有数千辆。

党锢之祸再起，朝廷下令捉拿他，县令郭揖欲弃官与他一起逃亡，他不肯连累别人，自己投案，最终死于狱中。

死前，他的母亲赶来与其诀别，范滂对母亲说："弟弟仲博孝敬，足可供养母亲，我现在将跟随父亲于泉下，存亡各得其所，希望母亲不要过度悲伤。"

范母则说："我儿能与忠直之臣李膺和杜密齐名，应当死也无遗憾了。你今天得到好名声，不必再求高寿，二者何必兼得。"听了母亲的话，范滂安心赴死。

苏轼读完《范滂传》，感动至深，几欲流泪。他突然问母亲程夫人："儿子要做范滂，您同意吗？"

程夫人则凛然回答："你能做范滂，难道我就不能做范母吗？"

这一问一答，呈现出程夫人清晰的教育思路：不只是言传，更重身教。纵观苏轼一生，程夫人于他的影响，时时会露出蛛丝马迹。

苏轼对儿子的教育，也是如此。父亲是儿子的榜样，父亲怎么做，做什么，都会潜移默化地影响着儿子，他注重自己的行动对儿子的身教作用。

他救助百姓，致力慈善，积极达观，敢于面对和克服困难，不都是最好的身教吗？

第三，少讲大道理，寓教于日常。

苏轼苏迈父子曾同游石钟山，郦道元《水经注》称此山，"下临深渊，微风鼓浪，水石相搏，声如洪钟"，当地寺僧差一小童陪父子同往，寺僧手持小斧在水边乱石上敲打，果然铿然有声。苏轼不以为然，能发出声音的石头多了，为何此处独命为石钟山。

他决定亲自考察一番。当夜，与迈乘舟到绝壁下，果然听到山下石穴与江水激荡所发出的钟鼓之声。舟至两山间，将入港口，发现有一大石踞中流，此石空而多窍，声音更加清亮动听。

他在事后所写的文章《石钟山记》说："事不目见耳闻，而臆断其有无，可乎？"

他借此事告诉苏迈，凡事不要轻信他人所述，多求证多考察方可以得出正确结论。

苏迈要去德兴当县尉，苏轼特为儿子找出一方砚台，亲撰铭文相赠：

> 以此进道常若渴，以此求进常若惊，以此治财常思予，以此书狱常思生。

苏迈未辜负父亲期望，按父亲要求的方式处世，"文学优赡，政事精敏，鞭扑不得已而加之，民不忍欺，后人仰之"。

第四，起劲夸。

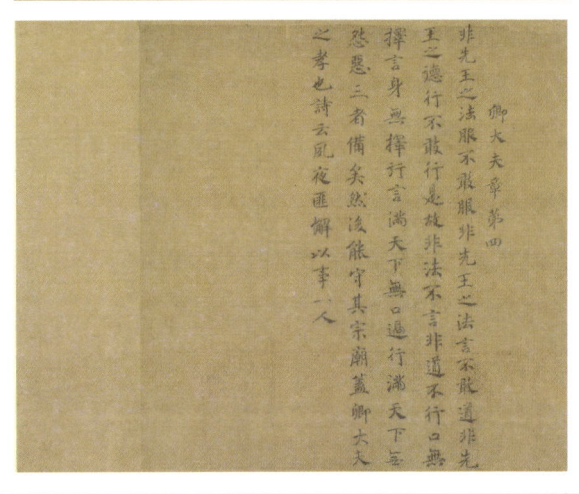

南宋 宋高宗 书 孝经
马和之绘图册

他对自己的三个儿子甚为满意,逮着机会就要狠狠夸。夸奖是他教育方法的重要一项,堪称夸子狂魔。

他夸苏迈官当得不错,"子迈作吏,颇有父风",顺便把自己夸了一下。

他不止一次夸苏迨好学,且有奇志,"诸子惟迨,好学而刚";"迨好学,知为楚辞,有世外奇志"。

他曾把喜欢的一方砚台送给苏迨,并书写铭文:"得之艰,岂轻授。旌苦学,畀长头。"儿子啊,你苦学的精神值得表彰,老子特别把这方砚台送你,它可是老子的珍藏呐!

他夸苏过的文章《凌云赋》,"近者戏作凌云赋,笔势仿佛离骚经"。

他夸苏过做的玉糁羹,"色香味皆奇绝,天上酥酏则不可知,人间决无此味也"。

他写给徐得之的信中,夸儿子进步神速,"儿子过颇了事,寝食之余,百不知管,小颇力学长进也"。

他看过苏过画的《枯木竹石图》,夸自己画技出众,"小坡今与石传神"。

时时夸,事事夸,他深信,鼓励会制造奇迹。

苏氏家风源远流长

苏轼的爷爷苏序,开创了眉山苏氏淡泊名利、乐善好施的家风,自此这家风传承下来,更是在苏轼身上发扬光大,绵延不绝。

苏轼的三个儿子亦是这一家风的传承人,兄弟仨虽然先后都有走上仕途,但因为父亲被归入元祐党人,长期被禁,苏氏兄弟作为奸党者的子孙,更不许在京师为官,苏轼又是当政者眼中的奸党首恶,更不得容,所以其子连做地方小吏的机会也无。苏迈五十三岁才重做了县令,苏迨四十二才去武昌当了管库官。

好在他们都没有丢掉苏氏家风,特别作为苏家长子的苏迈,不钻营,不拍马,不为名利出卖自己,苏过说:"吾长兄年五十有三,不能俯仰于人,犹如州县吏。"

苏迨之淡泊不让苏迈,他从不热心仕途,后来之所以出来做官,是因为"亲戚强之",苏过比较理解二哥,他称"此其中必有遗世故而外物者也"。

至于苏过自己,他的才华文章,是三兄弟中遗传其父最多者,身为老幺,也是父母比较偏爱的孩子。

他一生有大半的时间陪父亲在贬谪之路上,等他从海南陪父亲北归常州,已是三十岁的大龄青年。因为父亲的问题,他没办法出仕,只得去到许昌,寻一块名曰"小斜川"的水竹之地,读书作画,自号"斜川居士"。

后来政治环境稍微变好,苏过有机会做了真定通判,不料上任途中,经河北镇阳道中,遇上一伙强盗,胁迫他入伙。

苏过说:"你们知道世有苏内翰吗?我即其子,岂肯跟随你们这班人求活草间?"

苏过在贼窝里痛饮通宵,第二天强盗去看,已经死去,时五十二岁,想必是酒精中毒所致。

苏轼三子,共为他生了十二个孙子,他在世时只见过其中六位。其孙辈中,最为显达的是苏迈次子苏符,曾官至礼部尚书兼侍读。

第十二章

段子手：我若搞笑，你们都憋不住

苏轼的人生可谓坎坷曲折,但"一提起苏东坡,中国人总是亲切而温暖地会心一笑"(林语堂语),所以如此,除了他豪放达观的个性原因,另一点应该是因为他很能搞笑吧。

如果提起杜甫,估计没人会心一笑,大概会心头一沉,想起他那张刻满忧愤的清瘦的脸。

苏先生堪称大宋乃至中国文化史上的第一段子手,是大宋艺术界公认的搞笑能手,晁说之称"东坡好戏谑",周紫芝评"东坡以文滑稽",此类评价历来不乏其人。只是他文名太盛,压过了段子手的称号。

他是个爱笑的人,嘴角上扬是常态,他说"须臾便堪笑,万事风雨散",他说"放怀语不择,抚掌笑脱颐",人生太短,何必愁眉苦脸?不妨笑天下可笑之事,笑世间可笑之人。

林语堂办《论语》杂志提倡幽默,鲁迅很不客气地批评:"这其实很无聊,每月要挤出两本幽默来,本身便是件不幽默的事,刊物又哪里办得好?"挤出来的幽默,当然不好笑,但苏轼信手拈来的段子,足够让你笑岔气。林语堂如果不用挤的方式便能让鲁迅笑岔气,就不会遭受这样的批评了。

苏轼经常拿段子与朋友过招,脑子转得快,人够机灵,随时随地从脑洞里掏出几个段子,就能把对手打得落荒而逃。当然,他偶尔也有失手,比如,对付佛印禅师的时候。

跟苏轼交往,要格外小心,你永远无法预测他什么时候冷不丁拿什么段子编排你,调侃你,嘲讽你。他不会放过每个编排别人的机会,他的亲弟弟,过命交情的朋友,甚至法相尊严的禅师们,也难逃过他的魔掌。

他自己写文章,也以编段子为乐。随便翻翻《东坡志林》《仇池笔记》,不乏段子,而且有些段子一看就是瞎编的,但他讲得有鼻子有眼,就跟真的一样,对他性情不十分了解的人,很容易上当受骗。

宗白华先生说,幽默是一种人生态度,是"以广博的智慧照嘱宇宙间的复杂关系,以深挚的同情了解人生内部的矛盾冲突。在伟大处发现它的狭小,在渺小里却也看到它的深厚;在圆满里发现它的缺憾,在缺憾里也找出它的意义。于是以一种拈花微笑的态度同情一切;以一种超越的笑,了解的笑,含泪的笑,悯然的笑,包容一切以超越一切,使灰色黯淡的人生也罩上一层柔和的金光。觉得人生可爱。"

幽默的最高境界是什么?自嘲。

自嘲的人,敢于向自己开刀。

自嘲的人,愿意把快乐带给别人,把腹黑留给自己。

自嘲是人际交往的高明手段,是保持身心健康的一剂良方。

苏轼最擅自嘲,他狠起来,连自己都敢黑,黑到体无完肤。

现代科学研究表明,自嘲不仅可以激发创造力,增强免疫力,而且可以减轻压力。

喜乐的心乃是良药。

这位段子手经受过各种恶劣环境和身心的折磨之后,仍然能活到一个同时代多数人无法企及的年龄,也从一个侧面证明幽默也是他养生之道的一部分。

如罗贝尔·埃斯卡皮在《论幽默》所言:唯有幽默才能使全世

界松弛神经而不至于麻醉。给全世界思想自由而又不至于疯狂，并且，把命运交给人们自行把握，因而不至于被命运的重负压垮。

爱笑又搞笑的苏大人，必然不短命。

调侃与反调侃

苏大人机智过人，反应超群，经常在各种场合里，将信手拈来的段子调侃别人，有人安然接受，有人奋发反击。一来二去，为文坛增加了诸多笑料。

宋朝士大夫间，宴饮频仍，作为文坛大佬、政治明星，苏大人交游广泛，被邀请参加的酒席多不可数。几杯小酒下肚，正是放松时刻，借着酒劲儿，他幽默风趣的个性便彻底被释放出来了，常常调侃别人。

元祐二年正月十六，退休的老丞相韩绛丁家中设宴，邀请其门生故吏九人，一起聚会叙旧，这九人皆为政坛名流，如傅尧俞、胡宗愈、钱勰、刘攽等。

钱勰，字穆父，时为开封府尹，因事务繁忙，到得较晚，韩绛不开心，脸色黑青，跟块玄铁似的。

苏轼见状，忙调节气氛："今日本殿烧香人众，故被留住。"

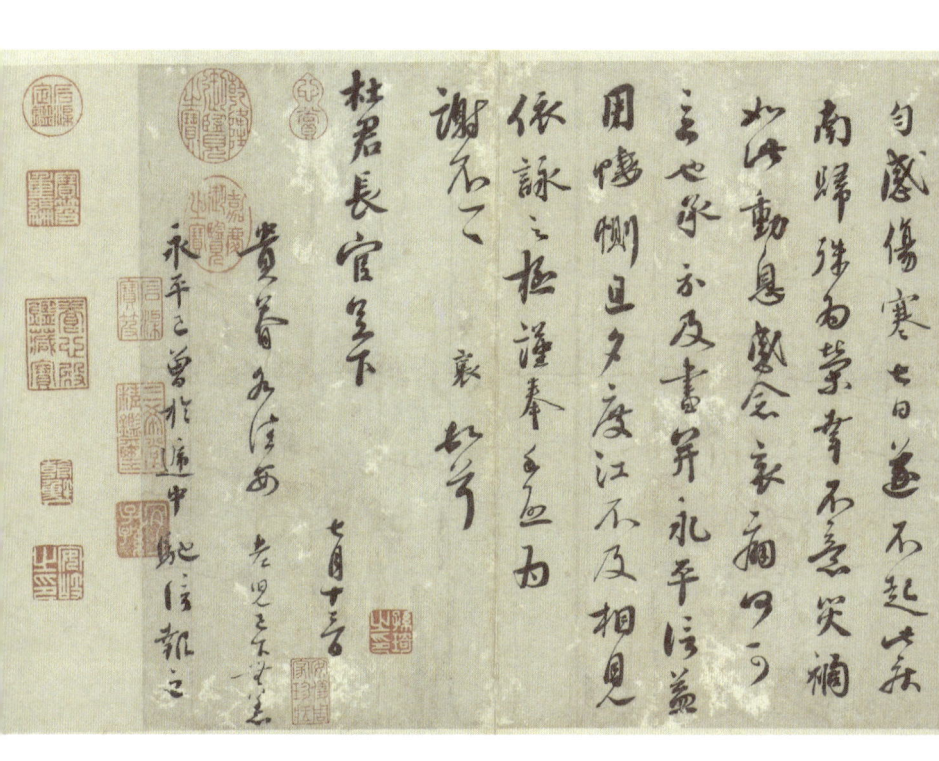

北宋 蔡襄
致杜君长官尺牍

众人闻言，哄堂大笑。说起来有个故事，老钱是个大帅哥，生了九个儿子，恰巧当时开封有一"九子母祠"，祠堂西庑供一巾帼丈夫，俗以为九子母的丈夫，所以大家都戏称老钱是"九子母夫"。

韩丞相也跟着大家哄笑不止，脸上多云转晴。

某次同事聚餐，苏轼大赞河豚美味，吕光明问他美成怎样。苏轼说："值得一死！"另一次他大赞猪肉之美，范祖禹说："奈发风何？"发风为中医说法，风为六淫之一，六淫指风、寒、暑、湿、燥、火。苏轼笑："淳甫诬告猪肉。"祖禹，字淳甫。

他的朋友刘攽，字贡父，博览群书，无所不读，诸子百家、古今传记，以及天文地理、医算卜筮等都有涉猎，尤其精通《春秋》，欧阳修、王安石、曾巩等人都夸他学问好。

这两个聪明人在一起，又都好卖弄聪明，只要遇到，便是一番斗智的较量。

苏轼曾和刘攽说起，当年和弟弟参加制策考试前，与弟弟一起在怀远驿读书，一日三餐，只有白饭、白萝卜和盐三种食物，戏称为"三白饭"。此后某天，突然收来刘攽的请柬，邀他去刘家吃"皛饭"，苏轼已忘了前面他讲过的事，又抱着强烈的好奇心想知道这"皛饭"到底是什么，如约前往，待坐到餐桌上才知被老刘戏弄了，桌上只有白饭、白萝卜、盐，苏轼倒也坦然就座，津津有味地吃将起来。

饭毕归家，临时跟刘攽说："明天来我家，我将以毳饭招待你。"刘攽八成明白应是戏弄,但也想知道"毳饭"到底是何物,次日如约前往。

宾主落座,相谈甚久,不知不觉过了吃饭时间,刘攽肚子叫得厉害,问苏轼为何还不吃饭。

苏说:"再等会。"催了好几次,苏轼的回答依然如故。

刘攽终于饿到支持不住,摆出一副不开饭便翻脸的姿态,苏轼才慢悠悠地解释:"盐也毛,萝卜也毛,饭也毛,非毳而何?"毳为三毛,在南粤与闽南一带,毛通无音。苏轼的毳饭就是什么都没有。

刘贡父捧腹大笑,说:"我就知道你一定会报昨天的仇,但实在没想到这一点!"苏轼这才传话摆饭,一直吃到晚上。

刘攽曾拿乌台诗案调侃苏轼。某天,他为苏轼讲了个故事:一老父送一败子出外游学,临行告诫:"切有一事不可忘,或有交友与汝唱和,须仔细看,莫更和却贼诗,狼狈而归。"嘲笑苏轼诗案中连累了很多朋友。

苏轼立即还回来一个故事,攻击他的生理缺陷:说颜渊、子路同出市中闲逛,遥见夫子过来,赶紧藏在路边一座塔后。夫子过去后,颜问:"这是什么塔?"子路答:"避孔子塔(谐音鼻孔子塌)。"盖因刘攽患了风疾,须眉尽落,鼻梁断塌。

有事实证明,苏轼不止一次嘲讽刘攽的生理缺陷,又一次聚会时,他又调侃人家:"大风起兮眉飞扬,安得猛士兮守鼻梁?"

他还喜欢借行酒令的机会与人斗嘴。某次,他与姜志之同席为客，姜先出令说，坐中各要一物，药名。然后他指着苏轼说："你就是药名。"问其故，曰："子(紫)苏子。"苏轼立即回他："你也是药名，若非半夏，定是厚朴。"姜一愣："怎讲？"答："非半夏厚朴，何以曰姜志(制)之。"

这不只是酒令，还是很好的冷笑话——让人起一身鸡皮疙瘩的那种。

还有一个故事也特别好玩，尤能表现苏轼谐谑风趣的个性。

黄庭坚跟苏轼打小报告："昔有王羲之以字换鹅，今有韩宗儒拿帖换肉。这个韩宗儒啊，每次得到你的书法，便去殿帅姚麟那儿换羊肉十数斤。"东坡大笑。

一日，他忙得不可开交，却收到韩宗儒派人送来的几封短信，说着急等他回信，且来人立于庭下督索甚急。

苏轼笑着对来人说："传语本官今日断屠！"

与同僚及长辈开得了玩笑，与晚生后辈在一起也不会正襟危坐，寻到机会便不放过。

某天众人在苏家聚会，秦少游也在场。读者诸君你们是否知道，这写作婉约哀怨的词作的秦少游，可是个一脸络腮浓须的黑壮汉子。座中一人嘲笑秦少游胡子太多，少游也逗，回他："君子多乎哉。"苏轼立即就跟了一句："小人樊须也。"樊须是孔门弟子，他曾向孔子问农，大概孔子对这种问题不感冒，待他离开时，便感慨："小人哉，樊须也。"苏轼这里巧妙地借樊须名字，

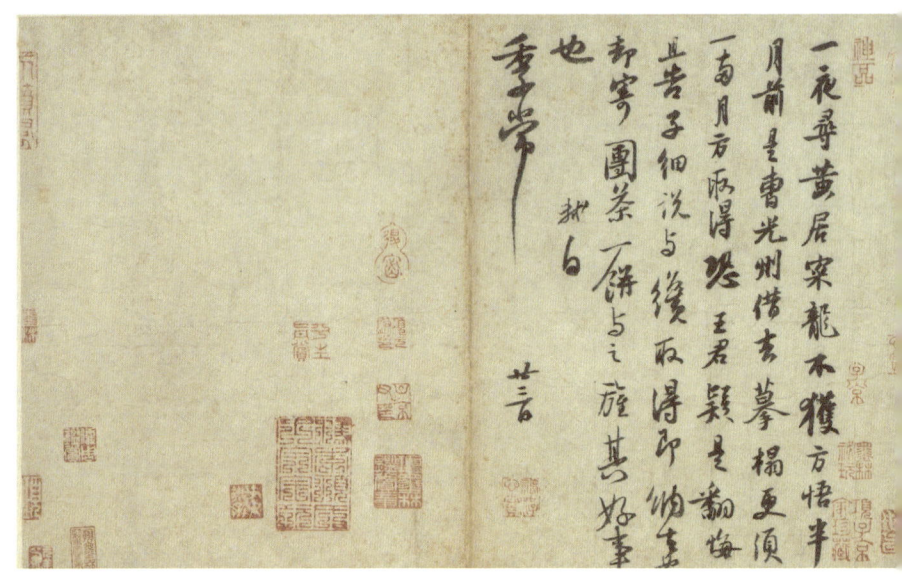

宋十二名家书法册
苏轼致季常尺牍

来嘲笑秦少游,樊,谐音繁,多也。

苏门四学士之一的张耒,字文潜,有次和苏老师杠上了。

他先问苏老师:"公诗有'独看红蕖倾白堕',不知白堕是何物?"

苏老师:"刘白堕善酿酒,出《洛阳伽蓝记》。"

北宋 黄庭坚 书
王羲之论书 册 01

段子手

我若搞笑，你们都憋不住

张耒:"白堕既是一个人，很难倾吧？"

苏老师:"魏武《短歌行》云:何以解忧？惟有杜康。杜康也是人名呢。"

张耒顶嘴老师:"毕竟用得不当。"

苏老师佯怒:"君且先去与曹家那汉理会，却来此间厮磨。"

让张耒去跟曹家那汉论理，曹家那汉当然是指曹操，殊不知，这里又埋了一个包袱：张家有个曹姓仆人偷了主家酒器，已送到官府，还没有招认。

不过，平心而论，这个玩笑开得不好，如果张耒自尊心强或者比较敏感，即便嘴上不怒心里也会埋怨老师了。

苏轼不只调侃戏弄别人，有时还给人取外号，有人受得了，有人就受不了。范祖禹劝他说："戏谑不可过分。"苏轼才稍稍收敛，或者戏言之后，告诉别人不要让范氏知道。

自元祐年间做了翰林学士后，苏大人"以高才狎侮诸公卿"，基本上都调侃了一遍，独不敢褒贬司马光。某日，苏轼与司马光讨论政事，意见不合，回到家，脱帽解带，苏轼终于忍不住了方才爆发，连声高喊："司马牛！司马牛！"

明代王世贞辑录苏轼幽默言行的《调谑编》中，有一故事也是讲司马光与苏轼的：二人政见分歧，苏轼说："相公此论，故为鳖厮踢。"司马光不明所以，问："鳖如何能踢？"轼笑答："是之为鳖厮踢。"

既然有师承关系的司马老师都敢调笑，遑论政治对手王安石了。举一例：

东坡闻荆公《字说》成，戏曰："以竹鞭马为笃，不知以竹鞭犬有何可笑？"又举坡字问荆公何义，荆公曰："坡者土之皮。"东坡曰："然则滑亦水之骨乎？"荆公默然。荆公又问曰："鸠字从九、鸟亦有证乎？"东坡曰："《诗》云：鳲鸠在桑，其子七兮，和爷和娘，恰是九个。"荆公欣然而听。久之,始悟其谑也。

不过,仔细看下来,这个段子不像实有其事,更像后人挤对王安石故意编排为之。

苏轼个性天真直率,有些玩笑开得不分场合,容易过火,甚至为此而得罪人仍不自知,据这点可以怀疑他的EQ确实不算高。

苏大人调侃别人,也难免不被别人调侃。他曾经出过一个文章题目《人不易物赋》,叫门人作文,其中一个写道:"伏其几而袭其裳,岂真孔子?学其书而戴其帽,未是苏公。"

原来,苏轼设计过一种筒檐短的帽子,天天戴着,京城士大夫群起而仿之,谓之"子瞻样"。

他曾陪皇上看过一场滑稽戏,戏中优伶各自夸自己文章。一个说,吾之文章,汝辈不及。另一个不信,他说,汝不见吾头上子瞻乎?因为他头上也戴了高高的子瞻帽。皇上都看乐了,盯着旁边的苏轼看了一大会儿。

苏大人尤擅讥讽,黑起别人来不留情面。听者一边觉得狠,一边又忍不住拍着桌子大笑:绝了!看下面两个段子是不是有这种感觉。

其一

秦少章尝云:"郭功甫过杭州,出诗一轴示东坡,先自吟诵,声振左右。既罢,谓坡曰:'祥正此诗几分?'坡曰:'十分。'祥正喜，问之，坡曰：'七分来是读，三分来是诗，岂不是十分耶？'"

其二

坡公在维扬，一日设客，十余人皆名士。米元章亦在座。酒半，元章忽起自赞曰："世人皆以芾为颠（癫），愿质之子瞻。"公笑曰："吾从众。"

大概是苏先生太过幽默风趣，后人也编排了很多关于他的段子，那些段子基本上都是无中生有，纯属杜撰，或者发生在别人身上的事，又搬来他身上套用了一次。

但读者看了，也乐意将那些明知是假的故事放在他的身上，并且相信实有其事——这样的后果，大约是苏先生乐于接受的，博人一笑之余，还能让人产生继续生活下去的勇气。

何乐而不为？

随手一写都是段子

苏轼不仅生活中爱讲段子，创作时也爱编段子。

他写过的最著名的段子就是河东狮吼。他在黄州时，经常来往武昌，曾听一个叫王天常的四川老乡说起好友陈季常惧内的故事：

北宋 汝窑
青瓷莲花温碗

段子手

我若搞笑，你们都憋不住

陈的太太柳氏非常凶悍善妒，每逢季常请客，如招歌妓侑酒，柳氏就抄起木杖，满室里追打丈夫，弄得鸡飞狗跳，异常热闹。

这不过是个传言，是个并不靠谱的段子，苏轼去过陈家数次，应该知道事实真相到底如何，但他还是不管不顾地编排了一个陈氏惧内的段子，并形之于诗：

龙丘居士亦可怜，谈空说有夜不眠。

忽闻河东狮子吼，拄杖落手心茫然。

这段子一出，天下人人皆知，陈季常啊，原来你是个惧内的丈夫！想必他在江湖上的好名声因此而大打折扣。一个与世无争偏安歧亭的隐士，只因一首诗作转眼成了怕老婆的怂蛋儿。更郁闷的，怕是柳氏，估计在心底骂苏轼足有一千几百遍。

苏大人，你是名人，要注意后果，你随便编个段子，就可能流布天下，并可能给别人带来无法解除的巨大精神伤害。

好在陈季常是位淡泊的隐者，不问人间世事，亦足够宽容，并不把苏轼的玩笑放在心上。有足够的证据表明，他并未因此而恼恨苏轼，当东坡居士离开黄州之后，陈季常仍然来京师看望过他，彼此间的友情并未因此破裂。

惧内的段子他编了还不止一个。

他有个朋友叫孙公素，风流倜傥，却爱说俏皮话。有一次，老孙得了大病,赵德麟经常去看望他。苏轼关切地问赵德麟:"老孙病怎么样了?"

赵答:"大病方安。"

苏轼又起谐谑之心,随口吟道:"这汉病中,瘦则瘦,俨然风雅。"是说这家伙病了还是那副风流模样。

德麟将苏轼原话传给孙公素,孙续苏轼话:"那娘意下,恨则恨,无奈思量。"是说家中妇人管着也真是无可奈何。

不久孙公素求苏轼为他写把扇面,苏轼趁机作《戏赠孙公素》,每句里各含一个历史上的惧内典故:

挽扇当年笑温峤,握刀晚岁战刘郎。

不须戚戚如冯衍,但与时时说李阳。

温峤丧妻,又娶了表妹,新婚之夜,表妹拨开遮脸的纱帐,抚掌大笑:"果然是你这个老家伙,跟我猜的八九不离十。"

刘郎指刘备,与孙尚香成亲之夜,新房内外露刀环立的侍婢百余人,吓得个刘备竟不敢进入洞房。

冯衍,字敬通,不堪妻子虐待,终于离婚。

李阳是京东大侠,王夷甫的朋友,王氏惧内,关键时刻只要提起他的朋友李阳,妻子就不敢胡闹了。

他编排的另一个段子还真把当事人给惹急了。

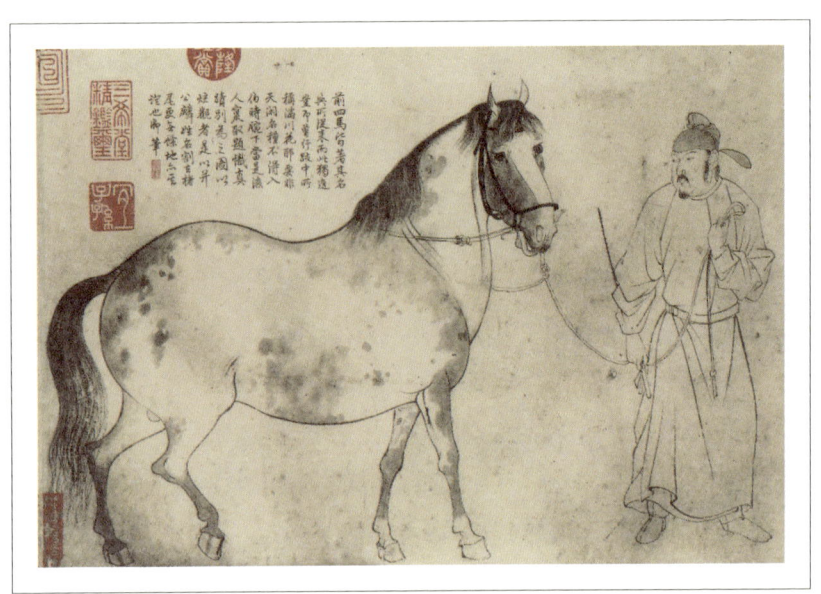

北宋 李公麟
五马图（局部）

苏轼有个朋友叫顾子敦，是个胖子，又爱睡觉，身边熟悉的朋友取笑他样子像个屠夫，便称他"顾屠"，苏轼在写给他的一首送别诗中开玩笑：

> 我友顾子敦，躯胆两俊伟。
> 便便十围腹，不但贮书史。
> 容君数百人，一笑万事已。
> 十年卧江海，了不见愠喜。
> 磨刀向猪羊，酾酒向邻里。
> 归来如一梦，丰颊愈茂美。

顾子敦所气，大概是磨刀向猪羊那句，他生气也可理解：酒席上和生活中开开玩笑倒也无伤大雅，毕竟只是在小圈子，但你写的诗流传开来怎么办？岂不是让全国人民都知道了。

到了饯行之日，苏轼只得称病，未敢前来，还特地又写了一首诗作解释："前言戏之耳。"老顾，我只是和你开个玩笑哇。

别人写送别诗词写得凄恻缠绵，尽是痛苦，苏轼的分别诗里却有不少纯属戏言，又如《蝶恋花·送潘大临》：

> 别酒劝君君一醉，清润潘郎，又是何郎婿。记取钗头新利市，莫将分付东邻子。
> 回首长安佳丽地，三十年前，我是风流帅。为向青楼寻旧事，花枝缺处余名字。

潘大临是苏轼在黄州时的学生，这小潘大约生得俊俏，又有才华，能诗擅书，为苏轼所喜。这词是潘大临将赴省应试，在送别的宴席上所写。

他说，小潘啊，咱好好喝啊，一醉方休。你长得这么秀气，是个天生的小可人儿。我以过来人的身份告诉你，珍惜你此次应试时认识的美女，珍惜因高中朝廷赏你的钱财，别被邻家那小子给惦记上了。

三十年前，你老师我风流倜傥，帅得掉渣儿，特别招美女姐姐喜欢。你如果不信，到那青楼里去看一看，墙上还写着我的名字。

词中潘郎、何郎婿分指潘安、何晏，是中国古代两个有名的美男子、小白脸，苏轼以二者喻潘大临，指他长得好看。

自己创作段子不好玩啊，所以他经常和别人一起创作段子。

亲弟弟苏辙便是其中一个。

苏轼兄弟少年时曾从刘微之门下读书，夏日在学舍与同窗陈建用、杨尧咨以大雨联句。陈建用曰"庭松偃盖如醉"，杨尧咨曰"夏雨新凉似秋"，苏轼接曰"有客高吟拥鼻"，苏辙则对"无人共吃馒头"。众人惊倒。前两句挺正经的，到苏氏兄弟那儿，画风急转直下。

杭州通判任上，他写过一首《戏子由》，虽则是"戏"，也确实有戏的成分，其实是赞，这亲哥俩不但彼此戏谑，而且经常互夸，夸起对方来不留情面。

宛丘先生长如丘，宛丘学舍小如舟。
常时低头诵经史，忽然欠伸屋打头。
斜风吹帷雨注面，先生不愧旁人羞。
任从饱死笑方朔，肯为雨立求秦优。
眼前勃谿何足道，处置六凿须天游。
读书万卷不读律，致君尧舜知无术。
劝农冠盖闹如云，送老斋盐甘似蜜。
门前万事不挂眼，头虽长低气不屈。
余杭别驾无功劳，画堂五丈容旂旄。
重楼跨空雨声远，屋多人少风骚骚。
平生所惭今不耻，坐对疲氓更鞭箠。
道逢阳虎呼与言，心知其非口诺唯。
居高忘下真何益，气节消缩今无几。
文章小技安足程，先生别驾旧齐名。
如今衰老俱无用，付与时人分重轻。

　　从子由身高说起，说他高大威猛，有如孔丘，不小心就碰了头。居住条件虽差，但子由从不以为耻，宁可过清贫的生活却不愿屈从求人。门前纷纭，不置于心，头虽长低，意气不屈，子由，棒棒哒。

　　清人方东树论苏诗，"杂以嘲戏，讽谏谐谑，庄语悟语，随兴生感,随事而发,此东坡之独有千古也"。这首诗无疑很好地诠释了这个评价。

在海南时,他写过一首诗《闻子由瘦》,寄给弟弟,其中有"海康别驾复何为,帽宽带落惊僮仆。相看会作两臞仙,还乡定可骑黄鹄"。老弟,听说瘦得脱了相,帽子都戴不住了,下次见面时,咱们应该都成了瘦神仙吧,这体重骑着黄鹄就可以回老家啦。

苏轼编段子的爱好从少年一直持续到老年,在《东坡笔记》和《仇池笔记》中,一边论艺术、记旧事、录药方,一边还不忘往里边放几个段子,大概是怕读者诸君看正经东西太累,便加了一些不正经的东西。

《东坡笔记》里,他写眼睛和嘴巴打架的段子:

> 余患赤目,或言不可食脍。余欲听之,而口不可,曰:"我与子为口,彼与子为眼,彼何厚,我何薄?以彼患而废我食,不可。"

《仇池笔记》里,他写和尚做蒸猪头的故事:

> 王中令既平蜀,捕逐余寇,与部队相远,饥甚,入一村寺中。主僧醉甚,箕踞。公怒,欲斩之,僧应对不惧。公奇而赦之,问求蔬食。僧曰:"有肉无蔬。"公益奇之。馈之以蒸猪头,食之甚美,公喜问:"僧止能饮酒食肉耶?为有他技也?"僧自言能为诗,公

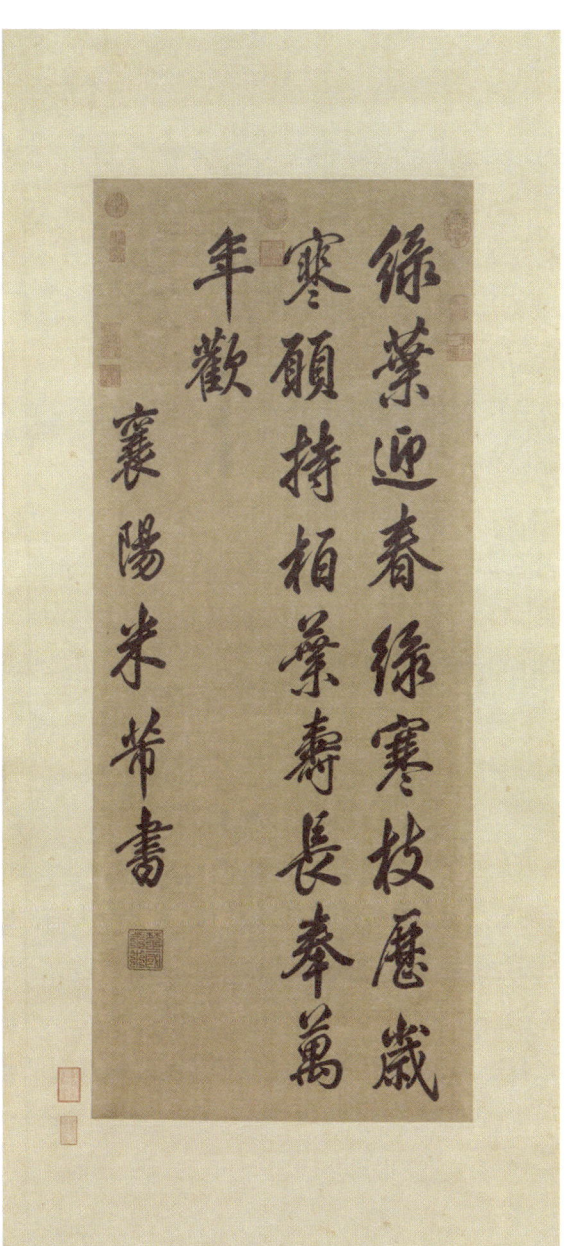

段子手

我若搞笑，你们都憋不住

北宋 缂丝米芾书柏叶诗图

令赋食蒸豚诗,操笔立成,曰:"嘴长毛短浅含膘,久向山中食药苗。蒸处已将蕉叶裹,熟时兼用杏浆浇。红鲜雅称金盘荐,软熟真堪玉箸挑。若把膻根来比并,膻根只合吃藤条。"公大喜,与紫衣师号。东坡元祐初见公之玄孙讷,夜话及此,为记之。

编一般的段子不过瘾,就编黄段子,当然不像今天的黄段子那么直白,来自《东坡笔记》:

昨日太守杨君采、通判张公规邀余出游安国寺,坐中论调气养生之事。余云:"皆不足道,难在去欲。"张云:"苏子卿啮雪啖毡,蹈背出血,无一语少屈,可谓了生死之际矣,然不免为胡妇生子。穷居海上,而况洞房绮疏之下乎?乃知此事不易消除。"众客皆大笑。余爱其语有理,故为记之。

这则笔记主题还是比较严肃的,讲养生难在去欲,但论据就比较不那么正经:张公规说,苏武都到了生死边缘,依然无法消除生理欲望,和胡妇发生了关系,在那么艰苦的条件下都无法去欲,更何况在华丽的洞房之内?以此可知,去欲真的很难哇。

苏轼觉得张公规说得很有道理,便把他的话记下来发到了朋友圈。

古人写祭文或纪念文章,通常会写得声泪俱下,令人动容。但苏轼写这类文字，经常有不一样的处理角度，有时却写得甚至引人发笑，笑完之后，又会想哭。

  吾故人黎錞，字希声，治《春秋》有家法，欧阳文忠公喜之。然为人质木迟缓，刘贡父戏之为"黎檬子"，以谓指其德，不知果木中真有是也。一日联骑出，闻市人有唱是果鬻之者，大笑，几落马。今吾谪海南，所居有此，霜实累累，然二君皆入鬼录。坐念故友之风味，岂复可见！刘固不泯于世者，黎亦能文守道不苟随者也。

我有个老朋友叫黎錞，善治《春秋》，我老师欧阳修很喜欢他。但这个家伙木讷质朴，被我的朋友刘贡父戏称为"黎檬子"。有一天我跟"黎檬子"骑马外出，听见市场上有人高声叫卖黎檬子，笑死个人啊，笑得苏某人差点从马上摔下来。我现在人在海南，发现此地到处都是黎檬子这种水果，但当年的好友黎錞和刘贡父都已去阎王爷那儿报到了，只剩下我一个糟老头子。面对遍地的黎檬子，却不见了我当年的老朋友"黎檬子"。

  文短意长，倘若地下的"黎檬子"读到这篇短文，也当是泪眼婆娑了吧。

  苏轼读佛，禅宗故事也看了许多，他也喜欢以禅入诗，将禅理编排成段子，引人发笑之余，又有顿悟之效。

北宋 赵伯骕 风檐展卷

如这首《书焦山纶长老壁》：

法师住焦山，而实未尝住。
我来辄问法，法师了无语。

> 法师非无语,不知所答故。
> 君看头与足,本自安冠屦。
> 譬如长鬣人,不以长为苦。
> 一旦或人问,每睡安所措。
> 归来被上下,一夜着无处。
> 展转遂达晨,意欲尽镊去。
> 此言虽鄙浅,故自有深趣。
> 持此问法师,法师一笑许。

苏轼拜访高僧,问法,高僧不答,非是不答,是不能答,因为佛法言语道断,无言无说。

高僧不答,苏轼自说自话,他说,大师你看,头戴帽子,脚上穿鞋皆为常理。但一旦起心动念,事情就会起变化。像那个长胡子老头,本来挺好的,突然某天有人问他,你睡觉时把胡子放被子里面还是外面?老头儿晚上睡觉时被胡子的事弄得不堪其忧,放哪儿都睡不着了。天亮之后,把胡子统统给镊去了。

哈哈,好不好笑。

他另写的一首《醉僧图颂》,拿和尚开起了玩笑:

> 人生得坐且稳坐,劫劫地走觅什么。
> 今年且屙东禅屎,明年去拽西林磨。

这是个不遵守清规戒律的和尚，这是个喝酒惹事的和尚，今年在禅床上拉屎，明年就要去掀翻碾谷的磨了。表面是说这个和尚太不靠谱，撒野使气，非是出家人所表现，实际上苏轼却想借此表达要突破种种禁锢大胆做自己的人生愿望。

苏轼写段子，荤素不忌，屎尿屁皆能从容道来，他编排卫青这段子简直了：

> 汉武帝无道，无足观者，惟踞厕见卫青，不冠不见汲长孺，为可佳耳。若青奴才，雅宜舐痔，踞厕见之，正其宜也。

汉武帝这个人没啥优点，令人讨厌。但有一点还是可取的，那就是当着卫青的面儿拉屎，见汲黯时却必须戴好帽子。卫青这个奴才，只配给人舔痔，在拉屎时见他，特别合适啊！

自嘲自黑，不落人后

咱们中国人，活得比较拘谨，比较注重面子和尊严，所以多数人怕被别人开玩笑，更别说自嘲或自黑，但苏轼不在意，他抽空就拿自己的窘况出来给大家看，将自黑进行到底。

苏轼总感慨自己的命不好,但他不是愁眉苦脸的那种感慨,而是通过自黑的方式进行。

他黑自己的星座。

> 退之诗云:"我生之辰,月宿南斗。"乃知退之磨蝎为身宫,而仆乃以磨蝎为命,所得毁谤和赞誉都比别人多,殆是同病也。

退之,韩愈也,韩愈诗里写自己"我生之辰,月宿南斗",苏轼以此为据,说老韩是摩羯宫位,我也是大摩羯,我们摩羯座的人,被别人毁谤和赞誉都特别多,我跟老韩同病相怜啊。

他黑自己的生年。

> 马梦得与仆同岁月生,少仆八日。是岁生者,无富贵人,而仆与梦得为穷之冠。即吾二人而观之,当推梦得为首。

我和老马同年出生,我们这一年出生的人,多是穷逼,我和老马则是穷逼中的穷逼。马梦得是苏轼的穷朋友,就是在黄州为苏轼申请东坡的那位。苏轼总觉得自己对不起老马,他跟着自己那么多年,一直没能致富,生活越过越窘迫。

他黑自己的长相。

苏轼长什么模样？他在《传神记》中稍有透露："吾尝于灯下顾自见颊影，使人就壁模之，不作眉目，见者皆失笑，知其为吾也。目与颧颊似，余无不似者。"特征很鲜明，颧骨高，且与耳朵连起来了，所谓"寿骨贯耳"。按照相书上的说法，是大富大贵之异相。

苏轼显然不信这个，晚年时他自嘲，自己所以命运多舛，乃因为骨相不好。

《瑞桂堂暇录》有载：苏东坡自谪海南归，人有问其迁谪辛苦者，坡答曰："此乃骨相所招。少时入京师，有相者云：'一双学士眼，半个配军头，异日文章虽当知名，然有迁徙不测之祸。'今日悉符其语。"

从海南归来，有人问起他在贬谪之地的辛苦，苏轼说：这是我骨相不好惹的祸呀！年轻时刚进京城，有相士为我相面，说我长了一双好眼睛，却有半个充军犯人一样的头型，以后虽凭文章才情名闻天下，但会有颠沛流离之祸。那相士全说对了。

他找了一切理由自黑。

初到黄州，他便写诗自嘲：

自笑平生为口忙，老来事业转荒唐。
长江绕郭知鱼美，好竹连山觉笋香。
逐客不妨员外置，诗人例作水曹郎。
只惭无补丝毫事，尚费官家压酒囊。

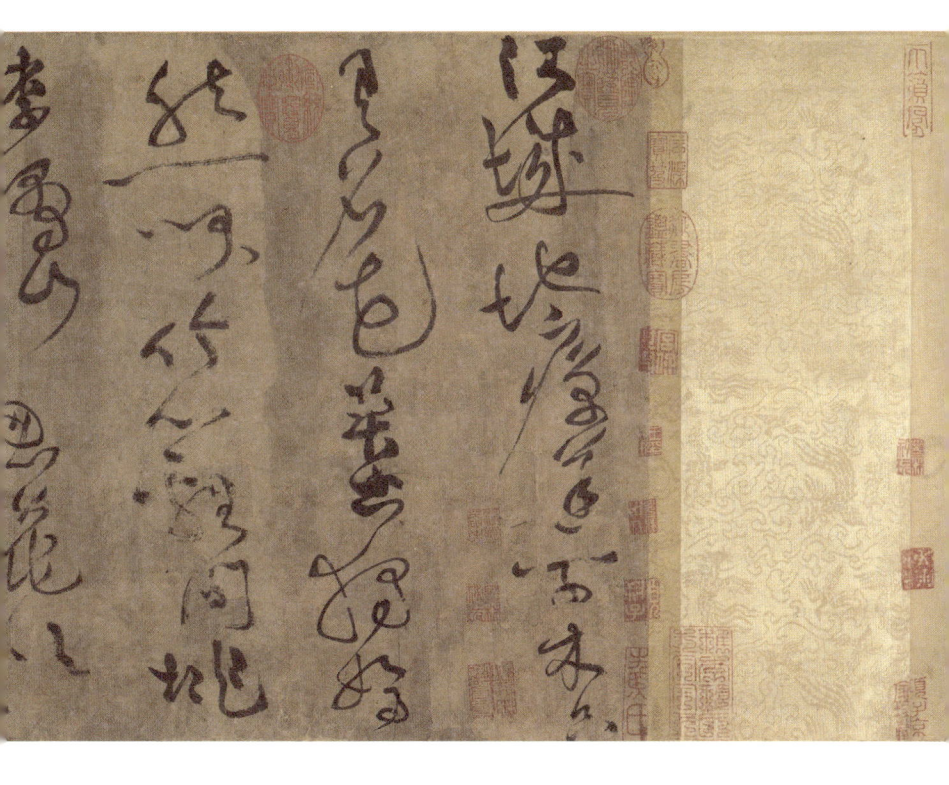

北宋 黄庭坚
临苏轼海棠诗 卷

当年的抱负都成泡影，事业前途越发变得荒唐可笑，好在还有美味的鱼和竹笋可以食用。政治上我是没啥作为了，那就做个享受美食的饕餮客吧。惭愧的是，我还要领受政府发放的那些用作酿酒的粮食。

按宋制，官员薪俸的一部分以实物发放，这压酒囊便是用以酿酒的粮食，官家发放的薪俸。

按说一般人遇到贬谪之事，往往会伤春悲秋，借景抒怀，将痛苦和不堪吐露出来，以达到宣泄情绪之目的。苏轼其实也会这么做，但他比一般人更厉害的处理方式是——他还能够通过自嘲来缓解情绪，减轻疼痛。读者们看过，所激荡起来的，不是同情，而是感动和钦佩，毕竟面对挫折时，不是所有人都能够乐观面对。

苏轼自海南北归，过金山寺，寺中有好友李公麟为他画的像。心有所感，写下《自题金山画像》：

心似已灰之木，身如不系之舟。

问汝平生功业，黄州惠州儋州。

许多人据此认为苏轼的精神是颓废而衰败，再无半点豪放气息。若有此理解，那就大错而特错了。

写作此诗时他是一个饱经磨难的老人，内心再无世俗功业的牵绊和惦念。因此当有人问起他平生的功业是什么,他并未选择他人生中那为数并不算少的高光时刻,而是讲了黄州、惠州、儋州三个地方,有调笑的成分,有自嘲的成分,但你从中读不出颓废,多数读者看完,不免莞尔一笑,然后回味和琢磨这话中滋味。

鲁迅说,泪和笑只隔一张纸,恐怕只有尝过泪的深味的人,才真正懂人生的笑。以苏轼的人生观之,这话还真是为他量身定做的。

第十三章 妓女之友：海棠虽好不题诗

　　评选中国文化史上的交际达人TOP10，苏轼进前三应该没啥问题。

　　苏轼苏辙虽是仅差两岁的亲兄弟，但两人性情差异甚大：苏轼比较感性、随性，向来直抒胸臆，他喜欢热闹，喜欢与人交往；而弟弟苏辙比较理性，做事稳重，为人低调，更喜欢普通平淡的生活。

　　放现在，苏辙就是个标准死宅，那苏轼则是个不折不扣的派对动物，凡有宴请或是聚会，他都会屁颠屁颠地跑去参加，而且总是早到的那位。根本不需要提前热场，人一进门就已经开始嗨了。

三杯黄汤下肚，立时文采飞扬，妙语迭出，迅速成为整场的话题中心和焦点所在。

他诙谐又幽默，可爱又迷人，亲切又大方，借由这些宴请或聚会，他轻易地收获了众多粉丝。

在杭州时，曾有一度，因为参加派对太过频繁，吃得多，喝得多，"入了酒食地狱"，导致肠胃不适，才不得不有所节制。

看苏轼的各种资料，不免产生一种错觉：他不是在派对现场，就是在去派对的路上。

如果放在今天，苏轼的朋友圈怕早已超过5000人的上限了吧。他的朋友人数之多，身份之杂，叫人叹为观止：官员、和尚、道士、流窜犯、农民、小商贩、隐士、骗子、术士，等等，整个一小型江湖。

但最叫人眼前一亮的，却是他与一群特殊身份的女人之交往——妓女。

性不昵妇人

先简单了解一下北宋时代的妓女制度。

彼时妓女，可分为三种，一种是官妓，一种是市妓，一种是家妓。另有一种妓女比较特殊，是军营中的妓女，就其身份而言，军妓亦属于官妓之一类，她们有特定的服务对象。

官妓是指隶身乐籍由官府管理的妓女，也叫营妓，官妓在中央政府隶属于教坊司管理，在地方官府则隶属于妓乐司管理。她们最主要的工作，是在宴会、节庆和官员聚会中表演歌舞、陪酒。

孟元老曾在《东京梦华录》中有记，北宋时京城开封节庆时，"初十日天宁节。前一月，教坊集诸妓阅乐"，宋时定徽宗赵佶诞辰为天宁节，为每年的十月初十，节前的一个月，教坊司就要召集艺伎演奏排练，可见这是大事。教习妓女歌舞才艺，是教坊司的工作内容之一。

《宋史》中亦有记载，"每上元观灯，楼前设露台，台上奏教坊乐、舞小儿队。台南设灯山，灯山前陈百戏，山棚上用散乐、女弟子舞"，这里的"女弟子"即为官妓，元宵灯会中，节目众多，"女弟子舞"仅是其中的一项，用以增加欢乐愉悦的气氛。

平时，官员用妓乐宴会迎接或招待来访同僚，苏轼与官妓接触最多的亦是这一类活动。

除此外，官妓还会出现在皇室成员或重要官员的生日会、外国使节来访、进士卦殿试唱名等场合。

但她们不能将官员作为营业对象，不得私侍枕席，即提供性服务。

王安石的政敌之一祖无择，曾与官妓薛希涛发生关系，此事为王安石拿去利用,大大地弹劾过一回。

当然,犯此作风问题的绝非祖无择一人,只不过他做了冤大头而已。

当时的朝中大佬及各路名人中,如司马光、秦少游、张文潜(即张耒,苏门四学士之一)诸人皆有不良记录在案。

政府对官妓的管理较为严格,若无特别之理由,一般不得脱籍。

和官妓不同,市妓所服务的对象乃是一般普通百姓,北宋时期,经济发达,京畿地区出现了许多为商人提供娱乐交际的妓院,孟元老对此多有描述,"街北薛家分茶、羊饭、熟羊肉铺,向西去皆妓院","东去大街、麦楷巷、状元楼,余皆妓馆,至保康门街",由此可见,妓院已为当时比较发达的产业,数目实在不少。

不只妓院提供妓女,部分酒店也有此项服务。孟元老称,"凡京师酒店,门首皆缚彩楼欢门,一直主廊约百余步,南北天井两廊皆小阁子,向晚灯烛荧煌,上下相照,浓妆妓女数百,聚于主廊檐面上,以待酒店呼唤,望之宛若神仙",以此可以看出,酒店让妓女装扮漂亮,赛似仙女,是其招徕顾客的手段。

一般情况下,市妓是可以向客人提供性服务的。

家妓在当时亦颇为盛行,举凡达官显贵之家,皆自设家妓——家中畜养的私有妓女,其功用大约是侍奉主人,陪侍访客,以艺助兴之类,王朝云入苏家时,担任的亦正是此类角色。

北宋 李公麟 丽人行

但略有不同的是,家妓在法律上不列为妓籍,不像官妓那般,若想离开本业,必得官府脱籍确认,家妓一般被称为侍儿或侍婢、侍妾。

家妓之来源有二,一是原来的官妓或市妓,被赏赐给主人或为主人购入,成为家妓;二是中下等的普通百姓,投士大夫之所好,生女后随其资质,教以艺业,卖入士大夫家中。

有宋一朝,享乐之风甚为普遍,不论名公巨卿,或是社会贤达,莫不以及时享乐为人生要义,更有赤裸裸如宋祁者,公开宣称"读书即为做官,做官即为享乐"这般比资本主义还要腐朽的三观。

海棠虽好不题诗

彼时，妓女地位低微，被视为贱人，但她们在宋朝士大夫的社交、休闲和宴游当中，却扮演了不可缺少的角色。

苏轼有个比较鲜明的特点，就是"性不昵妇人"，不喜欢和女人腻歪，连自己的老婆也不例外。但凡有空，就去找朋友喝酒、聊天、旅游、散步、饮茶，从不陷在卿卿我我儿女情长当中消磨时光。

这就是苏轼和柳永之区别，柳永一写词无外乎情啊爱啊痛苦啊难过啊，而苏轼只将爱情作为人生的小点缀，写得活泼可喜娇艳明媚阳光敞亮。

当然,"不昵"不等于"不爱",苏轼同两任妻子及朝云之间的感情,是深厚的,相得的,融洽的,她们也懂他,了解他的脾气和秉性,放任他,随他,惯他,由着他。

苏轼终其一生,在声色方面表现得相当克制。究其原因,应该是天性使然,他为人豪爽,直接,做事缺乏耐性,喜欢直截了当,而大多女性温柔纤弱,喜欢沉湎于感情中,享受那绵绵长长的厮守,性情如他,哪里肯投入那么多时间和精力与女子缠绵个没完?

"性不昵妇人"的原因,大约还有另一条理由:养生。

苏轼参佛修道,深谙养生之术,他将男女之事定为"伐性之斧",危害身心之事,所以较能把持住生理欲望。

他曾对同朝士大夫在女色方面的放浪和迷恋特别不以为然,曾感叹,就他所经历的三朝人物中,不具声色的"完人",不曾有一也。

由此出发,苏轼与妓女的交往才显得自由自在:面对美人时,他懂得欣赏,却不会陷入情网。他可以与她们嬉笑,却不会有感情上的牵扯和羁绊;他可以为她们写诗,却能够保持合适的距离;可以与她们嬉笑,却不会有过分的轻浮与放浪。

杭州通判任上,他曾写诗:"老来厌伴红裙醉,病起空惊白发新。"

"苏某人老了老了,白头发不断地冒出来,不想再与这群少女一起玩耍了,还是跟我的老基友们去晒晒太阳聊个天儿吧。"

其实,当时他才三十多岁。

常怀一颗同情心

声色场中,官员和妓女是完全不同的阶层,心境和感受想必有差。

在官员,只管杯觥交错,只管快意恩仇,尽情宣泄自己的情绪;而作为陪侍的妓女,却要小心谨慎,刻意逢迎,关注自己所陪伴服侍的这些男人的喜与怒、哀与乐,或者只能在醉意蒙眬之际,可以随性撒娇,偶尔真情流露,更多的时候则是加倍小心罢。

她们面对的,究竟是一群可以掌握她们命运的男人。

但苏轼在声色场合中,却依然可以保持真性情,他从不因妓女地位低贱而轻视她们,也常常忽略掉她们的身份,和她们一起欢笑、一起饮酒、一起感受生命的浮华与轻曼。

南宋杨万里《诚斋诗话》有记:东坡谈笑善谑,过润州,太守高会以飨之。饮散,诸妓歌鲁直茶词云:"惟有一杯春草,解留连佳客。"坡正色曰:"却留我吃草!"

诸妓立东坡后凭东坡胡床者,大笑绝倒,胡床遂折,东坡堕地,宾主一笑而散。

他送给那些女孩的诗词,是他们交往的最佳写照。

惆怅沙河十里春，一番花老一番新。小桥依旧斜阳里，不见楼中垂手人。

　　不过萍水相逢的女子，或许仅有短暂交往，或许仅交谈过寥寥几句，他竟也能写出初次失恋般的滋味。若那姑娘亲自读过这诗，想必早已泪眼婆娑，不能自已。

　　青鸟衔巾久欲飞，黄莺别主更悲啼。殷勤莫忘分携处，湖水东边凤岭西。

　　一个女孩离开此地，去向别处，豪爽潇洒的诗人却因此陷入低沉的情绪当中，只想告诉女孩，别忘了当初一起欢度美好时光的地方。一向潇洒的诗人这一刻竟动了真情，否则诗中为何有一份长长的惆怅留在那里？

　　苏轼与妓女之交往，偶有伤感和落寞时候，更多是欢乐时刻，他生性诙谐幽默，爱开玩笑，有他在，欢乐就不会缺席。

　　苏轼离开黄州时，州府设盛大欢送会为其饯行，依照惯例，要招官妓陪酒。酒热面酣之际，不少女孩子跑来向他求诗，苏轼兴致高昂，有求必应。

　　其中一个唤作李琪的姑娘，因胆小之故，不敢靠近，眼看就要

清 费丹旭 出浴图

错过最后的机会,只得鼓足勇气,从身上取下一条白绢领巾,到苏轼跟前向他求取墨宝。

苏轼瞧了姑娘半天,提笔在白绢上写下两行诗句:

东坡五载黄州住,何事无言赠李琪?

写完前面这两句,便把笔丢在旁边,同其他人喝酒聊天去了。同席的人都觉奇怪,以苏轼之才,信手拈来,何以只有前两句,却没写出后面的内容?

李琪亦很着急,却不敢催问,眼看着苏轼与他人谈笑。直到宴席将尽,李琪实在忍不住了,只得再次鼓足勇气,跑到诗人跟前请他续后两句。

苏轼哈哈大笑,挥笔续上:

恰似西川杜工部,海棠虽好不题诗。

得到这补足的两句,李琪开心不已,在场宾客亦纷纷向她祝贺,都说东坡赠妓之作,以李琪所得褒扬为甚。

一个普通女子,因苏轼一句不经意的赞美,在文学史上留下了清凉一笔,此为佳话也。

另有一个叫柔奴的女子,不只收获苏轼赞美,苏轼更是受她启

发,写下那首脍炙人口的《定风波》:

> 常羡人间琢玉郎,天应乞与点酥娘。自作清歌传皓齿,风起,雪飞炎海变清凉。
> 万里归来年愈少,微笑,笑时犹带岭梅香。试问岭南应不好,却道,此心安处是吾乡。

柔奴,复姓宇文,本是洛阳城大户人家之女,因家道中落,沦为歌女,被王巩收留,柔奴的真实身份即是前面所称家妓,王巩待柔奴甚好。

后王巩受苏轼乌台诗案牵连,被贬宾州(今广西境内),主人落难,柔奴毅然跟随前去,并与王巩一起在宾州生活了三年。王巩居此蛮荒之地,却每日里泼墨吟诗,访古问道,之所以能够如此欢乐逍遥,皆因为有柔奴甜美的歌声及温柔的慰藉相伴,解除了许多精神上的苦恼,故而逍遥。

后王巩北归,与苏轼置酒对饮。苏轼发现王巩非但没有一般谪官的仓皇落拓,且神色愈加焕发,性情更为豁达,顿时折服不已。

苏轼问他原因,王巩笑而不答,唤出柔奴献歌。

苏以前曾见识过柔奴才艺,如今再见,觉其歌声更为甜美,容颜亦更红润。

北宋 王诜 渔村小雪图（局部）

王巩说，这三年，多亏柔奴陪伴在侧。

苏轼问柔奴："岭南的日子应该不好过吧？"

柔奴顺口回答："此心安处，便是吾乡。"

这份淡定和恬然大大出乎苏轼意料，挥笔写下那首著名的《定风波》——柔奴也以一种意外的方式闯进中国文化史，成为一个生动的文学形象。

永远的绯闻男主角

中国人喜欢书写才子佳人故事,喜欢编排桃色事件,向往风花雪月,便特别钟情于制造这类传奇。

添点风流韵事,来点绯闻素材,便有更多让人回味的空间。

于是,后世文人的文字中或民间故事里,不惜将各种材料拼凑加工,生产各色风流故事。

苏轼是最常被撮合进故事或传说中的人物之一,他与一僧一妓成为经典搭档,僧指佛印,妓指琴操。

我来推测,琴操和苏轼的故事,基本是文人和民间的合谋,文人提供故事框架,民间提供流通渠道,意在为诗人普通的感情生活里增加点浪漫元素和传奇色彩,若身边女人都像苏轼夫人王弗或王闰之那般贤惠,故事的趣味性必将大打折扣。

郁达夫、林语堂、潘光旦曾同游玲珑山,翻遍八卷《临安县志》,却不见有关琴操的任何记载。郁达夫气极,作诗哀叹,"山既玲珑水亦清,东坡曾此访云英,如何八卷临安志,不记琴操一段情!"

南宋吴曾在其笔记《能改斋漫录》里,记载了琴操与苏轼相识之前的一则故事。

> 杭之西湖,有一倅闲唱少游《满庭芳》,偶然误举一韵云

"画角声断斜阳"。妓琴操在侧云:画角声断"谯门",非"斜阳"也。倅因戏之曰:"尔可改韵否。"琴即该做"阳"字韵云"山抹微云,天连衰草,画角声断斜阳。暂停征辔,聊共饮离觞。多少蓬莱旧侣,频回首烟霭茫茫。孤村里,寒烟万点,流水绕红墙。魂伤当此际,轻分罗带,暗解香囊,漫赢得青楼薄幸名狂。此去何时见也?襟袖上空有余香。伤心处,长城望断,灯火已昏黄"。东坡闻而称赏之。

这大概是苏轼结识琴操之起因,但至于后来交往之情形,并无下文。所能找到的两人交往之记载,仅见于北宋方勺的《泊宅编》,后来的其他多种史料笔记多也引自《泊宅编》,这个故事虽有极大编造嫌疑,却也值得一叙。

一日,东坡戏曰:"予为长老,汝试参禅。"
琴操笑诺。
东坡曰:"何谓湖中景?"
答:"秋水共长天一色,落霞与孤鹜齐飞。"
又问:"何谓景中人?"
回答:"裙拖六幅湘江水,髻挽巫山一段云。"
再问:"何谓人中意?"
答:"随他杨学士,鳖杀鲍参军。"

还问:"如此究竟如何?"

琴操不答。

东坡曰:"门前冷落车马稀,老大嫁作商人妇。"

据说,之后琴操削发为尼,于玲珑山别院修行。

明末人毛晋还替琴操编了首歌谢东坡:"谢学士,醒黄粱,门前冷落稀车马,世事升沉梦一场……我也不愿苦从良,我也不愿乐从良,从此念佛向西方!"

不过,连这个神秘女子琴操到底有无其人都无法确定,她与苏轼的那些故事,可信度想必低得可怜了。

助多位妓女从良

苏轼对妓女多有同情,曾帮助多位脱籍从良。

但他帮助九尾野狐脱籍,似乎并不是从同情出发。

杭州通判任上不久,太守陈襄出差,苏轼做了几天代理首长,时有一官妓,曰"九尾野狐",妖艳媚惑,她上状要求出籍,苏轼迅速决断:"五日京兆,判断自由;九尾野狐,从良任便。"

他大概不喜欢这位媚惑女子,才准她"来去自由,从良任便"——眼不见心不烦耳。

杭州另有三个颇负诗名的妓女周韶、胡楚、龙靓，又以周氏色艺最佳，她还有一项特别爱好，便是收藏各地名茶奇茶，曾经与蔡襄斗茶，完胜而归。要知蔡氏不仅官做得大，且是茶界不可多得的奇才，其独创的小龙团，是专供皇室饮用的上品。

周氏听闻代理太守苏轼为官妓脱籍，亦以嫁人的理由请求脱籍，苏轼知其是陈襄最宠幸的官妓，因而提笔判道："慕周南之化，此意诚可嘉；空冀北之群，所请宜不允。"这判词里，苏轼分别使用了《诗经》和韩愈诗中的典故，大意是说，你想结婚的心意是真诚的，但如果这里没有你，官员们的精神生活靠谁来支撑？

所以我不能允你。

陈襄是苏轼顶头上司，他即便有颗想放走周氏的心，怕也不敢私自做主。

之后，苏颂来杭，陈襄设宴，周韶陪酒，席间她托这位贵宾向陈太守说情，苏颂指屋檐上的白鹦鹉说，试着作首诗看看。她略一思索，便已成诗：

陇上巢空岁月惊，忍看回首自梳翎。开笼若放雪衣女，长念观音般若经。

周韶以"雪衣女"自称，是因为她当天穿一袭白色素衣，楚楚可怜，再加上诗情真切，不仅苏颂被打动，陈襄亦被打动，遂准了她的

明 仇英 仿宋人图册

要求。待周韶走了之后,他又后悔不已。直到第二年,还在与苏轼的和诗里怀念这位才艺双绝的女子。

另两位妓女胡楚、龙靓闻姐妹脱籍,分别写诗相赠,胡诗曰:"淡妆轻素鹤翎红,移入朱栏更不同。应笑西园旧桃李,强匀颜色待东风。"龙诗云:"桃花流水本无尘,一落人间几度春。解佩暂酬交甫意,濯缨还作武陵人。"

宋人陈善《扪虱新话》中讲过一个故事:苏轼路过京口(今江苏镇江),官妓郑容、高莹二人负责接待,把他伺候得非常开心。

二人趁机向苏轼提出帮忙脱籍。他嘴上倒是应了,但一直不

唐 周昉 调琴啜茗图

好开口，毕竟自己只是客人。到分别时，郑高二人再次恳求帮忙，苏东坡细想之下，便写了首词递给二人："拿我的词去见太守，他肯定知道什么意思。"

苏轼写的是首藏头词，每句词的开头一个字连起来是"郑容落籍、高莹从良"。

苏轼还曾为被杀害的妓女报仇申冤。

明余永麟《北窗琐语》记载：杭州灵隐寺有个和尚了然，不守戒律，迷恋上了妓女李秀奴，时间长了，搞得身无分文，李秀奴便不愿再和他来往。可是了然深陷其中不能自拔，一次了然喝醉了酒又去找李秀奴，李秀奴不理他，了然大怒，就将她打死了。

唐 周昉
簪花仕女图

妓女之友

海棠虽好不题诗

人们将了然捉到官府，正好碰上苏轼审案。勘验时，苏轼看见了然背上刺了两行诗："但愿生同极乐国，免教今世苦相思。"

苏东坡叹了口气，也用一首词判决："这个秃奴，修行忒煞，灵山顶上空持戒，一从迷恋玉楼人，鹑衣百结浑无奈。毒手伤人，花容粉碎，空空色色今何在？臂间刺道苦相思，这回还了相思债。"

当庭判了然死刑。

这几个故事，颇合苏轼个性，但至于真假，无从辨别，但根据常识，假多于真。

曾经有知音

我最喜欢的一则故事，是苏轼与马盼盼，这故事没有丁点儿哀怨、悲伤、痛苦，也无半点儿情色、暧昧和低沉。

苏轼在徐州带领官民抗洪成功，建黄楼以纪念和庆祝，亲弟苏辙撰《黄楼赋》寄来，他便想亲自书写此赋刻石。

苏轼书写碑文时，官妓马盼盼在侧，她聪明伶俐，亦是苏轼喜欢的一个姑娘。她平常学苏轼写字，颇得有气韵之一二。苏轼写至中间，有事离开，马盼盼一时兴起，自己挥笔代苏轼写了"山川开合"四字，苏轼回来看到，不仅未发火，反而哈哈大笑，略为润色，据说后来流传的《黄楼赋》四字即为马盼盼所书。

苏轼于徐州任太守时，曾作词《永遇乐·彭楼夜宿燕子楼梦盼盼因作此词》：

> 明月如霜，好风如水，清景无限。曲港跳鱼，圆荷泻露，寂寞无人见。紞如三鼓，铿然一叶，黯黯梦云惊断。夜茫茫，重寻无处，觉来小园行遍。
>
> 天涯倦客，山中归路，望断故园心眼。燕子楼空，佳人何在，空锁楼中燕。古今如梦，何曾梦觉，但有旧欢新怨。异时对，黄楼夜景，为余浩叹。

不过，此盼盼非彼盼盼，词中盼盼，乃唐朝时徐州守将张愔之妾关盼盼，而非苏太守的知音马盼盼，关氏曾为白居易赞为"醉娇胜不得，风袅牡丹花"，后张愔病逝，其妻妾如鸟兽散去，唯关盼盼仍为夫守节，至十余年，因白居易作诗批评她只能守节不能殉节，于是绝食而死——放在今天，白居易这位顶级直男癌能让微博上的粉丝骂死。

苏轼于梦中见到关盼盼，心有感慨，生出人生空幻之感，故有此词。

至于马盼盼，她后来怎么样，有无从良，生活怎样，无人知晓，好在贺铸写过一首《和彭城王生悼歌人盼盼》，简短地交代了一下马氏的下落。

东园花下记相逢，倩盼偷回一笑浓。
书篦尚缄香豆蔻，镜奁初失玉芙蓉。
歌阑燕子楼前月，魂断凤皇原上钟。
寄语虞卿谩多赋，九泉无路达鱼封。

诗注云："盼盼马氏，善书染。死葬南台，即凤凰原也。生赋诗十篇，因和其一，甲子四月望。"

人生得苏轼和贺铸两个知音，可也。

第十四章

丈夫：不思量，自难忘

苏轼"性不昵妇人",不喜欢在脂粉堆里打滚,不喜欢将活泼泼的生命浪费在你侬我侬的柔情蜜意当中。

有宋一代,好色简直是官员交际的通行证。

到苏轼生活的年代,大宋承平已久,国泰民安,经济发达,宴饮享乐之风甚盛,士大夫们耽于美景美酒美人,极尽放浪形骸之能事。

官员之间交往,不但有美酒佳肴,还要有陪酒和跳舞的官妓。官妓是政府专设，是合法的从业者，职责就是歌舞侑酒、参加庆典。

不只有陪酒的官妓，还有达官贵人、豪门巨室自设的家妓，这些家妓的作用，亦是助酒之用，供主人的声色之赏。

宋代名儒高官，鲜有不好声色者。苏轼亲近的师友当中，亦不乏其人。

如欧阳修。

欧阳修在洛阳任留守推官时，好与某官妓缠绵，而官妓的工作职责是歌舞侑酒和宴饮应酬，不能与官员有私。

有一回，洛阳留守钱惟演召集同僚聚饮，梅尧臣、谢绛、尹洙等人均已到场，唯不见欧阳修。好长时间后，欧阳修才与此官妓姗姗而至。

坐定之后，二人还眉来眼去。

钱惟演假装生气，问官妓为何迟到，官妓回答说天气太热，不小心在水榭里睡着了，醒来后又发现丢失金钗。

钱惟演笑说："如果欧推官能帮你写一首词，我就赔你一支钗。"

欧阳修即席赋《临江仙》：

> 柳外轻雷池上雨，雨声滴碎荷声。小楼西角断虹明，阑干倚处，待得月华生。燕子飞来栖画栋，玉钩垂下帘旌，凉波不动簟纹平。水晶双枕，傍有堕钗横。

欧阳修后来声名狼藉，牵扯进与他外甥女的一场乱伦事件，或许是政敌的有意为之，是恶意编造的一段故事，但不得不说，先前好色的传闻令乱伦事件的真实性大大增加，终使政敌有机可乘。

如张先。

张先，字子野，是个诗词好手，"云破月来花弄影""柳径无人，堕絮飞花影""柔柳摇摇，坠轻絮无影"都是他的名句，世人称为"张三影"。

张先年轻时，喜欢过一个小尼姑，但庵里的老尼姑严厉，把小尼姑关在池塘中小岛的阁楼上，不准他们相见。

张先有的是办法，他让小尼姑在墙头上放张梯子，夜深人静之际，他偷偷划船过去，登上梯子，翻过墙头，溜进屋子，天亮之前再悄然离开。如此约会多日，老尼姑竟未发觉。

后来，张先不再赴约，消息全无。小尼姑望穿秋水，郁郁成疾。

张先到八十岁时，还娶了小妾，娶则娶罢，还特别写诗炫耀：

我年八十卿十八，卿是红颜我白发。

与卿颠倒本同庚，只隔中间一花甲。

这位张老爷子还真是骚气十足啊。苏轼写了诗特别调侃他：

十八新娘八十郎,苍苍白发对红妆。
鸳鸯被里成双夜,一树梨花压海棠。

这还不是张先生风流韵事的结束,八十五岁那年,他又要买妾了。苏轼对此不以为然,再写诗调侃他:

锦里先生自笑狂,莫欺九尺鬓眉苍。
诗人老去莺莺在,公子归来燕燕忙。
柱下相君犹有齿,江南刺史已无肠。
平生谬作安昌客,略遣彭宣到后堂。

对这位放浪忘年交的好色,苏轼不便说太多,只能通过这种调侃的方式加以善意的嘲讽。

如王巩和王诜。

王巩,字定国,受苏轼乌台诗案牵连,王巩是贬得最远,受苛罚最重的。搞得苏轼都不好意思写信给他,十分内疚和自责。

王巩生性好色,家里养了不少歌女,惹得苏轼写信给他,全是劝勉之语,大意说人要去欲,不必纠缠于儿女情长的温柔乡里,不要被女子所迷惑,小老弟你须用道眼识破。

给王巩的信里,他反复提及"保啬":"言不可尽,惟万万保啬而已","未缘言面,千万保啬,不一一","回合未可期,惟千万保啬",所谓保啬,保养也,是道家的养生观念,强调清静无为,无用其身,无用其神。对于笃信养生的苏轼来说,生理的欲望是养生之大敌。

王诜是宋英宗之女宝安公主的丈夫,神宗的妹夫,是驸马爷,宝安公主写得一手好诗,且知书达理,甚是孝顺。出嫁后,公主把王诜母亲卢氏当亲妈一般伺候,每日里早晚请安,准备膳食,嘘寒问暖,卢氏生病,公主亲自配药喂药,绝不像养尊处优的公主,倒是个非常体贴的可人儿。

公主贤淑,但王诜就不太靠谱。他生性好色,娶了公主之后,仍然自行其是,逛青楼,娶小妾,样样不落。

公主生性不爱嫉妒,也从未以公主身份约束王诜,王诜更加有恃无恐,曾当着公主的面与小妾亲热。

王诜的行为传到神宗耳朵里,神宗气极,想要加以惩罚,公主仍然坚定地护着王诜。

乌台诗案中,王诜因为给苏轼暗中送信,泄露机密,因而受到牵连,论其罪名,一则是"收受轼讥讽朝政文字及遗轼钱物,并与王巩往还,漏泄禁中语。"二则是"携妾出城与轼宴饮也"。

公主大病,神宗探望病情,公主遂又为王诜求情,心疼妹妹的神宗准其所请,王诜得以恢复官职。结果诏书才下,公主就病逝了。

公主逝后,又有公主的乳母揭发王诜家事:

> 及薨，乳母诉之，上命有司穷治，婢八人皆决杖，配窑务、车营兵。主既葬，诜奏俟罪。上批：诜内则朋淫纵欲失行，外则狎邪罔上不忠。长公主愤愧感疾弗兴，皇太后哀念累月，罕御玉食。职诜之辜，义不得赦，可落驸马都尉，责授昭化军节度行军司马，均州安置。

神宗气愤至极，除对他的八个婢女施以杖责，配给士兵外，再一次贬了王诜的官，并夺去其驸马称号。

即便这样，都没有改变王诜的声色之好，宋哲宗元符二年，他又犯事了，这一次亦与妇人相关，"诏王诜将罚铜三十斤。诜匿藏妇人，教令写文字投匦，及虚作逃亡迹状故也。"

与他的朋友们不同，苏轼独独不好色，即便与夫人也不会天天腻在一起。除去他养生去欲的观念之外，也可能与没有耐心相关，小儿女的细腻情感容易招他厌倦，而与朋友在一起推杯换盏谈笑风生谈佛说道时，他才能做最自在的自己吧。

但他与妻子的关系总是好的——不腻在一起，或许正是他能保持婚姻新鲜的秘诀之一。

王弗：十年生死两茫茫

王弗是苏轼的第一任妻子，二人于至和元年婚配。彼时，苏轼还是一名十九岁的默默无闻的眉山青年，王弗仅是一名十六岁的普通青神女孩，她的父亲叫王方，是名乡贡进士，乡贡进士是地方的州县官吏依据私学养成的士人，经乡试、府试两级的选拔，合格者被举荐参加礼部贡院所举行的进士科考试，而未能擢第者则称为乡贡进士。王方先前应该是与苏洵相识，但是什么原因促使二人结成儿女亲家，并没有可信的资料交代。

苏轼和王弗的婚配，大概是苏洵一次积极的谋划，他的儿子已到适婚年纪，未来还要忙着应考，先成家再立业，有助于专心致志求取功名。苏轼结婚的第二年，苏洵又为小儿子苏辙完婚，时苏辙十七，夫人史氏十五，有这样的安排，大概是与老苏决定第二年要两个儿子一起赴京应试有关。

婚后的生活，平静而美好，苏轼读书，王弗在一侧陪着，丈夫记不起来的书中内容，王弗从旁提示，苏轼才发现，这个媳妇儿还真不简单。其后他常同王弗讨论书中内容，不想王弗都略通一二。

苏氏三父子赴京应试，家中只剩下苏母程夫人和两个儿媳，眉山苏家将在未来很长的一段时间，没有男人支撑，史氏年纪尚小，主心骨是程夫人，王弗无疑就成了程夫人的最佳帮手。

不料两兄弟刚刚高中进士，程夫人便溘然离世，家中只剩下两个媳妇儿相依为命,三苏赶回眉山奔丧,但见住屋破败不堪,景象凄惨——可以想象,三个女人也是勉力支撑方才度过没有男人的这段时间。

之后全家赴京,过了一段团聚的生活。在京师的这段时间,王弗为苏轼生下长子苏迈。

元 吴镇 仿东坡风竹图

随后苏轼展开了他的仕途，王弗则跟随丈夫赴任。在凤翔，精明干练洞若观火的夫人王弗，成了她丈夫的人生导师。苏轼在外面做了什么事，夫人都会一一询问仔细，帮他分析，然后给出应对之策。

她经常提点苏轼，你现在离开父亲了，遇事无人指点，因此要时时谨慎。

她还经常引用公公先前曾经教育丈夫的话，好让苏轼正确处理各种事务。

苏轼在家里会客，王弗就站在屏风后面听他们说些什么内容。客人走后，她会直言不讳地和丈夫说：

某人也，言辄持两端，惟子意之所向，子何用与是人言。

这个人模棱两可，语意不明，只逢迎你的意思，根本没必要和他说话。

有想亲近苏轼的人，跑来苏家拍马屁，王弗就跟丈夫说：

恐不能久，其与人锐，其去人必速。

这种朋友注定长久不了，他与你的交情来得快，去得也一定快。

苏轼初时还觉得别扭，王弗到底比自己还小几岁，社会经验亦少，她说的话有什么可信？可时间一长，他开始佩服起自己的媳妇儿,因为她说过的话大都应验了。

凤翔任上某冬,大雪,苏家院前积雪甚厚,但一棵古柳树下却有一尺见方之地,独独无雪,天晴之后那块土地却又高出数寸,苏轼疑此处是古人窖藏丹药之地,丹药性热,能使雪融化使土拱起,苏轼的好奇心上来了,想要发掘一下,看看到底有无丹药。

王弗说,如果我婆婆在,一定不允许你发掘的。

早先在眉山时,某天,苏家的两个婢女熨衣物,脚陷入地中,往下探看,洞深数尺,有一瓮,用乌木板盖着,程夫人让人用土填塞洞穴。瓮中似有东西,听声音像人咳嗽。有人要把它挖出来,被程夫人制止了。

听王弗这么一说,苏轼立马抑制住好奇心,搁置了自己的挖掘计划。

有这样一位贤内助在身边照应,初入仕途的苏轼到底是轻松了许多,他努力祛除自己身上的毛病,弥补自己的不足,将自己从一个毛头小伙,迅速转变为合格的公务员。

假如就此长相厮守,不失为一段美满姻缘,妻子精明干练,丈夫勤勉努力,小日子过得轻松舒适,夫妻感情融洽愉悦。

就在他携家眷从凤翔任上返京的短短四个月后,治平二年五月二十八日,王弗遽然离世,年仅二十七岁。细细算来,他们的这段婚姻仅有十一年,在这段时间里,苏氏父子忙于求取功名，家庭分离两端。王弗在家侍奉婆婆，勤俭谨肃，之后又随夫宦游，她特别留意丈夫言行，帮他明辨是非，提出建议，好让丈夫走好入仕的第一步，王弗的细心恰好弥补了大大咧咧的丈夫的缺点。

苏轼陷入失去妻子的无限悲恸之中。给妻子所写墓志铭字里行间，都流淌着他的痛苦和无助："君得从先夫人于九泉，余不能。呜呼哀哉！余永无所依怙。君虽没，其有与为妇，何伤乎？呜呼哀哉！"

失去了你，我失去了永远的依靠！

苏洵叮嘱儿子："你媳妇从咱们家艰难时便嫁过来，以后你要将她葬在你母亲身边。"

第二年，老苏也去世，苏轼兄弟将王弗和老父亲的灵柩，一起运回眉山，将王葬于公婆墓西北八步。

十年之后，身在密州的苏轼梦中遇到王弗，一时悲戚难忍，写下了深情又惆怅的《江城子》：

十年生死两茫茫，不思量，自难忘。千里孤坟，无处话凄凉。纵使相逢应不识，尘满面，鬓如霜。

夜来幽梦忽还乡，小轩窗，正梳妆。相顾无言，唯有泪千行。料得年年肠断处，明月夜，短松冈。

王闰之：妻却差贤胜敬通

父亲苏洵病逝之后，苏氏兄弟将老苏和王弗灵柩运回故乡安葬，并在乡为父守制三年。除丧后，苏轼娶王弗的堂妹王闰之为继室。

王闰之，字季璋，行三，是王弗叔父王介的幼女。

有人说，王闰之嫁给苏轼时年21岁，在宋代已属大龄剩女，所以久久不嫁，乃因为王弗病逝时，苏王两家已经议定，将闰之嫁到苏家接替堂姊，给苏轼当继室。也唯有王闰之做继室，王弗留下来的苏迈才能得到很好的照顾。这桩姻缘，极有可能是王弗在病危之际做出的安排。否则，苏轼不可能去娶一名韶华已逝的村姑。

这说法有趣，脑洞够大，但不代表就是事实，仅是一厢情愿的推断而已。且不说宋代一度流行晚婚，并不是所有的女孩子十五六岁都要嫁人了事。

姚宽的《西溪丛话》里有记录：

> 时人适龄而未婚者，非王家女也。乃东床无婿乎？则斯人也，得其所好矣。所好者，开风气之先也。

你看这位王小姐，人家就偏不早婚，偏要晚婚晚育。我喜欢不行啊?你管得着吗?其实宋代的社会风气比较开放,晚婚晚育者不在少数。

苏轼为什么就不能娶一位普通女人?

有宋一代大儒,娶普通女子的怕是多了去。在宋代,门第观念日渐淡薄,选择婚配对象时,与其注重门第之高低,毋宁说更注重对方财产之多寡,这与宋代经济的发展有大关系。

朱熹曾言,"男女婚嫁,必择富民,以利其奁聘之多"。

个人觉得,苏轼与王闰之的婚姻,感情基础是第一位的,如果仅仅是因为妻子的堂妹,那不是苏轼选择王闰之的理由。

其次是苏轼看重王闰之的人品,从他为王闰之所写的祭文中,字字句句都在褒扬王氏品行:

> 维元祐八年,岁次癸酉,八月丙午朔,初二日丁未,具位苏轼,谨以家馔酒果,致奠于亡妻同安郡君王氏二十七娘之灵。呜呼!昔通义君,没不待年。嗣为兄弟,莫如君贤。妇职既修,母仪甚敦。三子如一,爱出于天。从我南行,菽水欣然。汤沐两郡,喜不见颜。我曰归哉,行返丘园。曾不少须,弃我而先。孰迎我门,孰馈我田。已矣奈何,泪尽目干。旅殡国门,我实少恩。惟有同穴,尚蹈此言。呜呼哀哉!

选择王闰之之前,他对她已有了相当的了解。几年前,回乡为

日本画家笔下的苏东坡

母守制期间,他常去青神县的岳父家,和王氏一族的人都很熟悉。他到王弗族叔王淮奇家里饮他自酿的酒,他与一个叫王箴的毛头小孩儿坐在庄门口吃瓜子和炒豆,王箴即王闰之的弟弟……这些族人中,当然少不了王闰之的身影。

王闰之虽然不像堂姐王弗那般精明干练,但她一样贤惠温柔;她也不像堂姐那般可以陪丈夫一起读书习字探求事理,但她能把丈夫的生活打理得舒适惬意。

丈夫浪漫,缺少规划;王闰之理性,勤俭持家。

丈夫喜欢与朋友过从,王闰之给予充分的自由。

丈夫流徙迁转四处奔波,王闰之无怨无悔紧紧相从。

丈夫

不思量,自难忘

湖州任上，苏轼被逮捕，即刻要递解进京，王夫人闻讯，急忙追赶出来，苏轼怕夫人着急上火，便半开玩笑地安慰她："你就不能像杨处士的妻子那样作首诗相送吗？"

从前，真宗东封还都，途中访天下隐士，听闻有个叫杨朴的，邀他来相见。真宗问他："来之前，没有人赠诗给你吗？"朴答："只有臣妻一首。"

且休落魄贪杯酒，更莫猖狂爱咏诗。
今日捉将官里去，这回断送老头皮。

苏轼此前和夫人讲过这个故事，听丈夫这般说，心下稍安。

在精神世界里，王闰之可能无法带给丈夫更深层次的沟通和安慰，但在现实生活中，苏轼断断不能缺少这位能够解决各种疑难问题的神伴侣。

苏轼刚被捉拿，王夫人便果断地焚了那些给家庭带来灾祸的诗稿，她要保护丈夫和家人。

东坡耕种时，家里老牛生病，苏轼急到不行，却无对策，王夫人一出手便将老牛医好。

想约友人夜游赤壁，却发现有肴无酒，王夫人早有准备："我有斗酒，藏之久矣，以待子不时之需。"

对待家中的三个儿子，无论是堂姐所生苏迈，还是自己所出苏迨、苏过,她从不偏颇,"三子如一,爱出于天"。

有这位贤内助,苏轼就像吃了定心丸,可以无所顾忌地与朋友饮酒、游玩,耽于富足的精神世界里而不用考虑后院。

连苏辙也忍不住夸他这位贤淑的嫂子:

> 嫂以妇人,处之则优。兄坐语言,收畀丛棘。窜逐邦城,无以自食。赐环而来,岁未及期。飞集西垣,遂入北扉。贫富戚忻,观者尽惊。嫂居其间,不改色声。冠服肴蔬,率从其先。性固有之,非学而然。

富贵也好,贫困也罢,嫂子总能不喜不惊,安心地对待生活中的一切。苏轼显达之时,她照样勤俭;苏轼遭贬,她同样可以下地种田。

她时时刻刻保持着劳动人民的本色,保持着自己的底色。

有人说,苏轼并不爱王闰之,证据是,他为王弗写过词,为王朝云写过诗,唯独没有为王闰之写过。

我倒觉得,这三位爱人里,苏轼用情最深的,莫过于王闰之,王弗与苏轼感情亦深,但他们在一起仅十一年,王闰之则陪伴他二十五年之久,更重要的是,王闰之与他同甘苦共患难,经历过无数磨难。

尽管并未专门为王闰之写过诗词,但提及她的地方可真不少。苏轼明里暗里其实是一个夸妻狂魔。

腊日不归对妻孥，名寻道人实自娱。

腊日，即腊八节，是当时的公休日，按宋俗，这天亲友互相走动馈赠，苏轼放弃了人际交往一个人跑去山上寻僧会诗，能有这样的机会，乃是因为家里有王夫人这个贤内助搞定了一切。

可怜吹帽狂司马，空对亲舂老孟光。

司马即通判，苏轼自谓，孟光是汉朝梁鸿之妻。梁鸿在江南给人做随从时，妻子孟光自己舂粮，维持生计。老孟光此处代指王夫人，夸其勤劳能干，与丈夫相濡以沫。

大胜刘伶妇，区区为酒钱。

刘伶是晋代名士，嗜饮成性，他老婆不让他喝酒，就把他的酒泼掉，把酒器砸了，弄得刘伶狼狈不堪。我们家闺之比刘伶妇人强一百倍，她从来不管我饮酒的事呢。

子还可责同元亮，妻却差贤胜敬通。

敬通,即冯衍,东汉人,家有悍妻,苦恼不已,时时有休妻之想。

苏轼在诗后自注:仆文章虽不逮冯衍,而慷慨大节乃不愧乃翁。衍逢世祖英睿好士而不遇,流离摈逐,与仆相似。而衍妻悍妒甚,仆少此一事,故有"胜敬通"之句。

意思是说,我文章是否写得过老冯暂且不论,但我有一点还是可以胜他:咱有个好老婆啊!

看看这些,谁还敢说苏轼不爱王闰之。

王闰之虽出身农家,没怎么读过书,但做了苏轼二十多年的老婆,气质竟也渐渐向诗人靠拢。去世的前一年某晚,王夫人见堂前月色动人,看丈夫闲得无聊,遂劝他邀他的朋友来花下赏月饮酒。

她是个虔诚的佛教徒,苏轼曾于她生日时,买鱼放生为她祝寿。

临终前,王闰之给儿子们留下遗言,将她的积蓄捐献出来,请有名的画师绘制佛像,供奉于寺庙当中,受信众礼拜。此事后由宋代第一人物画家李公麟完成。

苏轼最终选择与王闰之同穴。苏轼去世后,遵其遗命,儿子们把他们葬到了河南中部的郏城。

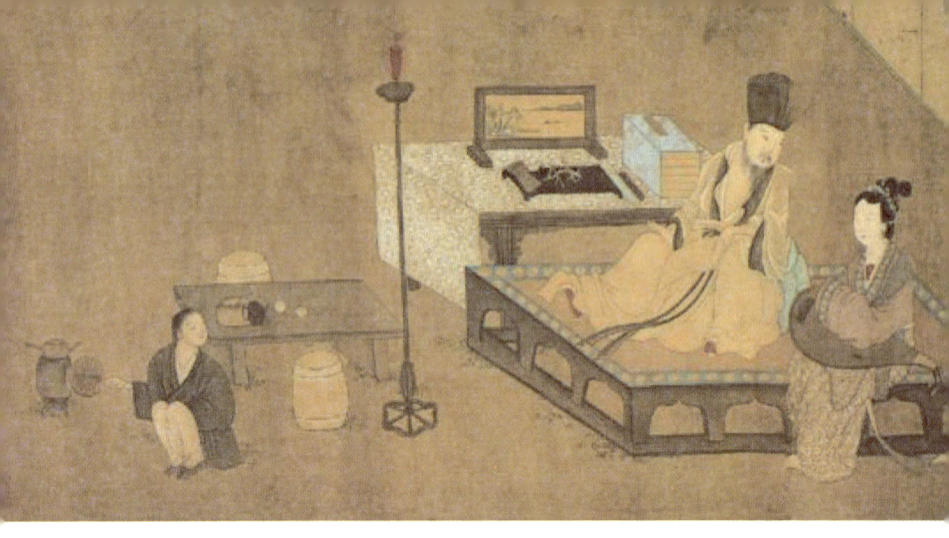

王朝云：唯有朝云能识我

王朝云进入苏家，是苏轼在杭州做通判时，那年她只有十二岁。

朝云是以家妓的身份进入苏家的。孔凡礼先生《苏轼年谱》载：《燕石斋补》谓朝云乃名妓，苏轼爱幸之，纳为常侍。这说法似有不妥，朝云进苏家，尚是懵懂的青春期少女，怎可能已成名妓？

朝云大概是欢喜苏氏夫妇的为人，愿意与他们同甘苦共进退，不管苏家如何发达，也不管苏家如何没落，她一直未曾离开。

苏轼被贬黄州，朝云毅然同去，那年她已经十九岁，出落成大姑娘。苏轼在黄州无事可做，心灵和身体都寂寞，他与朝云接触的机会便也多起来，感情亦更亲密。

元丰六年九月，朝云产下一子，四十八岁的苏轼中年得子，自然

明 仇英 东坡寒夜赋诗图 旁为朝云

欢欣，为这个小儿子取名遁。生了儿子的朝云，在苏家也有了相应的地位，她从侍儿转而为妾。

只可惜在苏遁随全家往北迁徙途中，因天气炎热，加上舟行劳顿，全家中不少人生起病来，家中的乳母去世，不到一岁的苏遁也中暑而亡。朝云失去爱子，整日里流泪不止，并吵着要与孩子同去。苏轼找不到合适的言语安慰，只能与她一同流泪。

朝云聪明，最懂苏轼。宋人费衮《梁溪漫志》里有个故事颇能说明问题。

东坡一日退朝，食罢，扪腹徐行，顾谓侍儿曰："汝辈且道是中何物？"一婢遽曰："都是文章。"坡不以为然。又一婢曰："满腹都是识见。"坡亦未以为当。至朝云乃曰："学士一肚皮不合时宜。"坡捧腹大笑。

那爽朗的笑声分明是说：只有朝云懂我！懂我！懂我！

苏轼被贬惠州，家妓散去，独独朝云要留下来陪他。朝云对苏家感情深厚，不舍得离去，特别是在这患难时刻，王夫人已去世，身边怎能没有一个妇女照顾，她坚决要求随苏轼父子南行。

苏轼很感动，特别赠诗朝云：

不似杨枝别乐天，恰似通德伴伶玄。
阿奴络秀不同老，天女维摩总解禅。
经卷药炉新活计，舞衫歌扇旧姻缘。
丹成随我三山去，不作阳台云雨仙。

白居易的侍妾樊素能歌善舞，尤以唱《杨枝》最佳，人称杨枝。白居易晚年辞去家中歌妓，樊素不愿离去，但最后不知什么原因还是离开了。朝云愿跟随苏轼到艰苦的岭南，苏轼故以"不似杨枝别乐天"赞她。

伶玄即伶元，通德即樊通德，伶元之妾，苏轼以"恰如通德伴伶玄"赞朝云随他南迁。

在惠州，朝云毅然承担起苏氏父子的饮食起居。日子过得艰苦，好在一家三口饱经忧患，对于眼下经济的贫穷和物质的匮乏可以看得很淡，朝云洗衣做饭，管顾经济，招待宾客，无一不做。

为疗治失子之伤和心灵的苦难，朝云拜在比丘尼义冲门下，开始学佛向佛，成为一个虔诚的佛教徒。

日常念经外，朝云为排遣寂寞无聊，亦抽出时间习字，苏轼写信告诉朋友，"朝云别后学书，颇有楷法"，能得大书法家赞赏，说明朝云用功甚勤，进步很大。

大概是失子之痛和这些年经受的祸患，在她心底烙下的伤痕偶尔还会发作，有时忍不住伤感起来。

来惠州的第二年秋，户外秋风阵阵，落叶纷飞。与朝云闲坐的苏轼心里沉闷，取酒来，让朝云唱一段《蝶恋花》"花褪残红"的歌词。

朝云站起来，清清喉咙，欲唱之时却不能吐一字，愣在那里。苏轼问她发生了什么事，她也不答，低下头来，眼泪哗哗直流。

苏轼安慰，再问何事。过了很长时间，朝云答道：

"奴所不能歌者，是'枝上柳绵吹又少，天涯何处无芳草'那两句。"

苏轼装作若无其事，大笑道："吾正悲秋，而汝又伤春矣！"

朝云去世后，苏轼追忆，以为这是朝云去世的先兆，苏轼再也不听这首曲子了。

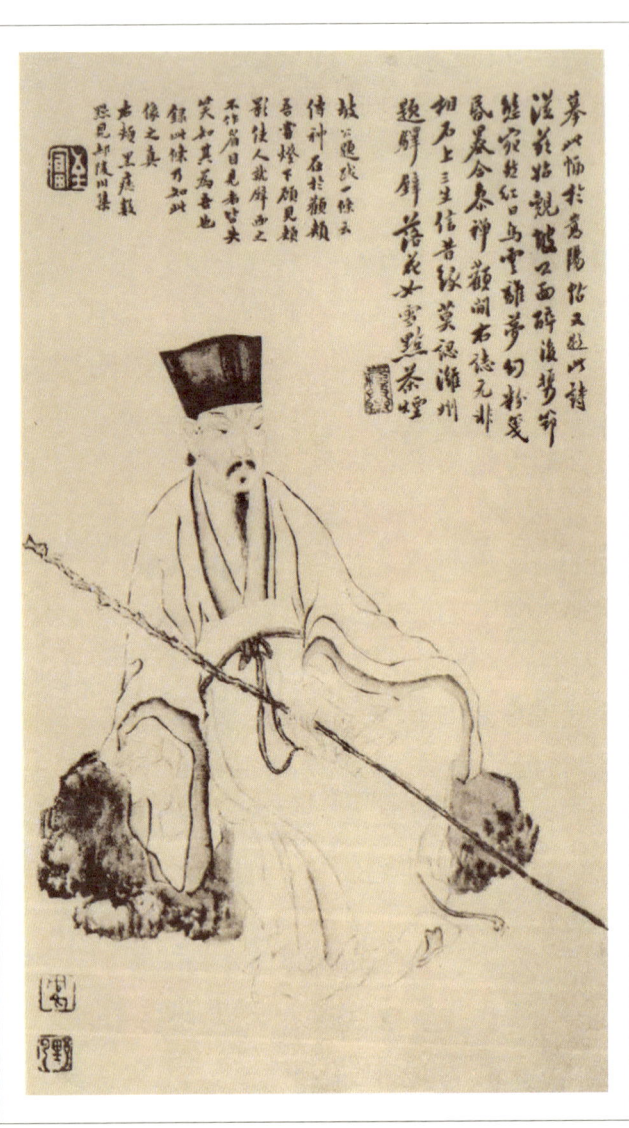

苏东坡像 传为李公麟绘

为抚慰朝云的情绪，表达对朝云的感谢，绍兴三年春，趁朝云生日，苏轼特地召集一些熟人为朝云开了个盛大的派对。他亲作《王氏生日致语口号》，以示隆重：

人中五日，知织女之暂来；海上三年，喜花枝之未老。事协紫衔之梦，欢倾白发之儿。好人相逢，一杯径醉。伏以某人女郎，苍梧仙裔，南海贡余。怜谢端之早孤，潜炊相助；叹张镐之没兴，遇酒辄欢。采杨梅而朝飞，擘青莲而暮返。长新玉女之年貌，未厌金膏之扫除。万里乘桴，已慕仲尼而航海；五丝绣凤，将从老子以俱仙。东坡居士，樽俎千峰，笙簧万籁。聊设三山之汤饼，共倾九酝之仙醪。寻香而来，苒天风之引步；此兴不浅，炯江月之升楼。

罗浮山下已三春，松笋穿阶叠掩门。
太白犹逃水仙洞，紫箫来问玉华君。
天容水色聊同夜，发泽肤光自鉴人。
万户春风为子寿，坐看沧海起扬尘。

这种致语口号，原本多用于宫廷大宴、官方庆典之类，在惠州是派不上用场的，苏轼不过借用这一形式，表达爱意和致谢之情。

他强调，朝云啊，你还青春美丽，你给我的生活里带来太多快乐，感谢你能随我来岭南陪我，你就是我温暖的港湾。

好景太短。这份爱也太短。绍兴三年六月下旬,酷暑天气,惠州疫情大作,朝云不幸而染,此地又缺医少药,竟无可挽救。十余天之后,疫病夺去了朝云年轻的生命,时仅三十四岁。

弥留之际,她口诵《金刚经》六如偈:

一切有为法,如梦幻泡影,如露亦如电,应作如是观。

依朝云遗言,八月初三,苏轼葬其于丰湖栖禅寺东南湖滨山坡上的松林中,并为她亲作铭文:

> 东坡先生侍妾曰朝云,字子霞,姓王氏,钱塘人。敏而好义,事先生二十有三年,忠敬若一。绍圣三年七月壬辰,卒于惠州,年三十四。八月庚申,葬之丰湖之上栖禅山寺之东南。生子遁,未期而夭。盖常从比丘尼义冲学佛法,亦粗识大意。且死,诵《金刚经》四句偈以绝,铭曰:浮屠是瞻,伽蓝是依。如汝宿心,惟佛之归。

栖禅寺的僧人在墓上修了一座亭子,名之为"六如亭",以此纪念朝云。亭柱上镌有苏东坡亲自撰写的一副楹联:"不合时宜,惟有朝云能识我;独弹古调,每逢暮雨倍思卿。"

葬毕,悲伤难抑的苏轼再作《悼朝云》:

> 苗而不秀岂其天,不使童乌与我玄。
> 驻景恨无千岁药,赠行惟有小乘禅。

伤心一念偿前债,弹指三生断后缘。

归卧竹根无远近,夜灯勤礼塔中仙。

朝云葬后三日,夜间忽有大风雨,第二天便有传闻,说在栖禅寺东南,发现五个巨人的大脚印,苏轼闻之,以为是佛陀显灵,便带了苏过前去察看,并在寺内设供,做佛事追荐,诵经礼忏,超度亡者,并亲做《惠州荐朝云疏》,"有侍妾王朝云,一生辛勤,万里随从",祈望西方二圣可以接引朝云亡魂,早生净土。

朝云去世后的很长一段时间,他都未能走出悲伤的情绪,朝云不在了,他的生活缺了一大块,他的精神也缺了一大块。

他反复用诗词抒写对朝云的怀念。

朝云去了,他在人间的爱也彻底灭了。

第十五章

法官：太守断案如赋诗

六

苏轼曾长期在基层工作,非常了解基层的社会状况和世风民情。作为普通百姓眼中的政府长官,法律的实际执行人,他深知,在断案上,必须要小心谨慎,一个不恰当不合理的判决,可能会让涉案人倾家荡产,也可能将人家逼上绝路。

秉公执法固然是断案者的必备素质,但法律常常是冰冷的,只考虑法律的适用,完全不考虑人情,也可能造成不好的后果。因此,他断的许多案子,不唯法律是从,也从人情角度出发，对案件中的弱者予以合理的照顾。因此，他的断案，往往有较大的弹性，有温暖的人情味儿，不是完全照着法律生硬地去执行，断案这种冰冷的行为，经他的妙手一摆弄，常常会添了几许亮色，果真是"太守断案如赋诗"。

苏轼生性刚直，善恶分明，眼里揉不得沙子，对于善人，他加倍珍惜，予以彰显，对于恶人，他严惩不贷，甚至不惜加大惩罚力度，有时竟超越到法律之外。在很多官员同行的眼里，苏轼有些案断得过火了！

墨子说，法不仁，不可以为法。想必苏大人深以为然，法律存在的意义之一就是能褒扬善良，打击邪恶，但事实常常是，善良的人常被欺辱，法律则无能为力，邪恶之徒却可以借由法律的幌子而不得到最大限度的惩罚，这也是他判案时的闹心之处吧。

苏轼在长期的工作实践中，形成了一套自己的法律思想，西南政法大学的周奇仕认为，苏轼的法律思想内涵丰富，包含立法、治吏、刑法和经济等方面内容。

在立法上，他主张"临下以简"，反对法令滋彰。他认为法网要宽松，不可过于严密，并且立法要保持宽容，不可过于严苛。对于变法，要保持慎重态度，事先要详细规划，全面考虑，以期必成。君主应该自觉维护国家成文法的权威，不应轻下诏令，以言废法。

在治吏上，苏轼看到了人与法各自对国家的重要性，并提出了"人与法并行而不相胜,则天下安"的观点。在此基础上,他强调君主"慎爵赏,爱名器",改革人才选拔方法,加强对官吏的考核。他主张严于治吏,"厉法禁自大臣始",强化台谏监察职能。对于冗官,要坚决裁汰。

在刑法上,他提出德先刑后、"礼刑相为表里",强调道德教化,反对专任刑罚。他分析了犯罪的根源,认为犯罪起源于物质匮乏、衣食不足,而导致这种局面的原因则是在上者的掠夺。因此,他呼吁统治者放松剥削,以减少犯罪。为了维护社会良好的秩序,苏轼并不排斥刑罚的作用,他主张对那些社会危害大的罪犯进行严厉处罚,对于"奸人",他甚至认为"不必待其自入于刑",主动去奸。

不妨来看看苏大人如何断案。

对坏人绝不手软

苏轼断案有个鲜明的特点,对坏人、恶人绝不手软,当法律无法真正惩治坏人时,他不惜以法外之手段加大惩罚力度。

苏轼刚到密州做太守时,就遇上蝗灾连天,之后盗贼蜂起,成为当地社会治安的大患。苏轼遂制定了详细的捕盗计划,并悬赏缉盗,凡送官者即刻奖给赏金,密州境内百姓皆奋力协助官府,合力捕盗,效果颇佳。

有一群强盗，来到密州境内准备偷盗，安抚转运使派了一帮兵卒捉拿，结果这帮兵卒比强盗也好不到哪儿去，不只横暴凶残，且诬陷百姓，当地居民奋力反抗，击溃了这帮悍卒。

老百姓跑到太守衙门上告状，苏轼看都未看状子，便扔在地上，说："怎么可能有这样的事情？"

那些曾经作乱的散兵，听闻这个消息，心下安定了许多，慢慢地又聚拢起来，苏轼遂果断下令，派人将其一网打尽，传上各种早已收集来的人证事证，让这帮兵卒无法抵赖，只好招供所犯下的罪行，苏轼将他们一一明正典刑。

苏大人果真是机警过人。倘若是打草惊蛇，只能抓到几个，剩下的仍是祸害。小小使了个障眼法，便将强盗一锅端。

另有一案，更可见苏轼疾恶如仇的一面。

浙西诸郡，盛产丝绢，品质全国最优。一到年初，政府就特别拨出库钱贷给农户，约定等蚕熟后，以织成的绢还贷。政府将这些绢做成衣物，供部队官兵使用。

民间却有人故意织造一种轻薄疏透的劣质绢，以次充好，这些人通常的做法是，拖到交纳绢期临近时，方才上交，并利用工作人员的疏漏，企图蒙混过关，而且当官府拒收劣质绢时，他们还会联合挑动农户们闹事，十分恶劣。

劣质绢交纳上去，官兵们对绢衣有意见，闹上去，成了负责纳绢官员的罪过，他们被责罚鞭打，被变卖家产弥补损失。苏大

北宋 李公麟 孝经图

人闻之大怒，他认为是受纳官吏长久姑息造成的恶果。

因此他命令受纳官吏，纳绢时必须严把质量关，拒绝姑息，但有闹事者，也要坚持原则，不受要挟。不久，即有200余人闹入官衙，向太守递诉，要求收下他们的丝绢。苏轼一面晓之以理，多加说服，一面派人调查幕后真凶，要彻底查一下到底是谁在煽动闹事。

查出幕后主使是两兄弟，颜章和颜益，这兄弟俩纳的绢，全是不合格的劣质品，受纳官拒不接受他们的绢，神通广大的颜氏兄弟立马召集了数百人到受纳场闹事，现场一时喧嚣尘上，沸反盈天。苏大人哪里看得下这等场景，立马命人将兄弟俩逮捕，等候审讯。

苏大人查证这兄弟的恶行，才发现颜家是犯罪世家，地方一霸，专和政府作对，借此建立威信，以便横行乡里。两兄弟的父亲名叫颜巽，在衙门里当过书手，因犯赃私和逃税，曾被两次刺配，依然不思悔改，托病保释出来之后，继续为恶乡里，这样的父子仨，谁敢反对？百姓们慑于淫威，不敢不听从他们。

但就这次纳绢事件，按律是触犯税法，只能给予小小处分。苏轼当然不能眼睁睁看着父子三人的恶劣行径，却得不到应有之处罚，一怒之下，将颜氏兄弟"法外刺配"，意思是，本不该刺配之罪，但情况特殊才做此处理。他自知如此断案并不合适，因此上奏朝廷，引咎请朝廷对自己处罚。

苏轼的敌人自不会放过这个整治苏轼的机会，御史们论其违法，朝廷无奈，只得下诏，一则将苏轼免罪，二则将颜氏兄弟也放了。

面对恶人，他第一次感到深深的无力。

苏轼守边定州时，发现军纪败坏已到不得不整治之地步：军人盗用公物公帑，长官不敢查办；军眷家属砍伐禁山租给百姓，政府不敢过问；军官克扣粮饷，兵丁填不饱肚子，遑论妻子儿女；禁军军官公然放高利贷，部队和百姓赌博成风，军纪和民风皆破败不堪。

凡做官者，皆利用手中权力违法乱纪。而底层没有权力的兵丁，为了生存，便不得不想办法，或者逃亡，或者沦为盗贼，成了治安的祸害。

苏大人哪容得下这情形，下决心要大力整治。

他派人查勘，搜集证据，凡是贪污情节重大，立判充军边远恶穷之地。有云翼指挥使孙贵，到营仅四个月，先后触犯敛财、掠夺之罪，犯罪记录多达十一次，苏轼立断逮送司理院，彻底严查。

定州军务副总管王光祖，是军中老将，积累了深厚的个人势力，王氏经常倚老卖老，骄横异常。上梁不正下梁歪，有这样的领导，定州军纪可想而知。

在这个边疆小城里，军人的势力迅速膨胀，连官府都不得不礼让三分，因此欺压百姓等事时有发生。苏轼最看不得以强凌弱贪污腐败这等不平之事，遂自上而下，一查到底，举凡违法乱纪者，一律予以严惩。

在苏轼的铁腕治理之下,定州的军纪民风焕然一新。

有些不守规矩,喜欢胡来的违法者,虽称不上罪大恶极,但也为害社会,亦为苏大人所痛恨,他更有别出心裁的招数整治。

徐州任太守时,苏大人接到怀远和尚的诉状,告乡民无端殴打出家人。经查,此僧身在佛门,心恋红尘。一日,怀远下山喝得酩酊大醉,回寺途中,见一少妇貌美,便动手调戏猥亵,被众乡民撞见痛打一顿。

怀远为免遭寺规惩处,谎称"乡民欺负出家人",告到府衙。苏大人查实后直接在诉状上写下十四字判语:"并州剪子苏州绦,扬州草鞋芜湖刀。"让怀远回去自悟。

怀远回寺后想了几日,仍不明判词其义,便去请塾馆先生,先生说,这两句话是歇后语,意思是打得好。

《侯鲭录》载:东坡属下有个县官十分贪婪,也很无耻,苏大人发觉后准备将其罢免,但贪官人缘尚算不错,前来说情的人颇有不少,其中还有苏大人的朋友。

苏大人厉声质问给贪官说情的人:"古之学者为己,其斯人耶?"

见人家不解,苏东坡解释:"掌政,名曰'有司';掌教,名曰儒臣。有司欲得之于己,儒臣惟成就于人。"

若"惟成就于人"的儒臣,只懂为自己谋取利益,倒霉的可就是百姓了。

对百姓爱护有加

苏轼的断案生涯，始于杭州做通判时，问囚决狱是通判的职责之一。彼时王安石新法正在大力实施，地方官府的推广不遗余力，其中以青苗法弊端最多，初时是官吏强制推行，逼迫百姓向政府贷款，到了还贷期限，那些没有能力还贷的百姓，则成群结队地被官府逮捕缉拿，苏大人就得问讯审理了。

他本来是新法的反对者，如今却要以主审官的身份来面对因新法而受牵连的百姓，穿着官服，高坐堂上，眼睁睁看着衙役们杖责他们，一片哭喊声中，苏大人签下判词，内心的煎熬可想而知。

他可能因此而经常自责：百姓是为了吃饭而犯法，自己是为了俸禄而做违心的判决——都是不想做又不得不做的事情。那板子打在百姓身上，痛在他的心里。

某年除夕，赶上苏大人值班，他冲动之下，恨不得立马释放犯人，让他们回家过个好年，以减轻自己心理上的负担。

对普通百姓，尤其为现实境况所迫而不得已犯罪的百姓，他内心怀着无限的同情，因此断案时也总能酌情考量，尽可能减轻对他们的处罚。

知杭州时，有两个案件值得一提。

苏大人上任不久，赶上省试秋考。考后放榜，夺得秋试魁元的是富家子弟刘某，惹得众考生一片哗然。

宋神宗像

原来刘某不学无术，此人中魁，定有黑幕。考生们便集体上访，提起舞弊诉讼，苏大人当然要过问此事，一番调查下来，原来是有个叫颜几圣的人顶替刘某所考。

颜几圣是个才子，其人家贫，却贪恋杯中物，为了换点钱花，才替刘某考试。真相大白，颜氏被关进监狱，等待判决。颜几圣还真不是个怂蛋，自认倒霉，在狱里倒也坐得安稳，只是对监狱伙食意见很大：牢饭不给配酒！简直是虐待犯人！

颜几圣因无酒而气恼，怒而写《狱中寄酒友》诗，他还托狱卒将诗带给那外面的酒友，借此表达无酒可饮的愤怒：

> 龟石灵身梱有胎，刀从林甫笑中来。
> 忧惶囚系二十日，辜负醺酣三百杯。
> 病鹤虽甘低羽翼，罪龙犹欲望风雷。
> 诸豪俱是知心友，谁遣尊罍向北开。

狱卒却顺手将老颜的诗交给了苏大人，苏大人看了，哎哟，不错哟。不但不予责罚，反而大加赞赏，想必原因有二，一是大家都爱喝酒，二来颜氏诗还不赖，真有几分才华。

判决时，苏大人给予缓决，拖到一个国家大赦的机会，顺理成章地将颜几圣释放了。

颜氏更加嗜酒，据说几年后醉卧西湖边寺院，口吟两句：

> 白日尊中短，青山枕上高。

如果爱喝酒的苏大人知道，会更喜欢这个家伙。

曾受知于苏轼并被他荐举得官的何薳，在其笔记《春渚纪闻》

中,记载过这么一个案子。

也是苏轼到杭不久,杭州税务稽查大队抓到一个叫吴味道的人,送来官衙,说这哥们携带私货,企图逃税,不但逃税,而且他还冒苏轼之名,货物上收货地址赫然写着"杭州知府苏某封至京师苏侍郎宅",是说这是苏轼寄给苏辙的货物。但吴味道犯了两个错误:其一,苏辙已从吏部侍郎的岗位上离职,转任翰林学士兼吏部尚书;其二,你这地址也有问题,不具体。

苏轼审问,问他包内所装何物?

吴味道老实作答:"味道今秋忝冒乡荐,乡人集资为赴京盘缠,我以一百千钱买得建阳小纱二百端,如沿路抽税,到京就不剩一半,以为当今负天下重名者莫逾先生,所以假冒台衔,不料先生已临镇于此,罪实难逃,乞求宽恕。"

苏轼见吴味道说的是实情,又是一名穷书生,有此举亦属无奈,不过是想凑足盘缠而已。他亦未加任何责备,而是叫手下于原先包裹上另加包封,上写自己名衔,并寄送"京师竹竿巷苏学士",交给吴味道,并告诉他:"先辈这回将上天去也无妨了,来年高过,当却惠顾。"

苏轼称吴味道为先辈,有点调侃的意思。他的祖上有个叫苏味道的,正是这个苏味道,因到四川眉州做官,因而苏氏有了眉山一支。

吴味道闻言大喜,再三拜谢而去。

元 赵孟頫绘 苏东坡像

宋人周波笔记《清辉别志》曾评论这件事："倘遇俗吏苛刻，必断治伪冒，没入其物，还有此气象乎！"这话没毛病，一般普通官吏，哪管你有多少困难，哪管你多少隐衷，不但要治你冒名之罪，且要没收你财物，哪里有这等气象。

不过，有宋一代，是儒家思想兴盛的时代，是尊重士人的朝代，苏轼有此之举，也属正常情况，是为重教化而轻刑罚也。但若以现在的法治理念，来判断苏轼枉法，那就是苛求过甚了。毕竟，每个时代都有自己的价值观念。

也是苏大人有先见之明，第二年，吴味道还真的中了进士！及第之后吴氏还乡，先是特别致函感谢，苏大人亦觉惊喜，还特地邀请吴味道来杭款待了好几天。

苏轼治大恶时，一向严峻，没有姑息的余地，但对于小过小罪，他总能给予足够的同情心和同理心。

有个债务案子，是说某人欠绫绢钱二万，久久不还，被债主告了。苏大人将此人传来问讯才知道，这个人是以做扇子为业，刚刚死了父亲，丧葬费花了不少，又赶上连绵的雨天，做好的扇子根本卖不出去，所以无钱可还。

案子问到这儿再清晰不过，一般来讲，无非是判他继续还钱，强制执行，但问题是他没钱啊。

苏轼细想之下，立马有了主意，他告诉这人，把你做好的扇子拿来，我来帮你一把。

扇子到了，苏轼选出白色夹绢团扇二十柄，顺手拿起判笔在上面写写画画，不一会儿，大功告成，他告诉这人，拿去，赶快变钱还债。

这人抱扇泣谢，拿着扇子即刻售卖，立有好事者以千钱取一扇，二十把扇子瞬间销售一空。很多没买上苏大人画扇的人都后悔不已，恨自己消息不够灵通，这样的机会实在太少了。

国家利益决不让步

苏轼断案，若遇到涉及国家利益和尊严的案件，是绝不可能让步的。

他任杭州通判时，有一批高丽朝贡使者到杭州来，这批使者仗着自己身份特殊，根本不把地方长官放在眼里，这倒还罢了，让他更不爽的是那些担任押伴的使臣，都是本路的笺库官，平时只负责管理仓库，现亦不过暂时兼差而已，但他们居然借外国贡使的名义耀武扬威，装腔作势，甚至不把他这个地方长官放眼里。

苏轼立即让人警告他们："远夷慕化而来，理必恭顺，如今竟敢这样横暴放肆，不是你们教唆，绝不敢如此，倘不立刻悛改，我马上出奏。"那些笺库官才不敢放肆，大大收敛。

高丽使者的公文，只书甲子，不写年号，苏大人拒不接受，毫不客气地给退了回去，"高丽称臣本朝，公文上不禀正朔，我不敢收"。

高丽使者才不得不换了公文，写明年号。

在事关外交的案子上面，他是丝毫不会退让的。

他知杭州时，又有一起和高丽人有关的外交案件。

大宋当时最大的敌人是辽国，而与辽国相邻的高丽，原先曾臣服于大宋，现今臣服于辽，辽国对中原一直虎视眈眈，为了谋划未来占领中原，他们从高丽人中培养大量的间谍，派他们来中原刺探政治经济等各方面情报。因此，高丽人以各种名义往来中国者甚多，或朝贡，或通商，或拜佛，等等，高丽人利用中国商船上的人做内线，一方面通过贸易赚钱，一方面通过他们攫取情报。

高丽人进入中国，通常从当时最大的贸易港口宁波入境，然后去往中原各地，杭州则是他们旅程中的第一站。

苏轼知杭州不过三四个月，便碰上一件高丽僧人请求进贡的案子。

要介绍这起案子，还得从杭州惠因院已死的寺僧净源和尚说起，净源本身是个不干净的出家人，他曾在滨海的寺庙里待过，与出海的船客多有交集，借机赚取钱财，那些船客便在高丽帮他做宣传，其在高丽名声日涨，连高丽王爷和尚义天来中国，也曾拜见净源和尚。

这年净源死掉，他的徒弟和一个叫徐戬的人勾搭，另想了谋利的法子：或者帮助高丽人谋利，赚取好处，或者是出卖情报，为高丽人服务。徐氏鼓励静源的徒弟，带了净源的画像，搭商船去高丽告诉义天净源去世的消息。义天闻报，便派了他的五个徒弟到杭州来祭奠净源，说是祭奠，不过掩人耳目，实际目的不过是为刺探情报或获利而来。苏轼得到消息，派人将他们送往承天寺安置，选差职员二人、兵丁十名妥善照管，不许随意出入。

祭奠完毕，义天的弟子之一寿介呈状称，出发前，高丽国母曾交他两尊金塔，命他进奉宫廷，祝皇帝和太皇太后的万寿。

苏轼一面令主管部门退还书状，并答复：朝廷清严，守臣不敢专擅奏闻。一面向朝廷奏报：高丽久不入贡，失赐予厚利。意欲来朝，以未测朝廷所以待之薄厚，故以祭亡僧而行祝寿之礼，礼意鲜薄，盖可见矣。若受而不答，则远夷以怨怒；因而厚赐之，正堕其计。臣谓朝廷宜勿与知，而使州郡以理却之。

苏轼告诉朝廷，高丽人久不来贡，贡必有诈，看这几个和尚用意不明，目的不纯，入贡应该是为了获得丰厚赏赐，而祭奠亡僧后又来祝寿，可见并不是发自诚心。皇上皇后，咱不能上丫的当，这事儿交给我处理吧。

苏轼不放心这批高丽和尚，又特别选派他所信任的净慧禅师，来当高丽人的馆伴，净慧学行甚高，通达世故，每天与高丽和尚们讲论佛法，又紧紧盯着他们，弄得高丽和尚根本没有机会偷偷出行。净慧从与高丽和尚的谈话中，发现很多破绽，并一一通报苏轼。苏大人有了证据，便有了断案的依据。

苏轼为这件事连续三次上状朝廷，朝廷接纳了他的所有建议，他也干净利索地处理了此事。

最终，将高丽和尚召来的徐戬，被狠狠修理了一下，发配千里之外。这帮不怀好意的高丽和尚也被遣送归国。

这两次外交事件的处理，真可谓干练迅达，苏轼展现了处理复杂国际事务的能力，既保证了国家的尊严，又维护了国家的利益。

第十六章
派对达人：醉笑陪公三万场

苏轼是天生的派对动物,对派对和聚会这一类事情特别上瘾。

他拥有一切派对动物所具有的特质:好热闹,爱饮酒,喜欢交际,喜欢与人唱和,喜欢交流思想,对聚会的渴望甚至大于与女人的厮磨。

他似乎随时随地都在开派对,富有时开派对,贫穷时也开派对;有条件时开派对,没有条件时,创造条件也要开派对。

你看,《后赤壁赋》那次,并不

具备办派对的条件,"有客无酒,有酒无肴",但天气那么好,夜晚那么美,"霜露既降,木叶尽脱,人影在地,仰见明月",不办个派对怎么对得起这美好氛围?

于是,便克服了无酒无肴的窘境,使赤壁三人小派对得以成功举办,喝着王闰之"藏之久矣"的美酒,吃着客人提供的"巨口细鳞"的鲜鱼,赏"山高月小,水落石出"的美景,玩得也相当起劲:履巉岩,披蒙茸,踞虎豹,登虬龙,攀栖鹘之危巢,俯冯夷之幽宫。

他的派对不拘形式,不拘风格。

经常开主题派对,但更多是没有名目的派对。

开派对的地点亦未有任何局限,在家里可以开,在野外可以开,甚至在东坡的地头上也可以开。

他派对上的来宾亦不拘一格,既有格调高雅的饱学之士,风流倜傥的当朝驸马;又有流浪江湖的落拓游士,寄身于偏远之地的乡村野老。

他是整个大宋的最佳派对召集人,他朋友多,人缘好,又是义坛大佬,举手一呼,应者云集。他待人亲切,随心所欲,不拘一格,参加他的派对,人人都不用窝着拘着,自由自在。

其实,他还有另一样本事能在派对上发挥作用:写一手好歌词。可别小看这个才华,在大宋朝的派对现场,随手写篇歌词,交由歌妓演唱,可为派对大大助兴,能搞热现场气氛。

我猜,大宋朝的许多派对动物,都很期待参加一次坡仙召集的派对吧。

西园派对上的苏核心

中国文化史上,一共有三次最为著名的派对。

其一是兰亭雅集,就是王羲之在兰亭序里所写的那次。

东晋永和九年,三月初三,上巳节,王羲之召集一批名士和家族子弟,于会稽山阴一个叫兰亭的地方,举办了一场热闹的派对。参加人员多是文化界里有影响力的大腕儿,像谢安、谢万、孙绰、王凝之、王徽之、王献之,共四十二人。

其二是西园雅集,就是苏轼参加的这一次。

派对的发起人是驸马王诜,举办地点即在他的府邸,西园便是他家的花园。参加者也都是当朝大腕儿,是大宋文化界的半壁江山,"自东坡而下,凡十有六人,以文章议论,博学辨识,英辞妙墨,好古多闻,雄豪绝俗之资,高僧羽流之杰,卓然高致,名动四夷",这一次派对影响深远,成为后世文人学习的榜样。

其三是玉山雅集,与前两大雅集不同,它不只是一场派对,而是一连串的派对。

玉山雅集的召集人是元代末年吴中巨富顾瑛。顾瑛,字仲瑛,又名阿瑛,别号金粟道人,从小生于官宦之家,祖父任职元廷时,定居昆山界溪。顾瑛经商有术,不出十年,终成吴中巨富。

有钱的顾瑛便开始进军文艺圈,他将产业交给儿子打理,自己则潜修文艺:在昆山构筑玉山草堂,不但建园池亭榭,更耗费财力搜集古书名画鼎彝珍玩,玉山草堂一跃而成为文人们向往的游赏之地。

此后经年,顾瑛凭雄厚财力,广邀天下名士,在玉山草堂开办派对,饮酒作乐,赋诗撰文,"玉山雅集"一时成为江南著名的文化旅游名片。

据统计,前后约有一百四十余位文人参加这一雅集,它成为元末文人最后的狂欢。明朝初建,顾瑛父子被勒令迁徙,从此派对烟消云散。

关于西园雅集的争论很多,有人认为并不曾有过这样一场聚会,有人认为它其实是两次聚会,有人认为参加聚会的十六人没有机会和时间同时聚会,有人认为这十六人能聚到一起也没啥稀奇。

之所以有争论,乃是因为可以证实这次聚会存在的两个重要证据都存在着瑕疵:一是参加聚会的李公麟所画《西园雅集图》已不复存在,二是参加聚会的米芾为李氏画作所作《西园雅集图记》一文来历可疑,直到后世方才出现,疑为后人伪作。

明 文徵明
西园雅聚图

在没有新证据出现的情况下，争论变得没有任何意义。

我个人倾向于这次聚会是存在的，理由不外乎两条：一则北宋人民本就聚会频繁，搞次雅集是再正常不过的事；二则李公麟确实画过这幅画，且这幅画更像事实记录而非凭空想象。

有一个明显的bug是，参加者中的圆通大师，于1034年去世，也就是宋仁宗景祐元年，他死后两年苏轼出生，十七年后米芾出生，明显不是生活在同一时空，他们如何一起搞活动？由此也不难推断：一则米芾这篇文章可能是伪作，二则那和尚不是圆通大师，可能另有其人。

另一种可能是，画家李公麟故意将圆通大师画入其中，故意制造了一场穿越戏码。

这场派对是真是假也没那么重要，重要的是，宋代的士大夫和名流之间，经常搞这类活动，聚聚会，喝喝酒，聊聊文化，谈谈思想，是再平常不过的事情。《西园雅集》其实是宋代文人日常生活的真实反映。

参加这次派对的，共十六人。《西园雅集图记》里，一一作了描述：

戴乌帽穿黄道服捉笔而书者为东坡先生；

仙桃巾、紫裘而坐观者为王晋卿；

幅巾青衣、据方机而凝伫者为丹阳蔡天启；

捉椅而视者为李端叔；

坐于石磬旁,道帽紫衣,右手倚石,左手执卷而观书者为苏子由;

团巾茧衣,秉蕉箑而熟视者为黄鲁直;

幅巾野褐,据横卷画渊明《归去来》者为李伯时;

披巾青服,抚肩而立者为晁无咎;

跪而捉石观画者,为张文潜;

道巾素衣,按膝而俯视者为郑靖老;

幅巾青衣,袖手侧听者,为秦少游;

琴尾冠、紫道服,摘阮者为陈碧虚;

唐巾深衣,昂首而题石者,为米元章;

幅巾,袖手而仰观者为王仲至;

中有袈裟坐蒲团而说《无生论》者,为圆通大师;

旁有幅巾褐衣而谛听者,为刘巨济。

十六人中,苏氏昆仲、苏门四学士、米芾等七人为后人熟识,另九人有必要做个简单介绍。

王晋卿,即王诜,本次派对的召集人,驸马爷,神宗妹夫。

蔡天启,即蔡肇,画家,擅画山水人物木石,能诗文,曾任吏部员外郎、中书舍人等职。

李端叔,即李之仪,词人,自号姑溪居士、姑溪老农,元祐末从苏轼于定州幕府,朝夕唱酬。元符中,御史石豫参劾他曾为苏轼幕僚,不可以任京官,被停职。

李伯时,即李公麟,宋代第一大画家,号龙眠居士,元符年间拜御史大夫。博学好古，尤善画山水、佛像、人物。晚年归佛，隐居龙眠山庄，是苏轼交好的朋友。

郑靖老，即郑嘉会，苏轼晚年在海南，想读书而不得，郑氏慷慨，曾向其借书千余卷。

陈碧虚，道士。

王仲至，即王钦臣，藏书家。以父荫入官，文彦博荐试学士院，赐进士及第，元祐初，为工部员外郎，曾奉使于高丽。

圆通和尚，日本京都人，俗名大江定基、三河圣，圆通系宋真宗敕赐。痛失爱妻后出家为僧。于长保五年（1003）渡海来宋，参谒真宗，蒙赐紫衣，又至天台山参访礼拜。后欲归返日本，为宋朝僧界所挽留。仁宗景祐元年示寂于杭州。

刘巨济，即刘泾，号前溪，熙宁六年（1073）进士，米芾、苏轼的书画友。苏轼曾答刘泾诗云："细书千纸杂真行。"刘氏善作林石槎竹，笔墨狂逸，体制拔俗。

这份大名单还透露出另外一个事实：王诜虽是这场派对的发起人和主人，但实际上苏轼才是派对中的核心人物。彼时他早已是人人敬重的文坛盟主，是大宋朝的文化代言人，因为有他参加，西园雅集方才得以成为中国文化史上的盛大事件。

这十六人的派对都有什么节目呢？写诗、作画、奏乐、读书、说经，端的是高雅之至。

扬之水先生说："两宋是培养'士'气的时代，前此形象与概

南宋 刘松年 十八学士图（局部）

念尚有些模糊的'文人''士大夫'，由此开始变得清晰起来。政治生活之外，属于士人的一个相对独立的生活空间也因此愈益变得丰富和具体。抚琴、调香、赏花、观画、弈棋、烹茶、听风、饮酒、观瀑、采菊、诗歌和绘画，携手传播着宋人躬身实践和付诸想象的种种生活情趣。"

西园雅集为后世文人雅士景仰，争相仿效，就在于"宋人躬身实践和付诸想象的诸种生活情趣"，营造出一种中国经典的文人生活方式。西园雅集因而也成为后世画家创作的永恒母题之一，据不完全统计，后世知名画家创作的西园雅集图达一百多幅，可见其影响深远。

"西园雅集"大轰趴所以搞得成功，想来原因有三：

一来主题鲜明，"雅"是宗旨，所举办活动紧紧围绕着"雅"进

南唐 顾闳中
韩熙载夜宴图
（局部）

行，并将雅推向了一种无以复加的地步。

二来宾客选得好，参与活动的众人，皆一时之选，除了文人雅士，便是方外高人，大家都是见多识广的主儿，文化底蕴深厚。

三来有苏轼这样的核心人物，一个成功的派对，核心人物相当重要，他与大家都熟，能搞热场子，能活络气氛，能让所有来宾欲罢不能。

聚会怎能少了他

宋朝士大夫，喜欢开派对的程度，远超任何一个时代，过年过节要聚会，有事没事要聚会，连退休的老干部们都不甘寂寞，三天两头搞派对。比如，宰相富弼退休后闲居洛阳，好友文彦博在洛阳留守任上。老富便跟老文提议，咱牵头搞个小团体呗，组织一批年龄相仿、资历相当、性情相投的老领导，仿唐代"香山九老会"，置酒相乐，定期聚餐。老文闲得正无聊，一拍即合。很快便将老领导们发动起来，以年龄为序，轮流做东，人称"洛阳耆英会"，其实就是一群退休老汉的吃喝小组。

所以，喜欢参加派对的朋友，穿越时别忘了去宋朝。

苏轼初入官场时好像对参加聚会不怎么感冒，在凤翔府做签判时，曾有同僚聚会，他非但未参加，还找了个借口独自跑出去玩了。

他真正喜欢并爱上派对，大约是从杭州任通判时开始的。杭州是江南第一大都市，不只风景优美，而且经济发达，是搞派对的理想所在。苏轼身为一州之副首长，参加官府派对也是应有之义。更重要的是，他文名在外，谁办个派对如果能拉着这位大才子，主人脸上也有光彩。

所以，他一来杭州，各种派对都盯上了他。中央政府驻杭州的官员及地方官员，都纷纷邀请他参与宴会，并以他参加为荣。

他的日程表上排得太满，满得自己都感觉吃不消，肠胃更吃不消，后来他还跟朋友抱怨："到杭州来做通判，真是入了酒食地狱。"

但苏轼喜欢热闹，又喜欢与朋友待在一起，抱怨归抱怨，不参加亦绝无可能，有选择性地参加好了。

官府举办的派对,一般都有官妓歌舞侑酒。他在这些派对上作过许多诗,有不少是写给这些年轻女孩的:

如这首《戏赠》:

> 惆怅沙里十里春,一番花老一番新。
> 小桥依旧斜阳里,不见楼中垂手人。

又如这首《赠别》:

> 青鸟衔巾久欲飞,黄莺别主更悲啼。
> 殷勤莫忘分携处,湖水东边凤岭西。

他最著名的一次为官妓赠诗,是他将离开黄州,官府为他举办盛大的欢送派对时。这个故事记录在宋人笔记《春渚纪闻》里:

> 先生在黄日,每有燕集,醉墨淋漓,不惜与人。至于营妓供侍,扇书带画,亦时有之。有李琪者,小慧而颇知书札,坡亦每顾之喜,终未尝获公之赐。至公移汝郡,将祖行,酒酣奉觞再拜,取领巾乞书。公顾视久之,令琪磨砚。墨浓,取笔大书云:"东坡七岁黄州住,何事无言及李琪?"即掷笔袖手,与客笑谈。坐客相谓:语似凡易,又不终篇,何也?至将彻具,

琪复拜请。坡大笑曰:"几忘出场。"继书云:"恰似西川杜工部,海棠虽好不留诗。"一座击节,尽醉而散。

这个年轻的女孩李琪,以一种意外的方式将自己的名字留在了中国文学史上。

东坡离任杭州通判后,接连在密州、徐州等地方担任太守,繁忙的工作之余,也会召开派对,缓解压力。只是地方财力有限,又都在他任内受灾,实在没有太多机会可以放手去玩。

熙宁九年八月十五,中秋节,他召集密州同僚聚会,大家一起登上超然台,饮酒赏乐,十分高兴,这是他来密州三年中玩得最嗨的一次。在这次派对上,他有感而发,写下传诵千年而不衰的"明月几时有"。

徐州的情况比密州好些,认识了更多的朋友,交往了更多的士人,聚会的机会亦多起来。

比如,有个同乡张师厚进京赶考,顺道来徐州看他,苏大人便顺道为小伙子搞了一场杏花派对。庭中杏花正盛,月下置酒,邀请王蘧王适兄弟作陪,四人共饮,喝到不亦乐乎。二王吹洞箫助兴,苏轼则作《月夜与客饮酒杏花下》:

杏花飞帘散余春,明月入户寻幽人。
褰衣步月踏花影,炯如流水涵青苹。

南宋 李嵩 焚香听阮图

花间置酒清香发，争挽长条落香雪。
山城薄酒不堪饮，劝君且吸杯中月。
洞箫声断月明中，惟忧月落酒杯空。
明朝卷地春风恶，但见绿叶栖残红。

比如，徐州战胜水灾，苏轼感念百姓勠力同心，建黄楼以纪念。重阳节那天，苏太守在新落成的黄楼上召开盛大派对，邀请全民同欢，徐州百姓阖家出动。黄楼之下，宾客熙攘，红粉佳人，弦歌不绝，笑语欢声，在场的人们无不为这种气氛感染，开心到不行。苏太守最是快乐，喝到酩酊大醉，连诗里都泛着浓郁的酒味：

我醉欲眠君罢休，已教从事到青州。
鬓霜绕我三千丈，诗律输君一百筹。
闻道郎君闭东阁，且容老子上南楼。
相逢不用忙归去，明日黄花蝶也愁。

聚会结束后，苏轼已是半醉，但他兴致不减，又随众人到黄茅岗游玩，此处乱石较多，晕乎乎的苏大人有好几次都差点摔倒，索性一屁股坐下来，以石为床，醉卧其上，赋诗《登云龙山》：

醉中走上黄茅岗，满岗乱石如群羊。

岗头醉倒石作床，仰看白云天茫茫。

歌声清谷秋风长，路人举首东南望，拍手大笑使君狂。

比如，老友王巩来徐州，苏大人忙于公务无法相陪，等王巩和颜复及三位美女马盼盼、张英英、卿卿游玩回来，他置酒于黄楼，着一件羽衣，站在那儿等众人归来，然后办了一场仙气十足的派对。

即便后来数被贬谪，但他还是有许多机会参加官府举办的各种派对。

像在黄州，他和太守徐大受交好，徐大受便常邀他参加知州府邸的聚会。徐氏有几个漂亮的家妓，在派对上度曲吟唱以为助兴，需要新词，苏轼便随手写来。他尤其喜欢其中一个叫胜之的姑娘，特别作《减字木兰词》，赞美她舞蹈时的样子，"妙舞蹁跹，掌上身轻意态妍"。

像在惠州，时任太守詹范是黄州太守徐大受的好友，对苏轼也多有关照，他经常带着酒和厨子看望苏轼，还与同僚一起，陪他游览当地风景名胜。

苏轼似乎对以花为主题的派对情有独钟，他强调，"对酒逢花不饮，待何时"，花下醉饮是其一大喜好，除上述的杏花派对，他还搞过"海棠派对"，还是黄州时，寓居定慧院的苏轼突然想起去年花落时，在徐州对月酣歌的良夜，大为心动，因为在定慧

南宋 宋徽宗
文会图

院之东杂花满山，却有一棵海棠开得正佳，于是赶紧约朋友饮酒赏花，因而有《海棠》诗：

> 东风袅袅泛崇光，香雾空蒙月转廊。
> 只恐夜深花睡去，故烧高烛照红妆。

到了儋州，也不忘在三月三上巳节带上一瓢酒，去找那个叫符林的"老符秀才"，二人一起在城南饮酒赏花。

偏僻之地的乡野派对

身在官场，派对密集，聚会频繁，是再正常不过的事情。但被贬谪到偏远之地，苏轼也依然从未消减过参加和举办派对的热情——这才是真正热爱派对的表现。

他到武昌车湖的同乡王齐愈士齐万家里参加派对，王家豪富，人又慷慨，苏轼过江，经常留宿王家，王氏兄弟都会杀鸡置酒，隆重以待，嘴馋了，想喝酒了，便坐船直奔王家。

他在雪堂里开派对。雪堂建好之后，苏轼的住宿条件有大改善，雪堂充当了他的招待所和创作之地，但凡有朋友来黄州，就招待他们住雪堂，一来二去，雪堂便成了召开派对的最佳地点。

饮饮酒,叙叙旧,谈谈文艺,月光下散会步,端的是好享受。

他在东坡的地头开派对。农活干累了,就跟农夫们闲聊,扯淡,有次他想搞个"故事派对",人家讲不出,他便说鬼故事也行,人家还是讲不出,弄得意兴阑珊。

好在黄州有长江,有赤壁,这两个都是开派对的好地方。

他在赤壁开过多少派对不清楚,但至少有两次,就是前后赤壁赋里的那两次。两次派对都相当开心,前一次喝到"肴核既尽,杯盘狼藉。相与枕藉乎舟中,不知东方之既白";后一次喝到"划然长啸,草木震动,山鸣谷应,风起水涌。"

元丰五年九月夜间,他与几个朋友在东坡雪堂饮酒,又喝多了,面对浩浩江水,却生出一种"人间不值得"的痛苦之感,写成那阕著名的"夜饮东坡醒复醉"。

被贬惠州后,他开派对的行为有增无减,家里每天都有来客,来客必然置酒,一来二去,搞得家里酒都不够喝了,岭南五州太守经常送酒给他,还是不够。老朋友章质夫是广州太守,每月送酒六壶,有一次,老章的信到了,酒却未到,把苏轼急得跟蚂蚁似的——客人还等着呢。苏轼戏作小诗一首,追问酒的下落:

> 白衣送酒舞渊明,急扫风轩洗破觥。
> 岂意青州六从事,化为乌有一先生。
> 空烦左手持新蟹,漫绕东篱嗅落英。

南海使君今北海，定分百榼饷春耕。

老章啊，你个小讨厌，答应人家的酒呢？蟹都煮好了，香气一直飘啊飘的，酒却没到，急死个人儿。

居海南时，他和几位当地读书的老者成为朋友，如黎子云兄弟、符林、吴翁，老头们经常一起聚饮。元符二年正月十五晚上，月华皎洁，老书生们邀他游玩赏月，一直玩到下半夜方才尽兴。

他与海南人民打成一片，开派对是经常事，"华夷两樽合，醉笑一欢同"，有酒有肉有派对，哪里还有什么隔膜？

苏轼被贬谪的数年中，经常酿酒，其实他酿酒的目的，并不是为了满足自己的口腹之欲，而是为了开派对招待朋友，他曾经在一篇文章里透露这个秘密："故我内全其天，外寓于酒，浊者以饮吾仆，清者以酹吾友。"

像他这样达观的人，像他这样看淡苦难的人，无论是在繁华的都市和官场，还是在偏僻之如惠州和海南，他皆可以从日常的平淡乏味里提取快乐的因子，因而让生命更有品质。

重点也似乎并不是那些派对，而是他通过派对，活出了自己的样子，活出了生命应该具有的质感。

派对达人

醉笑陪公三万场

第十七章

房主和地主：苏家的不动产

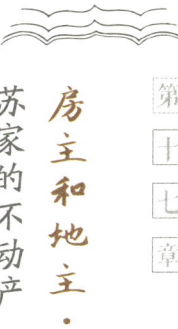

仔细检视一下苏轼的人生,可以看出另外一些端倪:尽管他一生漂泊,但却有一项特别的爱好:置办房产,建设家园。"人生如逆旅,我亦是行人",一个满面风尘怀揣孤独浪迹天涯的流浪者,一直向往的,却是稳定平静的生活。

这大约也是他的矛盾之处吧。

苏轼一生置办房产地产的行为,至少有四次。他和父亲弟弟在京师时买过一套房,被贬黄州时建了"东坡雪堂",离开黄州北迁途中曾在宜兴买田，到惠州后又在白鹤峰下造了所新房子。

苏轼曾租房居住，但他貌似不甚喜欢租住这种不太稳定的生活状态。苏氏兄弟高中进士后，曾回四川老家奔母丧，之后便与父亲及家眷一起返回京师，先是在西冈租了一栋宅子居住，大约没住多久，就到宜秋门旁购置了另一栋宅子，称"南园"，一大家子终于不用受制于租房带来的种种不便，全都搬到这里居住，阖家幸福，其乐融融。

想必彼时尚未出仕做官的苏氏父子，为买宅子一定下了很大的决心，费了很多的功夫，花了不少钱，经济压力也一定很大，《与杨济甫书》里交代，"久客都下，桂玉所迫，囊装并竭……惟日望一差遣出去耳"。缺钱花啊！只想着赶紧做官挣些薪水。

但上有老下有小，需要安居，于居大不易的京师有了住处，漂泊的心终于可以扎下根来。

这栋宅院不大，但十分宜居，园中花木繁茂，边上高槐古柳，堂前有芦，砌下有竹，隙地有井，堂后有石榴树，花香鸟语，环境清幽。

写给友人杨济甫的信里，说起这所宅子，语句中不胜欢喜之情：

> 都下春色已盛，但决然独处，无与为乐。所居厅前，有小花圃，课童种菜，亦少有佳趣。傍宜秋门，皆高槐古柳，一似

北宋 苏汉臣
开泰图轴

山居,颇便野性也。

苏轼并没能在这座宅子里住太长时间——不久之后,他就要去陕西凤翔上任了。但苏轼不知道的是,这座宅子只是他当房主的开始。

他开始一次又一次往房产证和地契上写下自己的名字。

黄州雪堂:都是斜川当日景

苏轼贬官黄州,也算是因祸得福,在这里,他不仅过上久已向往的田园生活,而且通过五年的修炼,他实现了精神层面的大突围,度过了人生中最重大的危机,再造出一个全新的苏东坡。

从此后,他安然地面对人生的种种变化,放下执着,与自己和生活实现了全面的大和解。

因老友马梦得的积极操作,苏轼得到了数十亩荒地,在这块他名之为"东坡"的荒地上,种了庄稼和食物,使全家的物质生活有了着落,更重要的是,他还在东坡附近建了座房子,这座名为"雪堂"的房子则使他的精神生活有了着落。

雪堂建在一块高地上,视野开阔。听闻苏轼要盖房子,一群朋友和邻居都赶来帮忙,纷纷为这所共有五间的房子添砖加瓦,苏轼当然更要亲自动手。他手上磨出了老茧,脸被晒得黝黑,花了整整一个冬季,雪堂终于在一场纷飞的大雪中完工。

大雪启发了苏轼,他便在堂屋的四壁,画满了雪景,因而为房子取名为"雪堂","绘雪于四壁之间,无容隙也。起居偃仰,环顾睥睨,无非雪者",左看右看上看下看全都是雪。

有了雪堂,他就不用天天回城里的家,有了雪堂,来访的朋友便不至于无地可住,有了雪堂,他写写画画的愿望也便得到满足。

那叫一个开心!赶紧写《江城子》纪念:

梦中了了醉中醒,只渊明,是前生。走遍人间,依旧却躬耕。昨夜东坡春雨足,乌鹊喜,报新晴。

雪堂西畔暗泉鸣,北山倾,小溪横。南望亭丘,孤秀耸曾城。都是斜川当日景,吾老矣,寄余龄。

有了雪堂,夫复何求?

各位看官,你们瞧瞧,咱这景色不输陶渊明的斜川吧,咱这心情不输当年进士及第吧?我即将老了,就让我在这里幸福地度过余生吧。给李常的信里,他对于亲自耕种的东坡和亲自设计的雪堂的建成甚是自豪:"某见在东坡,作陂种稻,劳苦之中,亦自有乐事。有屋五间,果菜十数畦,桑百余本,身耕妻蚕,聊以卒岁也。"

有友沈辽过黄州,专门拜访苏轼,特来雪堂一叙,对他的生活

非常羡慕,遂作诗《题子瞻雪堂即次前韵》:

> 眉阳先生齐安客,雪中作堂爱雪白。
> 堂下佳蔬已数畦,堂东更种连坡麦。
> 不能下帷学董相,何暇悲歌如宁戚。
> 布裘藜杖自来往,山禽幽弄均春力。
> 案上诗书罗缣缃,炉中烧药笑王阳。
> 晨炊且籴北仓粟,冬服已指山前桑。
> 南冈差高多种橘,迤北渐下宜栽秧。
> 北邻亦有放达士,道路壶榼常相望。

苏先生啊,你过的才是神仙日子。官场无趣,真不如像你这样,种种菜,读读书,弄弄饭,饮饮酒,做个老农,自在快活。

雪堂建好之后,朋友们都来了。

杨士昌道十来了,住了整整一年才离开。

老朋友巢谷来了,和尚参寥来了,年轻的画家米芾来了,琴师崔闲来了。

雪堂有房五间,可以同时招待数位朋友,人多了实在住不下,那也不打紧,何妨大被同眠畅谈彻夜。

杨道士和他谈养生,巢谷教他种菜,米芾与他交流书画的技巧,崔闲和他闲聊对音乐的感悟。

参寥是最为难得的知音,他本是诗僧,水平颇佳,是可以唱和的对手,《再和潜师》交代的即是两人唱和之乐。

> 化工未议苏群槁,先向寒梅一倾倒。
> 江南无雪春瘴生,为散冰花除热恼。
> 风清月落无人见,洗妆自趁霜钟早。
> 惟有飞来双白鹭,玉羽琼林斗清好。
> 吴山道人心似水,眼净尘空无可扫。
> 故将妙语寄多情,横机欲试东坡老。
> 东坡习气除未尽,时复长篇书小草。
> 且撼长条餐落英,忍饥未拟穷呼昊。

两人在雪堂里吟诵唱和,何其快活!这情景传到京师朋友的耳朵里,便有人写信给他,"闻公与诗僧相从,岂非'隔林仿佛闻机杼'者乎?真东山胜游也"。

苏先生啊,真心羡慕你这逍遥的生活!

某天,苏轼与参寥、巢谷一起过江,游武昌西山,沿途诗歌唱和,十分开心。当晚,苏轼做了一梦,梦见参寥手携一轴诗自雪堂而来。苏轼醒来后,尚记得在梦中他还对诗里"寒食清明都过了,石泉槐火一时新"质疑。

苏问:"火固新矣,泉何故新?"

唐 周昉 内人双陆图卷

答曰:"俗以清明淘井。"

元丰七年五月,神宗诏令,量移苏轼为汝州团练副使,即将离开黄州,苏轼整日忙里忙外,与诸友话别,参寥不想给老友增加负担,欲先行一步。回首在黄州与苏轼相处一年多的欢乐时光,参寥感慨万千,作《留别雪堂呈子瞻》诗:

策杖南来寄雪堂,眼看花絮又风光。

主人今是天涯客,明日孤帆下渺茫。

苏轼甚为理解老友的心情,亦不知下次再会将是何时,他希望参寥能多留几日,以《和参寥》对答:

芥舟只合在坳堂,纸帐心期老孟光。

不道山人今忽去,晓猿啼处月茫茫。

参寥会意,遂改变主意,答应在雪堂多待几日,并与苏轼一起离开黄州。

黄州五年,雪堂是苏轼重要的精神领地,在那里,他写字绘画,著书立说,招待朋友,并完成了自我的超越和突破。《雪堂记》一文中,可以看得出他的超越和突破:

雪堂之前兮，春草齐。雪堂之左右兮，斜径微。雪堂之上兮，有硕人之颀颀。考盘于此兮，芒鞋而葛衣。挹清泉兮，抱瓮而忘其机。负顷筐兮，行歌而采薇。吾不知五十九年之非而今日之是，又不知五十九年之是而今日之非。吾不知天地之大也，寒暑之变，悟昔日之癯而今日之肥。感子之言兮，始也抑吾之纵而鞭吾之口，终也释吾之缚而脱吾之鞿。是堂之作也，吾非取雪之势，而取雪之意。吾非逃世之事，而逃世之机。吾不知雪之为可观赏，吾不知世之为可依违。性之便，意之适，不在于他，在于群息已动，大明既升，吾方辗转，一观晓隙之尘飞。子不弃兮，我其子归。

他在雪堂里会四方之客，他在雪堂里著书立说，他在雪堂思考人生——雪堂便充当了那个时代黄州的文化中心。

他离开黄州前，特别委托当地的朋友潘丙帮着照看东坡和雪堂，那会他的计划是，早晚有一天，苏某人还是会回来的。

宜兴购田置房：从初只为溪山好

苏轼离开黄州后，一路南行，到金陵时与王安石相见，两个先前老死不相往来的政敌，摇身一变而为无话不谈的朋友。王安

宋人却坐图 轴

石便劝他，不妨在金陵置办房产，定居于此，以后两人可以每日里谈天喝酒，谈古论今，好不快活。苏轼心动，还真的花了一阵子求田问舍，只是最终未能寻到称心如意的田地，方才作罢。之后在仪真、京口一带再次要置办地产房产，也没能找到合适的所在。

不过在仪真时，遇到进士同年蒋之奇，蒋本是宜兴人，听闻苏轼在此求田，义不容辞地当起他的置产顾问。想当年，两人在及第的琼林宴上，戏约将来如果退休，一同定居阳羡，即宜兴也。

蒋氏立即派人到宜兴代苏轼求田，终于接洽成功。这块田在深山，距城五十五里，苏轼很兴奋，专门去看了这块田，以步代尺测量了面积，他预估，正常年景无灾无害，这块地一年能有800石谷子的收成，足够全家的生活。

寻得中意的田，苏轼甚为兴奋，毫不犹豫地买下了它。买田要花钱，黄州五年都没有收入的苏轼，哪里来的钱支付这一笔款项？原来，他委托老前辈范镇把自己京师里的房子售出，得钱800缗，拿出其中600缗付了田钱。

他想着将来还要再买一小块地，种植柑橘：

> 吾性好种植，能手自接果木，尤好栽橘。阳羡在洞庭上，柑橘栽至易得。当买一小园，种柑橘三百本。屈原做《橘颂》，吾园落成，当作一亭，名之曰"楚颂"。

想想就开心啊,放眼绿水青山,满目皆碧,田间劳动之余,手捧一本好书,剥食一颗柑橘,哪里生活可以如此惬意?

其实十多年前,苏轼任杭州通判时,出差常州润州,一踏上宜兴之地,就曾有在此安家的打算,写给他的顶头上司陈襄的信中,他毫不掩饰自己对这块土地的热爱:

> 惠泉山下土如濡,阳羡溪头米胜珠。
> 卖剑买牛吾欲老,杀鸡为黍子来无。
> 地偏不信容高盖,俗俭真堪著腐儒。
> 莫怪江南苦留滞,经营身计一生还。

风景秀丽,土地肥沃,我将老去,就待在此地不准备走了。

得知苏轼宜兴买田,老朋友章惇那颗骚动的心也忍不住激动起来,他写诗给苏轼,表达既庆贺又羡慕的矛盾心情:

> 君方阳羡卜新居,我亦吴门葺旧庐。
> 身外浮云轻土苴,眼前陈迹付蘧篨。
> 涧声山色苍云上,花影溪光篛画余。
> 他日扁舟约来往,共将诗酒狎樵渔。

东坡先生，麻烦你等等我，既然你住宜兴，回头我就去苏州。到那时，便可以放下一切世间俗务，驾着扁舟，饮酒唱和，好不快意！

但苏轼没想到，正是这块田产，也给他带来无尽的麻烦。

曹姓业主卖田后，有后悔之意，想要借机多讹他一些钱财，便诬告到官府，几经折腾，官府方才查明事实，曹姓也认了诬告之实，官府断田归苏轼，待得到正式判决结果，时间已过了七八年之久，苏轼彼时已经在朝为官。苏轼懒得与曹氏计较，表示愿意让曹氏原价赎回，姓曹的本意是诈一笔钱款，哪里有能力掏钱出来？

哪想这事却给了言官口实，后来御史黄庆基借此陷害苏轼，作为他侵占民田的罪状，大加弹劾之能事。

宜兴买田之后，苏轼带着全家继续北行，一边赶路，一边上朝廷上表乞求定居常州，朝廷也没含糊，准许他的奏请。多年愿望成真，不免欣喜：

> 十年归梦寄西风，此去真为田舍翁。
> 剩觅蜀冈新井水，要携乡味过江东。
> 道人劝饮鸡苏水，童子能煎罂粟汤。
> 暂借藤床与瓦枕，莫教辜负竹风凉。
> 此生已觉都无事，今岁仍逢大有年。

> 山寺归来闻好语，野花啼鸟亦欣然。

日子似乎比他期待的还要美好：品味道鲜美的江鱼，吃剧毒却值得一死的河豚，妻儿老小尽在眼前，有空到寺庙里与和尚们谈谈禅。再不用为政事烦恼，再不用为未来操心。《菩萨蛮》里讲的就是这愉快的生活：

> 买田阳羡吾将老，从来只为溪山好。来往一虚舟，聊从造物游。有书仍懒著，且漫歌去。筋力不辞诗，要须风雨时。

不过他的美好生活没多久就戛然而止，因为司马光重又执政，他又要被征召了，需要继续去过他厌倦的生活了——他骨子里是个儒士，时时负担着经时济世的使命。

似乎没有史料交代苏轼到底有没有在常州买房子，大概是没买，因为当他晚年从海南归来，要住到常州，是朋友钱世雄帮他借了套房子暂住。

也有笔记中有载，苏轼晚年海南归来，拟居家宜兴，托学生邵民瞻代购一屋，并付款500缗。晚上，苏邵师徒月下漫步，闻老妇人哭，询其故，方知老妇人儿子卖房与东坡，却未告知老母，东坡知情后，便将房屋还与老妇人。苏轼研究者李一冰先生对此有异议，"东坡北归至常州时，已为病所困，不能更至宜兴，遑论与民瞻月下散步，其事不确"，信然，这个故事属典型的编造和意淫，是为了证明

宋绣 黄筌画花鸟（二）册 秋葵双鸡

苏轼的善良品性却罔顾了事实。

惠州白鹤峰新居：山居岁月

苏轼一路被贬，到了惠州，先住到合江楼，六天后又搬到嘉祐寺，因表兄程之才做了广南路提刑，借了这层关系，又迁回合江楼居住，一年后又搬回嘉祐寺，反反复复，来回折腾，他真心地厌烦了这不安定的生活，只盼着自己在白鹤峰上盖的房子能尽快完工。

白鹤峰在归善县城东,上有一块空地,面临东江,景色秀美,苏轼便将这块空地给买下来了。

苏轼亲自设计规划,他充分考虑地形,计划造成两进院子,前一进三间小屋,作为门房,中间是庭院,种植花木,后一进为三间堂屋。宅地左侧宽阔的地方盖居室、厕所、厨房,在宅地后面建书房。

设计好建筑图纸,他又找来了木匠估计建筑用料的多少,找来了工头,帮助他购买木材。想必在山上建造这样一个宅院耗时费力,十分艰难,木匠大概是后悔接了这个活,竟然请假后彻底不来了,苏轼无奈,只得请求县太爷把这个木匠给拘了来。

儿子苏迈为了照顾父亲,申请了惠州附近的工作,得韶州仁化县令,一家子终得相聚的机会,他更有了造房的动力。

很是辛苦了老大一场,终于把房子建好。但住在山上,饮水须到江边去挑,确实不便,他又计划在新居凿井;空荡荡的院子里还缺些花木,他又跟朋友要来了树苗。

白鹤峰新居落成,可喜可贺,第一次住到山上,也是种特别的体验。苏老先生亲自建造的这种房子,堪称民宿业界的典范:不但视野开阔,而且美景也有极强的层次感,江水奔流,绿树绵延,拾级而上,新居质朴自然,门下是两株柑橘,屋内种有古荔,过前进三间房,是一大院落,花木繁茂,清香四溢,院落后是正厅,宽阔舒服。

左边居室,绕以竹篱,篱间花草点缀其间。右边是苏先生书房,名"思无邪斋",书房有一大窗,各种自然美景尽收眼底。

书斋后设后门,推门则是两家邻居,一个是酿酒的林阿婆,一个是老秀才翟逢亨。

人不人文,自不自然?苏老先生若改行做设计,怕很多建筑师没饭吃了。

绍圣四年二月十四日,苏轼从嘉祐寺搬来新居,专心等一大家子人前来。不久,苏迈苏过带着两房家眷赶来了。原本冷清的新居,一下子多了许多欢声笑语,儿孙满堂,幸福洋溢,老人很久没有见过这等场面了,开心得忘了造屋的艰辛,忘了南贬途中遭遇的一切苦难。

新居从设计到完工,整整用了一年,他一遍又一遍地在院子里行走,观赏那一草一木,想到的不是劳累,却尽是开心。

南岭过云开紫翠,北江飞雨送凄凉。
酒醒梦回春尽日,闭门隐几坐烧香。
门外橘花犹的皪,墙头荔子已斓斑。
树暗草深人静处,卷帘欹枕卧看山。

哪想,仅仅两个月后,又传来一个震惊的大消息:他要被流放海南。费尽心力筑就的隐居梦想,眼见着又与他擦肩而过了。

第十八章

兄长：

岂独吾兄弟，要是贤友生

苏轼苏辙昆仲,是中国文化史上之兄弟典范。《左传》说,"父义,母慈,兄友,弟恭,子孝,内平外成。"兄弟关系,是儒家人伦关系中的大节之一,是社会秩序安定和谐的重要一环。

南宋罗大伦曾谓,"然余尝谓人伦有五,而兄弟相处之日最长。君臣之遇合,朋友之会聚,久速固难必也。父之生子,妻之配夫,其早者皆以二十岁为率。惟兄弟或一二年,或三四年,相继而生,自竹马游嬉，以至鲐背鹤发，其相与周旋，多者至七八十年之久。若恩意浃洽，猜间不生，其乐岂有涯哉！"

但兄弟相处，也未见得容易，君不见吾国史上，兄弟反目者数不胜数：不说皇子们为争宠夺权，获取大位，不惜舞刀弄枪血流成河，不说同朝为官的亲哥俩，纯因政见不和而大打出手，即便寻常平民百姓当中，兄弟因争家产分利益而阋于墙者又何尝鲜见？

像苏轼苏辙哥俩这种，感情深厚，从未生过龌龊者，才是真正的"其乐岂有涯哉！"

兄弟本是连根同生，亲密出自血缘。但兄弟又常因靠得太近，利益牵绊纠扯一起，比较容易翻脸。

因此才有曹植愤然而出七步诗：本是同根生，相煎何太急。

因此才有奕詝将奕䜣排除于顾命大臣之外，使其不能接近于权力中枢。

因此才有周作人写绝交书给鲁迅，两兄弟到老死不复往还。

兄弟关系既简单，又复杂，既牢固，又松动。兄弟如何相处，还真是一门大学问。不是人人都像舜那样高尚，他的弟弟像寻找一切机会害他，但他处处忍让，终以爱心感化之。舜是天生的伟人，不符合正常的人间道理。

有宋一代，以兄弟成名者不乏其人，除轼辙外，尚有程颢、程颐两兄弟，王安石、王安礼、王安国三兄弟，皆有文名，但他们之间的感情，与二苏比，还是要差一大截，仅举一个实证，程氏和王氏兄弟间唱和之作鲜见，而苏氏昆仲则有百首之多。

看轼辙兄弟相处，怕人人都会打一个问号，这二位怎么就那么和谐，那么融洽，那么叫人羡慕？

苏洵和程夫人共生有六个子女，其中三个夭折，苏轼的姐姐八娘因受婆家虐待早亡，只剩下兄弟俩，在他们童年和少年的认知里，彼此就是对方的依靠，所以倍觉珍惜吧。

二十岁时，苏轼感慨：我年二十无朋俦，当时四海一子由。我二十岁了，没啥朋友，四海之内，不过一个子由。真的没有朋友吗？非也，不只因为兄弟间感情太深，也因为才华相仿，也是年龄相近惺惺相惜的对手，若没有这个兄弟，精神上会很寂寞，因而互相敬重。

四十三岁时，苏轼感慨：嗟余寡兄弟，四海一子由。故人虽云多，出处不我谋。经历过人情世故，更珍惜这份兄弟之情，朋友来来去去，兄弟始终未变。

兄弟关系与生俱来，无可选择，可以选择的，是与兄弟相处的态度。兄弟关系看似不需要维护，所以更容易产生不尊重，更容易出现裂缝，影响到彼此关系的融洽。

兄弟情是自然本能，朋友则是长期相处中而产生的情感。有些兄弟永远只是兄弟，从兄弟跨向朋友，是情感的一种大跨越。

苏轼和苏辙不只是亲兄弟，还是好朋友。

苏轼诗曰:"岂独为吾弟,更是贤友生。"

苏辙为哥哥写的墓志铭里,亦动情地说:"抚我则兄,诲我则师。"

这就是所谓兄弟相处的秘诀:不只把对方看成自己的亲兄弟,苏轼还视苏辙为贤友,苏辙还视苏轼为良师。

连元人编辑的《宋史·苏辙传》,都不免为这两兄弟的深切感情叫好。

> 辙与兄进退出处,无不相同,患难之中,友爱弥笃,无少怨尤,近古罕见。独其齿爵皆优于兄,意者造物之所赋与,亦有乘除于其间哉!

兄弟如此怡怡,其乐岂有涯哉!

互吹互捧,哥俩最棒

苏轼苏辙昆仲关系所以处得好,有一个秘密不得不说:那就是互相吹捧,而且是变着法儿夸对方。

苏氏兄弟从不吝惜对彼此的夸奖,能把对方夸到天昏地暗,夸到日月无光。

你看，苏轼的诗文里随便扒拉一下，就能看到他对弟弟的夸奖。比如，"吾少知子由，天资和且清"。

我滴个老弟啊，你性格那么温和那么清静。

比如，"吾从天下士，莫如与子欢"。

我和天下士子交游，都不如和你在一起时自由自在。

比如，"念子似先君，木讷刚且静。寡词真吉人，介石乃机警。至今天下士，去莫如子猛"。

老弟，你跟咱老爸一样，人虽木讷，但个性刚正，清静，话不多，又善良。操守坚贞且机敏过人。当今天下士人，皆不如你勇猛。作为老哥，我骄傲。

再比如，苏轼曾对弟弟说，"吾视当世学者，独子与我上下耳"。

看当今天下搞学问的人，也就咱兄弟俩最厉害，你有时可能还超过我一点点。

夸自己亲弟弟都这般努力，夸起别人来更是毫无心理障碍了。有兴趣的朋友可以搜集一下苏轼对欧阳修、王安石、司马光、王巩、陈希亮、陈慥等诸人的评价。

作为弟弟的苏辙也当仁不让，夸起哥哥来也如秋风扫落叶一般毫不留情。

比如，上文提到的那句"抚我则兄，诲我则师"。

比如，"平生笃于孝友，轻时好施，其于人，见善称之，如恐不及；见不善斥之，如恐不尽；见义勇于敢为，而不顾其害。用此数困

苏洵像

兄长

岂独吾兄弟,要是贤友生

于世,然终不能以恨"。

我哥啊,就是一完人。孝敬长辈,珍视友情,乐善好施,看到好的就赞美,看到坏的就斥责,见不平就拔刀,见不公就抄家伙,虽然常因此等事陷于困境,但一直无怨无悔。

比如,"驰骋翰墨,其文一变,如川之方至,而辙瞠然不能及矣"。我哥那小文章写得真绝,他已打通了任督二脉,我是赶不上了。

有人说苏辙的文章写得不如哥哥,苏轼就不爽了,愤愤地为弟弟鸣不平,在给张耒的信中,他说:

> 子由之文实胜仆,而世俗不知,乃以为不如。其为人深不愿人知之,其文如其为人,故汪洋淡泊,有一唱三叹之声,而其秀杰之气,终不可没。作《黄楼赋》乃稍自振厉,若欲以警发愤愤者。而或者便谓仆代作,此尤可笑。

我弟弟的文章比我写得好,你们不知道罢了,就跟他的为人一样,比较低调而已。他文风汪洋淡泊,一唱三叹,写得多棒啊。就这一篇《黄楼赋》,你们好好看看,有人竟以为我代弟弟写的,岂有此理?

如此类兄弟互吹的例证,差不多能写十页纸。当然,兄弟俩关系好,也不只是靠互相吹捧,关键时刻,弟弟还会批评一下哥哥,并提出一些合理的建议和意见。

苏轼知徐州时，弟弟陪着，有段时间短暂相聚，苏辙担心兄长的毫无顾忌的个性会影响他的前途，更可能招惹是非，就告诉他尽量收敛一下，"常恐坦率性，放纵不自程"，但江山易改，本性难移，苏轼的不吐不快的个性终为他带来了乌台诗案的灾难。

待苏轼出狱赴黄州，途中到陈州与弟弟商议今天家眷等事项的安排时，苏辙又一次规劝哥哥，今后一定要少说话，多做事，慎写诗，免得再生是非。

虽说苏轼长弟弟三岁，但在性情上，苏辙更像个哥哥。苏轼偏感性，性不容事，心有所感，口必有言，不吐不快，因此而生祸端，乌台诗案便是明证。而苏辙沉静内敛，思多言少，遇到困难也不以为意，能随遇而安，有问题解决问题，有困难解决困难。

显然，苏轼在黄州时虽未完全听弟弟的劝说，但在一定程度上，他也很收敛自己的言行了，不得不说这是苏辙之功。

兄弟连心，其利断金

苏氏昆仲，不管在生活里，还是在官场上，同声同气，共同进退。

想当年，父亲带领兄弟俩进京求取功名，年纪轻轻的苏氏兄弟同场应试，同榜高中，一鸣惊人。到后来，他们又共同参加

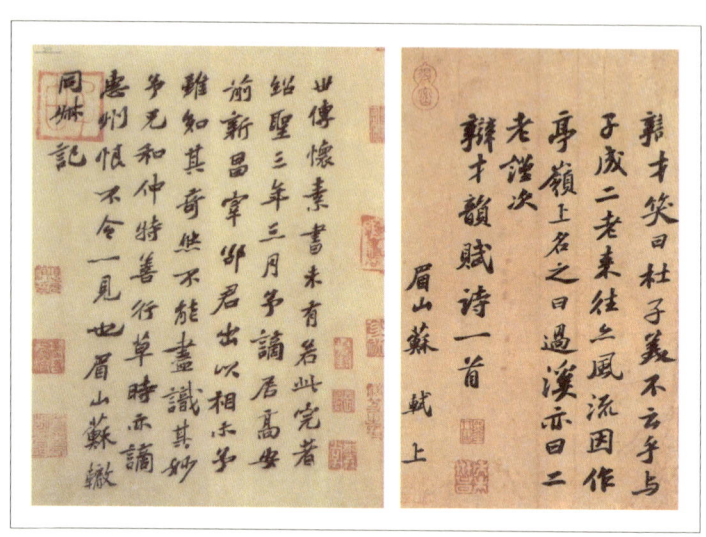

北宋　苏轼　辩才诗帖

北宋　苏辙　怀素自叙帖题跋

制策考试，又双双考中。引得皇帝惊呼："吾今日又为子孙得太平宰相两人。"引得天下士子争读苏氏文章，"苏文熟，吃羊肉；苏文生，吃菜羹"。

王安石变法时，两兄弟正值出仕不久，怀一腔热血，抱满心希望，想要为大宋贡献自己的力量。苏轼和苏辙皆不赞成王氏之法，他们坚决而果断地站到了反对变法的保守派一侧。

王安石为推行新政，太过急切，不惜动用刑赏手段推动新法，奉行新法的官吏迫于压力，又使用严刑酷罚来压迫百姓，搞得许多百姓家破人亡，穷困不堪，新法不得人心。

苏辙的观点与王安石相反，他认为国富的核心不是从百姓那儿敛财，而应该精兵简政，节省费用，他上书神宗，请求对新法做出改变，否则，定当祸国殃民。

神宗变法态度坚决，当然并未理会苏辙的建议。但神宗惜才，将苏辙拉入到变法的阵营，调他到变法的核心机构制置三司条例司任检详官。

因为观点相左，苏辙与王安石及其手下共事，矛盾无可避免。每每制定新法之细则时，苏辙都会提出不同的想法和意见，这点令王安石颇为恼火，本想找个得力助手，没想找了个刺儿头，让王安石颇为头疼，终于将苏辙架空。苏辙无法，只得求去。

苏轼更是态度鲜明地反对新法，并以激烈飞扬的文字受保守派众人倚重。确有不少朝中老臣看到苏氏文章，而发生立场上的动摇，苏轼由此而成为保守派的最佳发言人，连新政派都认为朝中舆论所以倾向于保守派，很大程度上乃是受了苏轼的鼓动，因此而视他为眼中钉。

苏轼针对王安石变法中的"聚敛"和"法家"两端，极尽攻击之能事。他上书神宗，直言新法之害。

他说聚敛之法必是死路一条：

> 夫兴利以聚财者，人臣之利也，非社稷之福。省费以养财者，社稷之福也，非人臣之利。何以言之？民者国之本，而利者民之贼。兴利以聚财，必先烦刑以贼民，国本摇矣。而言利之臣，必受其赏。

他强烈地反对酷刑峻法，以商鞅为标靶剑指的却是王安石：

> 不顾人言，虽能骤致富强，亦以召怨天下，使其民知利而不知义，见刑而不见德，虽得天下，旋踵而失也。至于其身，亦卒不免，负罪出走，而诸侯不纳，车裂以徇，而秦人莫哀。君臣之间，岂愿如此？

王安石本就对苏氏父子怀有偏见，如此一来，双方关系更为紧张。当苏辙辞去制置三司条例司职务时，神宗还曾有意用苏轼补缺，他问王安石，可否用苏轼来代替苏辙位置。

王安石说，这苏家兄弟就喜欢高谈阔论，蛊惑人心，不宜使用。

尽管苏氏兄弟对新法的议论，并没有起到阻断新法的作用，但他们确实给革新派下了一个大绊子，令王安石和其支持者们头疼不已。

乌台诗案后,兄弟俩同时被贬,在艰苦孤绝的环境里求存活,他们彼此鼓励,方才度过了那最困难的岁月。

元祐还朝后,兄弟俩步步高升,双双成为朝内举足轻重的角色。他们又合力联手,将先前变法中的政敌一一收拾。

苏辙担任右司谏,同时弹劾左右二相,左相指蔡确,右相指韩缜。之后再上状弹劾吕惠卿,指其诡变多端,见利忘义,吕氏是王安石变法的得力助手,朝廷即降吕氏官职,众谏官以为处理过轻,继续弹劾,苏辙将吕氏出卖王安石的事情也抖搂出来,大力揭发,朝廷又行责罚。

责罚吕氏的诏书则出自苏轼之手,他以酣畅的文笔,历数吕氏罪恶,痛快淋漓地出了一口恶气:

> 敕。凶人在位,民不奠居;司寇失刑,士有异论。稍正滔天之罪,永为垂世之规。具官吕惠卿,以斗筲之才,挟穿窬之智。诐事宰辅,同升庙堂。乐祸而贪功,好兵而喜杀。以聚敛为仁义,以法律为诗书。首建青苗,次行助役。均输之政,自同商贾;手实之祸,下及鸡豚。苟可蠹国以害民,率皆攘臂而称首。先皇帝求贤若不及,从善如转圜。始以帝尧之心,姑试伯鲧;终然孔子之圣,不信宰予。发其宿奸,谪之辅郡;尚疑改过,稍畀重权。复陈罔上之言,继有砀山之贬。反覆教戒,恶心不悛;躁轻矫诬,德音犹在。始与知己,共为欺君。喜则

摩足以相欢,怒则反目以相噬。连起大狱,发其私书。党与交攻,几半天下。奸赃狼藉,横彼江东。至其复用之年,始倡西戎之隙。妄出新意,变乱旧章。力引狂生之谋,驯至永乐之祸。兴言及此,流涕何追。迨予践阼之初,首发安边之诏。假我号令,成汝诈谋。不图涣汗之文,止为款贼之具。迷国不道,从古罕闻。尚宽两观之诛,薄示三危之窜。国有常典,朕不敢私。可。

王安石变法阵营里的另一主力李定,先前因为不服母丧,本已受到责罚,苏轼嫌处理太轻,上状,要求加重处分,朝廷如其所请,将李定谪放滁州。

兄弟俩联手,将先前变法派诸人好生收拾了一番。

相见不如怀念

苏氏兄弟聚少离多,走上仕途之后,在一起的时间,基本只有为父母丁忧的六年再加上做京官的八年。

两人写的信尤多,信的内容无所不包,互寄诗作唱和,探讨时事,交流艺术创作。

我特别喜欢兄弟俩互寄的诗作,不矫饰,不掩饰,说笑就是说笑,思念就是思念,任何不可向别人言的东西,他都可以统统说给

清 小荷女史
苏东坡像

兄长

岂独吾兄弟，要是贤友生

弟弟,兄弟之间没有任何隔阂,着实让人嫉妒。

苏轼经常一个劲地向弟弟表示,我想你啊,子由。我要为你写诗写词。

苏辙则乐于享受哥哥的那份关爱和牵挂,也乐于回应哥哥的关爱和牵挂,这一份兄弟感情,从未因空间和时间的阻隔而变得浅淡,也从未因政治的险恶而不再持续。

不论是春风得意同朝为官,还是于偏远地方贬谪流离,只要一想起对方,艰苦和孤独都不再那么难熬。

离京师赴凤翔任上,刚与弟弟分别的苏轼就开始思念弟弟:

> 登高回首坡陇隔,但见乌帽出复没。
> 苦寒念尔衣裘薄,独骑瘦马踏残月。

我在高处回头,隔着坡陇,只看到你的帽子出没其间。我心下所想,是你衣衫单薄,一个人骑着瘦马踏残月而去。

在凤翔任上,九九重阳日,苏轼未参加同事聚会,一个人跑到普门寺里游玩,又想念起京师的弟弟:

> 忆弟泪如云飞散,望乡心与雁南飞。

想起你来我泪如雨下,好想与你一起回到故乡。

因为想与在济南为官的苏辙离得更近一点,苏轼请求朝廷将他从繁华的大都会杭州调往偏僻穷苦的密州。转任途中,忆起与弟弟的点点滴滴,写下《沁园春》:

> 孤馆灯青,野店鸡号,旅枕梦残。渐月华收练,晨霜耿耿;云山摛锦,朝露漙漙。世路无穷,劳生有限,似此区区长鲜欢。微吟罢,凭征鞍无语,往事千端。
>
> 当时共客长安,似二陆初来俱少年。有笔头千字,胸中万卷;致君尧舜,此事何难?用舍由时,行藏在我,袖手何妨闲处看。身长健,但优游卒岁,且斗尊前。

旅舍里灯光暗淡,荒野鸡鸣,我做了一个残破不全的梦。晓月淡去,晨霜晶莹;云如展开的锦缎,朝露与晨光辉映。行程没个尽头,有限的是这劳顿的人生啊。

弟弟,遥想当年,你我风华正茂,客居汴京,就像陆机、陆云一样,胸中充溢着雄心壮志。妙笔在手,诗书在胸,以为可以辅佐圣上,建功立业,可事实呢?并未得到重用,不妨袖手闲看。好在你我身体康健,只需悠闲游乐,杯中寻醉。

我猜度,他已有退休之想,借此试探弟弟,想看看是否有可能与苏辙一起归隐,去过那美好的田园生活,再不用为世事烦忧。

明 陈洪绶 苏轼画像

待到密州,忙于公事,才发现兄弟离得虽近,却无缘相聚。

中秋节时想到弟弟,借着酒劲,一口气写下那首流传千年不衰的《水调歌头》:

> 明月几时有?把酒问青天。不知天上宫阙,今夕是何年。我欲乘风归去,又恐琼楼玉宇,高处不胜寒。起舞弄清影,何似在人间。
>
> 转朱阁,低绮户,照无眠。不应有恨,何事长向别时圆?人有悲欢离合,月有阴晴圆缺,此事古难全。但愿人长久,千里共婵娟。

论者称,"中秋词,自东坡《水调歌头》一出,余词尽废",其实,除了东坡过人的才情之外,这词里流露出来的真情才是最可宝贵的东西,因为是"怀子由"才有此词。若无子由,那情感的流露便没有这么自然,这么顺畅。

元丰二年,苏轼因乌台诗案入狱,在狱中,他以为自己必死无疑,写了两首诗作为遗书,诗下有注:予以事系御史台狱,狱吏稍见侵,自度不能堪,死狱中,不得一别子由,故和二诗授狱卒梁成,以遗子由。

在这危难时刻,他牵挂的仍是子由。

其一

圣主如天万物春,小臣愚暗自亡身。
百年未满先偿债,十口无归更累人。
是处青山可埋骨,他年夜雨独伤神。
与君世世为兄弟,更结人间未了因。

其二

柏台霜气夜凄凄,风动琅珰月向低。
梦绕云山心似鹿,魂飞汤火命如鸡。
眼中犀角真吾子,身后牛衣愧老妻。
百岁神游定何处,桐乡知葬浙江西。

好在,他福大命大,经过一众人等积极营救,终于脱离了牢狱之灾。早在入狱之初,苏辙就曾向朝廷上书,可谓情真意切,字字血泪:

臣闻困急而呼天,疾痛而呼父母者,人之至情也。臣虽草芥之微,而有危迫之恳,惟天地父母哀而怜之。

臣早失怙恃,惟兄轼一人,相须为命。今者窃闻其得罪逮捕赴狱，举家惊号，忧在不测。臣窃思念，轼居家在官，无大过恶，惟是赋性愚直，好谈古今得失，前后上章论事，其言不一。陛下圣德广大，不加谴责。轼狂狷寡虑，窃恃天地包含之恩，不自抑畏。顷年通判杭州及知密州日，每遇物托兴，作为歌诗，语或轻发，向者曾经臣寮缴进，陛下置而不问。轼感荷恩贷，自此深自悔咎，不敢复有所为。但其旧诗已自传播。臣诚哀轼愚于自信，不知文字轻易，迹涉不逊，虽改过自新，而已陷于刑辟，不可救止。

轼之将就逮也，使谓臣曰："轼早衰多病，必死于牢狱，死固分也。然所恨者，少抱有为之志，而遇不世出之主，虽龃龉于当年，终欲效尺寸于晚节。今遇此祸，虽欲改过自新，洗心以事明主，其道无由。况立朝最孤，左右亲近，必无为言者。惟兄弟之亲，试求哀于陛下而已。"臣窃哀其志，不胜手足之情，故为冒死一言。

昔汉淳于公得罪，其女子缇萦，请设为官婢，以赎其父。汉文因之，遂罢肉刑。今臣蝼蚁之诚，虽万万不及缇萦，而陛下聪明仁圣，过于汉文远甚。臣欲乞纳在身官，以赎兄轼，非敢望末减其罪，但得免下狱死为幸。兄轼所犯，若显有文字，必不敢拒抗不承，以重得罪。若蒙陛下哀怜，赦其万死，使得出于牢狱，则死而复生，宜何以报！臣愿与兄轼，洗心改过，粉骨报效，惟陛下所使，死而后已。臣不胜孤危迫切，无所告诉，归诚陛下，惟宽其狂妄，特许所乞，臣无任祈天请命激切陨越之至。

什么叫相依为命，什么叫兄弟情坚？这就是。

倘苏轼出狱后读到此文，也定当潸然泪下。且不管这次上书是否在营救苏轼的过程中起过作用，单就隐于字句当中的兄弟情谊，估计也能让本就宅心仁厚的神宗泪眼蒙眬。

乌台诗案后，兄弟俩的命运更是有着惊人的相似：苏轼贬黄州，苏辙贬筠州，元祐更化，兄弟双双进京，升迁迅猛，当变法派再度掌权之后，兄弟俩的命运同又跌入谷底，苏轼一路贬至儋州，苏辙一路贬到雷州。

这份兄弟情谊从来不曾减少半分，他们书信频繁，互通有无，视对方为最大的牵挂，因为有风雨对床之约，这两位老兄弟都为这个梦想努力，都不敢轻易将它放弃。

到生命的最后时刻，他知道这个梦想注定无法实现，便提出一个永久与弟弟相守的方案：葬到一起。

他写信给苏辙："即死，葬我于嵩山下，子为我铭。"时苏辙家在颍川，苏轼有此愿望，便是为了未来弟弟过世后与自己同葬。

苏氏祖坟，本在眉县老泉山，路途遥远，归葬不易。因此在生前便与苏辙议定，在郏城县苏辙的自有地上辟设一个苏氏祖墓。

建中靖国元年(1101)，苏轼卒于常州。次年，其子苏过将父亲灵

清末民初 王震 苏东坡像

岂独吾兄弟,要是贤友生

枢运至郏城县安葬。苏轼下葬九年后,苏辙又将王闰之夫人灵柩迁此,与哥哥合葬,完成了哥哥"与子同穴"的遗愿。

政和二年(1112),苏辙卒于颍昌,其子将之与苏轼葬于一处,称"二苏坟"。元至正十年(1350)冬,郏城县尹杨允到苏坟拜谒,谓:"两公之学实出其父老泉先生教也,虽眉汝之墓相望数千里,而其精灵之往来,必陟降左右。"遂置苏洵衣冠冢于两公冢右。

二苏坟自此变三苏坟,老苏、大苏、小苏父子三人终于相守。

苏氏两家,亲如一家

兄弟俩关系好,还有一个原因,就是彼此视对方家人为自己家人,从不见外。

老大家因乌台诗案蒙难时,全家人搬到老二家居住。

苏轼修桥建路,献身公益事业,钱凑不够时他曾鼓动弟媳妇捐款。

苏轼为二侄女牵线,推荐自己的家庭教师王适做了侄女婿,王适的女儿后来又嫁给苏轼的孙子苏符。

苏轼置办田产缺钱,苏辙雪中送炭。

兄弟处到这个份上,自然融洽得紧。

熙宁十年正月,苏轼自密州转任它处,大雪纷飞当中,到达弟弟的任地济南。因为苏辙进京寻求机会,三个侄子苏迟、苏适、苏远前来迎候。兄弟两家,阔别七年,此次相聚,岂不快哉,赶紧置酒煮肉,话别叙旧,气氛自是热烈幸福。

大约是天气寒冷,又或者苏辙夫人史氏及侄儿极力挽留,苏轼一大家子在苏辙家里一住就是月余。

乌台诗案发,苏轼被逮捕,王闰之夫人带上全家去苏辙的南都家中居住。一家二十余口人,吃喝拉撒睡,都是负担,苏辙和夫人史氏不以为意。一住便是数月,直到苏轼到黄州时,才将全家接去,而一路将全家人护送到黄州的,正是弟弟苏辙。

元祐还朝,兄弟俩一路升迁,同住京城,是两人最得意最顺遂最稳定的一段时间。此前二十余年兄弟不在一处,这次京城同聚,幸福感直线飙升。

苏氏昆仲虽然不住在一起,但并不妨碍苏轼每天退朝后,往弟弟家里转一转,待上半个或一个时辰,然后再回自家。

兄弟来往频繁。有一天,苏轼约了苏辙一起饮酒话家常,他回家甚早,苏辙忙于公事还未到来,苏轼便在家里煮好了酒,安然等弟弟到来。

对于对方的孩子,他们更是视同己出。

元祐二年除夕,苏辙值夜班,无法回家,满心欢喜过年的孩子们看不到父亲,自然失望至极。第二天,苏轼参加完朝贺,就急急忙忙地赶往弟弟家陪侄子们玩耍。

苏家阖家团聚，只缺一人，便是苏轼在德兴当县尉的儿子苏迈。苏辙明了哥哥盼望长子来京的期盼，便上《乞兄子迈罢德兴尉状》，果然起了作用，不久后苏迈全家来京才聚。

苏轼常和侄子们打成一片，联诗作对是日常生活的一部分。不在一起时，他还通过书信对侄子的写作加以指导：

> 得书知安，并议论可喜，书字亦进。文字亦若无难处，只有一事与汝说。凡文字，少小时须令气象峥嵘，彩色绚烂。渐老渐熟，乃造平淡。其实不是平淡，绚烂之极也。汝只见爷伯而今平淡，一向只是此样，何不取旧时应举时文字看，高下抑扬，如龙蛇捉不住，当且学此。只书学亦然，善思吾言。

他劝侄子多读史书：

> 独立不惧者，惟司马忠实与叔兄弟耳。万事委命，直道而行，纵以此窜逐，所获多矣。因风寄书，此外勤学自爱。近年史学凋废，去岁做试官，问史传中事，无一两人详者，可读史书，为益不少也。

不只指导侄辈，侄孙也是他指导的对象，他给苏元老写信：

侄孙近来为学如何？恐不免趋时。然亦须多读书史，务令文字华实相副，期于实用乃佳。勿令得一第后，所学便为弃物也。海外亦粗有书籍，六郎亦不废学，虽不解对义，然作文极峻壮，有家法。二郎、五郎见说亦长进，曾见他文字否？侄孙宜熟前后汉史及韩柳文。有便寄近文一两首来，慰海外老人意也。

　　苏轼去世后，两家的交往并未断绝，反而更为亲密。苏迈、苏迨、苏过全都迁到颍川，与叔父苏辙比邻而居。

　　眉山苏氏兄弟两家，自此成为一家。

第十九章

赏月人：人间几度秋凉

苏轼见过各地的月亮。

故乡眉山的月,京师开封的月,陕西凤翔的月,人间天堂杭州的月,灾后密州的月,贬地黄州的月,偏远儋州的月,定居地常州的月……有些月光被他忽视了,有些月光刻在了心底。

那些被他忽视的月,流落在时间的长河中不知去向。被他刻在心底的月,注向唇端笔尖,化成诗词传遍人间。

他大约是宋代最不想过中秋的人,一生经历的大部分中秋节,都透着清冷,透着孤独,或者还有淡淡的绝望。

或者那只是一种表象。

他畅饮欢度的中秋也有许多,只是被他刻意掩饰了。与团圆喜庆比起来,他更擅长描述分离,描述孤独和绝望——文字常常是靠不住的,有时候文人喜欢为了抒情而抒情,为了痛苦而痛苦。

文字常常又是最可靠的,那平滑细腻的感受,那丰沛浓郁的情感,没有办法挤出来,那是心底意念的流淌,是最真实的表达。

到底哪个苏东坡才是真正的苏东坡?到底哪儿的月才是他心中的月?

有些月亮注定是属于子由的

他有些中秋诗词是写给弟弟的。就是那个叫子由的,小他三岁的弟弟。

他唯一的弟弟。他用一生思念的人。他们少年离家,一起应考,一起奔向仕途,之后各分东西,流浪异地,他们倾尽一生,想要践行当年在怀远驿苦读时的"对床之约":退休之日,兄弟住到一起,吟诗赋词,渔樵耕读,共度余生岁月。

这个约定,一直未能实现。兄弟俩骨子里都是儒士,都有建

南宋 李嵩 月夜看潮

功立业的梦,都有齐家治国平天下的理想,都想在有生之年做出一番事业。哪想命运弄人,将他们抛到天涯海角,直到垂老。"对床之约"便成了永远的约定。

哥哥性格外向开朗,反而是子由更沉稳一些,内敛一些,子由不擅抒情,也不怎么表露内心。但他却享受哥哥那些倾盆而泻的情感,子由常常被击中,不知道他是否曾躲在被子里拭干眼泪。

因为经常不在一起,月亮成为他们抒发思念的最佳道具。

1076年中秋,子由接到哥哥的词:但愿人长久,千里共婵娟。

1077年中秋,子由接到哥哥的词:明月明年何处看。

前一年中秋,苏轼在密州,子由在济南,路程不远,但各自忙于工作,竟无缘相见。他只能将绵密的情绪放在这一天尽情地倾吐出来,他叹不能相见的无奈,恨空间和时间将亲人隔离,却又微笑着期许未来。

既入世又出世,既迷茫又旷达。这一晚,他喝醉了,醉成一摊明晃晃的月光,醉成一坛香醇醇的美酒。

后一年中秋,苏轼在徐州,子由也在徐州,兄弟俩度过了一个团圆的中秋。但中秋节第二天,弟弟又将离去,团聚的喜悦立马又被离别的情绪代替,即便沉稳内敛的子由也伤怀起来,他写的《水调歌头》,竟也充满了情绪的波动:"今夜清尊对客,明夜孤帆水驿,依旧照离忧。"

夜已至深,明月高悬,兄弟俩在清冷的空气里赏月,都不愿去睡觉,因为不知道下次共赏明月会是什么时候。

子由,明年中秋,我们兄弟还会一起看月亮吗?即便一起看,看的又是哪儿的月亮?

我们何苦在这仕途上奔波,我们何苦为大宋的未来忧虑。为什么不能隐居山间,一起做快乐幸福的老农。

不能忘记黄州的月亮

他还写过许多地方的月亮。黄州的月亮似乎别有意义。

1080年中秋,他写的《西江月》,是黄州的月亮。

世事一场大梦,人生几度秋凉。夜来风叶已鸣廊。看取眉头鬓上。

酒贱常愁客少,月明多被云妨。中秋谁与共孤光,把盏凄然北望。

他感叹生命里充满矛盾,有酒时无客,有客时无酒,月明时被云妨,可是无云时又无月。

每个人都要在孤独里完成自己的宿命。

世人总说苏氏豪放,只是一种误读罢了。他写起痛楚,写起悲伤,写起人在人群中的孤独,并不输柳三变,也不输李清照,他可以豪放,也可以婉约。因时而异,因需而异,而已。

他与柳三变和李清照的区别是,他并不把情感局限于小儿女的小情绪,然后把那种小情绪抒发到极致。他将小情绪放之于大空间,放之于大时间,在空间和时间的交错里,消弭其中的悲凉,建构一个平和灵动的内心世界。

他的悲凉,不悲苦,不凄怆,只一句"世事一场大梦,人生几度秋凉",似乎就已经看透生命的本质,后面的情绪就不会再生发出苦来,那苦似乎本就是人生的一部分——他是感性的人,但只看这一句,又理性得让人可怕。

1082年中秋,他写的《念奴娇》,还是黄州的月亮。

> 凭高眺远,见长空万里,云无留迹。桂魄飞来光射处,冷浸一天秋碧。玉宇琼楼,乘鸾来去,人在清凉国。江山如画,望中烟树历历。
>
> 我醉拍手狂歌,举杯邀月,对影成三客。起舞徘徊风露下,今夕不知何夕。便欲乘风,翻然归去,何用骑鹏翼。水晶宫里,一声吹断横笛。

登高远望，碧空如洗，辽阔得没有边儿。月亮的光辉照射下来，满天凉意。月宫琼楼玉宇之上，仙女坐着鸾鸟来来往往，宫中的清净自由令人向往。江山秀美如画，月中树影婆娑。

我喝醉了，边打拍子边大声歌唱，举杯邀月，加上我的影子，仿若三客。在凉风微露里翩翩起舞，俨然忘了今夕是何夕。我乘着这风儿便可飘飘离开人世到那天上，何必要骑上大鹏之羽翼。在明净的月宫里，把横笛吹得响彻云霄。

同一个黄州的月亮，竟然是不同的味道。

那是因为，黄州几年的沉淀之后，他放松了，自在了，恬然了，安适了，悲凉不见了，取而代之的是超脱，是远离喧嚣和世俗的沉静。

他得道了，成仙了，后人称他"坡仙"，大概也源于此。你看那洒脱，你看那飘逸。

差一点就要同仙人飞升了。差一点就要与众神同醉了。

叶嘉莹先生说，一个人的人格就是他的风格，凡是真正富于智慧才华的人，无论做什么，都是出手不凡的。

黄州的月亮，大概还记得这两首词罢。

海南的月亮更圆吗

在海南的生活最是孤独。不但物质上得不到保证，常常缺菜少

明 唐寅 明月扁舟图

粮，而且精神上最是孤独无依。

在其他地方时，大多还有家人相伴，在海南仅有小儿子苏过陪着。在其他地方时，至少还有地种，有田耕，在海南，他什么也没有。

好在后来终于有了书读。书是从在陆上运来的。

好在还有个陪父子二人下棋的张中。

好在还可以制墨。好在还可以练习辟谷。好在可以和陶渊明的诗。

好在他交了朋友。他和几个当地读书的老者相处甚得，常一起散步游玩，"华夷两樽合，醉笑一欢同"。

说也奇怪，愈是在物质贫乏之地，他过得愈是精彩。他的生命有很强的弹性，你把我折弯了，我又弹回来。你折得越弯，我弹性愈强。

到后来，他开心不已，大声说：吾可以安于岛夷矣！我就安心地住在这岛上了。

在海南的中秋，他到底怎么过的呢？

他没有交代。但我想，那月亮一定更大，更圆，更加耀眼。

他的心态一定更好，连原先那些悲凉的情绪也被他抛洒掉了，骨子里尽剩潇洒和超脱。

就像他写的这首《南歌子》：

苒苒中秋过,萧萧两鬓华。寓身化世一尘沙。笑看潮来潮去、了生涯。

方士三山路,渔人一叶家。早知身世两聱牙。好伴骑鲸公子、赋雄夸。

宋人胡寅评苏词:一洗绮罗香泽之态,摆脱绸缪宛转之度,使人登高望远,举首高歌,而逸怀浩气,超然乎尘垢之外。

胡氏讲得没错,但若没有人生的历练,哲学的追问,不断地求索,这种超然是不可能实现的。

同一轮明月,是密州的更圆,还是海南的更圆,应该都是一样的吧。密州的月亮或海南的月亮,都是他寄托情思和哲思的所在,都是他与上天交流的秘密通道。

毛姆说:"满地都是六便士,他却抬头看见了月亮。"

苏东坡就是毛姆说的那个人,他经常抬头望天,看到的月亮比别人多,看到的月亮比别人圆,看到的月亮也比别人美。

第二十章

潮流教主：别跟我，跟风

苏轼生活的年代,距今近千年之久,隔着遥远的时空,现代人为什么还如此喜欢他热爱他崇拜他?

固然与他乐天知命潇洒达观的人生态度有关,当然也与他引领生活方式的潮流教主身份有关,与他健全且接近完美的人格有关。

他引领的,不只是宋代的潮流,亦是今天的潮流——人们乐于有这样一个古人,横跨了千年的时光,却依然可以与今人心意相通,说起什么话题,都无半点隔阂。人们可以想象他的样子，忧伤他的忧伤，快乐他的快乐。他似乎还活在世上，就在某个地方。

有宋一代的大儒和偶像，似乎唯他有这般神奇的魅力。不只宋代，整个中国历史上，有此魅力的怕也只有他一个而已。

他是擅长制造话题和引领话题的潮流博主。没有他插不上嘴的话题，没有他不关注的领域，诗词、美食、音乐、旅行、赏花、闻香、建筑、算命、星座、冷笑话、养生、两性关系、气功……他都可以发表意见，举出实证，提出观点。

他是擅长制造流行语的语言大师。像今人聊天常用的"呵呵"，"呵呵"一词古已有之，却是苏轼让它发扬光大，他太喜欢用这个随性自在的词儿，心情大好时用，"近却颇作小词，虽无柳七郎风味，亦自是一家。呵呵"。跟朋友吹牛时用，"一枕无碍睡，辄亦得之耳。公无多奈我何，呵呵"。闲聊扯淡时用，"儿子比抄得《唐书》一部，又借得《前汉》欲抄，若了此二书，便是穷儿暴富也，呵呵"。

他的诗句词句也几乎成了流行语，尽人皆知，诸如"不识庐山真面目""寂寞沙洲冷""此心安处是吾乡""但愿人长久""腹有诗书气自华""天涯何处无芳草""春宵一刻值千金""一树梨花压海棠""诗酒趁年华"，等等。

他还是时尚产业的参与者。他发明的服饰新产品东坡帽、子瞻样皆为一时流行，引发人们争相模仿。

有一本杂志对苏东坡的定义是,"天才艺术家,高品位生活家,骨灰级文艺青年,新派探险家,好奇心发明家,豆腐心毒舌,元气淋漓乐天派,自由的觉悟者",都对,就是有点太复杂,苏东坡身上的标签太多,怕如此列举总不能穷尽所有名目,综合一下,就是"潮流教主"——永远站在时代的前端,引领着时代的风尚。

所以,想成为一名真正的潮流教主和时尚意见领袖,不妨好好研究一下苏东坡。

香奈儿女士说,我的生活不曾取悦于我,所以我创造自己的生活。仅这一点,时尚女王和苏大人的心是相通的。

在这个世界里取悦自己——这是苏大人成为潮流教主的秘密。

东坡style

东坡创造了独一无二的东坡style。

我以为,东坡最酷的,最值得后人学习的地方,是他精神层面里那些一以贯之的东西,即东坡style。表面的潮流毕竟肤浅,内在的潮流才是根基。

什么是东坡style?

一是做自己,不随大流,不跟潮流;二是与自己和解,与世界和解。

明 仇英 汉宫春晓图

你看他吟诗作赋，不忮不求，有笑有泪，亦庄亦谐，只为表达心之所感，文字里流淌的永远是他的本性。

你看他处理事情，心思纯净，作为勇敢，不为个人命运而动摇，不因俗见而更改。

你看他解决问题，不拘泥于成规陋俗，不受制于条条框框，不因为别人说三道四而迁就。

拥有东坡style，自己就是潮流。

什么是"做自己"？

活在世界上，要认清一个事实，我们永远无法做到令每个人都满意，有人喜欢有人讨厌，是正常现象，没必要让别人的喜欢或讨厌而绑架了自己。

走自己的路，吃自己的饭，坚持自己的思路，活出自己的心愿。

"做自己"也容易有误区，我行我素不叫做自己，执拗倔强不叫做自己，全随自己性子不叫做自己，自私自利不叫做自己。

当我们谈论"做自己"的时候，我们内心已隐含了一个目标，这个目标是"更为完美的自我"。

做自己，实际是实现理想化自我的过程，需要我们为之付出巨大的耐心、努力，并且要具有坚忍不拔的勇气。

美国神话学家、心理学家坎贝尔把这个过程称为"英雄之旅"，无疑，苏轼很好地完成了他的"英雄之旅"。

苏轼说，"凡物皆有可观者"，一切事物，均有其可取之处，以这样的眼光看世界，不难发现世界的乐趣所在。一头大象，一只蚂蚁，一丛小草，一棵大树，都有其闪光的地方，所以对任何事物都应该秉持欣赏之态度，而不是低头走路，无所闻问。不善于从普通平淡的生活琐碎中去理解和领悟生活的人，一定不是生活家。

"凡物皆有可观者"，推物及人，及其他一切，那就是凡人皆有可取之处，凡思想皆有可吸纳之处。

因此，他"上可陪玉皇大帝，下可陪卑田院乞儿"。

因此，他可以从儒释道三种不同的思想中汲取智慧。

因此，他不带偏见，不戴有色眼镜，看事情比别人更客观一些，更准确一些，他是那种少有的人格健全之人。

所谓健全人格，是人格的正常和谐的发展。现代心理学认为，可以从五个维度来定义一个人的人格是否健全：性格（内外倾）、人格品质（善恶）、责任感、情绪稳定性、思维开放性。人格健全者有六种显著特征：

1. 能接受一切经验，一切社会经验都能真实地进入他们的意识领域。

2. 自我与经验的和谐一致，在评判事物时，评价经验，不断同化新经验。

3. 个性因素能够发挥作用，行为既受理性因素的引导，也受情绪因素的制约。

4. 有自由感,相信自己能够掌握自己的命运。

5. 具有主动创造性。

6. 能与别人愉快地合作。

说白了,健全人格就是内在和谐与外在和谐,而内在和谐尤为重要。内在和谐,通俗点讲,就是眼下人们常说的"与自己和解",不能与自己和解的人,容易活得拧巴、别扭、不舒心。

苏轼是擅长与自己和解的人,他坦然地面对自己的内心,面对内心的一切情绪,寂寞、失望、痛苦、焦虑,他都曾经拥有,但他所做的,便是正视这些情绪,协调这些情绪,与它们安然相处,最终使整个身心达到圆满的统一。

尽管那过程并不轻松。

搞定了内在和谐,外在的和谐也就顺理成章了。苏轼与政敌及势不两立者的和解,便是从内到外寻求和谐的完美的例子。

王安石变法时,两人形同水火,但当他们在金陵相逢,却可以携手一笑泯恩仇,日日相从,王安石夸他"不知更几百年,方有如此人物",他则跟王安石吐露心曲,"从公已觉十年迟"。

章惇本是苏轼交情甚深的朋友,后来两人关系恶化,章氏依仗权势,打击苏轼,不留余地,将他贬到海南,令他尝尽人间疾苦,但当他渡海北归,时人皆以为他将被复用,章惇之子,也是苏轼学生辈的章援写信替父求情,苏轼却立即回了封信,告诉章援断不会有报复行为,叫章氏父子放心。

与自己和解之后,便可以与他人和解,与世界和解,一旦和解,从此眼里再无敌人。

潮流之道

苏轼对时尚的见解,精髓其实是三个字:不跟风。

可别小看这三个字,但要真正做到并不容易。想想看,大家都买iphone的时候你心动了吗?"双11"人们都"剁手"的时候你管住手中的"刀"了吗?即便你不需要卷发棒,但看到戴森卷发棒时是不是也跟着下了单?

不跟风,不只要拒绝大众流行,还要抵抗心理诱惑。苏轼将这一点做到了极致,他是不跟风的典范。

宋代士大夫大多好色,他不跟风;有钱人家奢侈浪费,他不跟风;词人流行创作香艳词作,他不跟风;大家都穿最新款的服装,他不跟风……之所以不跟风,是因为他深谙一个道理:潮流易逝,风格永存。流行的东西寿命必然短暂,而真正的风格才能长久流传。

某种程度上,苏轼是反潮流的。

染发曾是宋代的潮流,苏轼不但不染,还着力批评这一现象,"膏面染须聊自欺",黑发就是黑发,白发就是白发,何必

南宋 李嵩 观灯图

黑白颠倒自欺欺人，看起来是年轻了几岁，但那根本不是你真正的模样。

宋代制茶，曾流行将茶饼上涂油，让茶饼看起来光鲜亮丽，这行为同样遭到苏轼的批评和抵制，"要知冰雪心肠好，不是膏油首面新"，他向来反对假饰，强调自然之美。

穿衣戴帽，苏轼亦有自己特色。

宋僧惠洪讲过一个故事：哲宗曾问宦官陈衍，苏轼衬朝章者何衣？衍对曰：是道衣。哲宗笑之。苏轼把道服穿在朝服内当衬衣上朝，真随性也。想来并不只是出于对道家思想之向往，还因为道袍本身宽大，穿着舒适，舒适是他穿衣的原则。

在黄州时，他脱下官服，换上农民的衣服到东坡上干活。虽然时是犯官，那也是官，他能主动脱下官服，心甘情愿穿起布衣，还真是叫人佩服，并不是人人都有这般勇气。但他穿布衣的样子，也一样潇洒帅气。从实用的角度讲，长袍官服当然也不适合干活，短扎短打的农民服装更容易甩开膀子。

苏轼是个帽子天王，他非常喜欢戴帽子，也非常喜欢设计帽子。

元祐元年，苏轼被召回京任职，总是戴着自己设计的高筒短檐帽招摇过市，这帽子由乌纱做成，帽身较长而帽檐短，像一个高高的筒子倒扣在头上，引发时人争相效仿。弟子李廌在《师友谈记》记录过这一现象："士大夫近年仿东坡桶高檐短帽，名曰子瞻样。"到了南宋，这子瞻样还在流行，经年不衰，"人人皆戴子瞻帽，君实新来转一官"，如此看来，子瞻样就是帽子界的经典款。

被贬谪惠州时，他将当地人防日晒雨淋的"竹笠"，增加了一些时尚元素，将其改造成帽子——在斗笠边缘处加围一圈黑布或蓝布，以防止阳光直射，本一普通的实用型物品，转而成为散发着神秘气息的时尚单品。

在海南，他还通过废物利用，将椰子壳改造成帽子，谓"椰子冠"，戴上椰子冠之后的诗人豪情满怀，"自漉疏巾邀醉客，更将空壳付冠师"。

新生活理念

仔细观察苏轼的生活，会发现，现代人倡导的生活理念，许多他都曾经实践过，在一千年前。

比如断舍离。

按照这一概念的倡导者山下英子的概念，断是不买、不收取不需要的东西；舍是处理掉堆放在家里没用的东西；离是舍弃对物质的迷恋，让自己处于宽敞舒适、自由自在的空间。

苏轼信佛喜道，尤其是自黄州之后，思想观念有了较大的转变，对命运的无常、际遇的改变有了更深刻的认知，开始放下执着，对

清康熙 景德镇窑青花
前后赤壁赋图方瓶

物质的追求开始变得十分淡漠。

一方面是现实条件不允许他大手大脚花钱，另一方面他自己对物质没有太多追求。他花很少的钱，穿简朴的衣服，过纯粹的生活，家里唯一称得上大件的，是那头充当生产力工具的耕牛。

即便回朝做了大官，依然保持朴实本色，他天生厌弃奢侈生活，日常所做的最奢侈的事，不过是饮茶而已。尽管薪俸优厚，但他室内四壁萧然，室无长物，小偷来了怕也只能忘室兴叹。他写过一件事颇能说明他对物质的态度：

近日颇多贼，两夜皆来入吾室。吾近护魏王葬，得数千缗，略已散去。此梁上君子当是不知耳。

他自己不怎么花钱，但却乐于将钱资助身边的人。

比如慢生活。

古人本来就慢，特别是宋代这一个安于享乐的时代。但苏轼是慢中之慢，他个性偏急，但做起事来，却是一点都不急。

他花了好多时间饮酒饮茶，花了好多时间旅游观光，花了好多时间与朋友相聚，花了好多时间赏月赏花赏秋香。

他慢悠悠地炼制丹药。他慢悠悠地感受季节的变迁。他慢悠悠地聊天。他慢悠悠地梳头。他慢悠悠地泡澡。他慢悠悠地散步。

从前的日子过得慢，苏轼的日子特别曼。曼妙的曼，曼延的曼。

是慢生活，也是曼生活。

比如诗和远方。

这个就更不用说了，他一直在去往远方，一直写诗，他的生活里从来就不曾容得下苟且，只有诗和远方。

他一直在发现美，感受美，用脚丈量，用手抚摸，用心体会，在去往远方的路上，没有人比他走得更远。

他的诗里更有无数的人间，从美的风景到美的心灵，从美的自然到美的天地，他对诗意的追求，没有人可以超越。

第二十一章

师者：
所以饮茶扯淡扶贫也

苏轼是个不错的老师。

说不错,有两方面含义,一则他为学生操碎了心,真真正正教他们一些真本事;二来他特别开明,不限定学生只做苏氏文章,而是鼓励他们写出自己的风格,百花齐放,百家争鸣,使得大宋文坛一派生机盎然景象。换句话说,苏老师心胸开阔,不立山头,不搞门派,这在向来山头林立门派森严的中国文化界、学术界殊为难得。

拜在苏老师门下意味着你有

学习各种门派知识的自由。你可以操练九阴白骨爪,也可以操练降龙十八掌;你可以学习独孤九剑,也可以学习吸星大法。

他不是那种一本正经板着脸孔的老师,不是那种装腔作势动辄斥责学生的老师,不是那种把师生关系搞成一种服从与被服从关系的老师。

他与弟子们谈笑风生。

他与弟子们喝茶扯淡。

他尽自己最大的能力接济弟子帮助弟子拉拔弟子。

这样的苏老师,谁不想来一打?

孔夫子弟子三千,七十二贤人,苏轼的弟子从数量上和孔夫子没法比,但从成材的数量上,似乎也不算逊色。

至少有苏门四学士,扩展一下,是苏门六君子,他还有些大家并不熟知的学生,号称"苏门后四学士",分别是李格非、廖正一、李禧、董荣,"后四学士"的说法比较小众,没得到广泛的传播,但也不是没有证据,南宋韩淲《涧泉日记》载:廖正一明略、李格非文叔、李禧膺仲、董荣武子,时号"后四学士"。证明这些人是拜在苏门的。

苏夫子有一点比孔夫子荣光,他还与弟弟苏辙一起,当过皇帝的老师,当然他这位皇帝学生不争气,甚至还反过来打击老师,将他一路贬谪,这位学生就是宋哲宗。

他还有一些特别的弟子值得说道。

比如米芾，小米个性傲娇，清高自许，入他法眼的人不多，苏老师算一个。他经常跟苏轼请教问题，但他从未叫过苏老师，不过这也没啥关系，小米内心怕是已经偷偷叫过。一向狂放的小米遇到苏轼，经常自觉地谦虚起来，苏轼自海南北归，与他一起游览金山，有人请苏轼题词，苏说："小米你来。"小米答道："某尝北面端明，某不敢。"苏轼曾任端明殿大学士，小米的意思是说，我是苏老师的学生，哪里敢在老师面前卖弄。

比如王蘧王适兄弟，二人同为苏轼学生，苏轼特别喜欢这对兄弟，让他们做自己儿子的家庭老师，还为王适做媒，婚配于苏辙次女。后王适将女儿"第十四小娘子"嫁给苏符，苏符是苏迈之子，苏轼之孙，苏轼与王氏兄弟，可谓亲上加亲了。

比如姜唐佐，小姜是苏轼被贬海南时所收弟子，读书比较刻苦，有半年时间里，每天都来找苏轼问学。问学之余，还陪苏老师一起喝喝茶聊聊天，令处于孤独之中的老人有了一个与外界连接的出口。可惜半年后，小姜便回老家琼州了，老人重又陷于寂寞，"子归，吾无以遣日"，你走后，老师我不知道如何打发时间了。

六君子都在苏门

苏门四学士，再加陈师道、李廌，称苏门六君子。

六君子中,晁补之是从学苏门最早的。小晁生性聪敏,博闻强记,黄口小儿时便能写文章。十七岁时,父亲晁端友到杭州做官,他随同前往,根据钱塘见闻著《七述》一文,父亲带他去见时任杭州通判的苏轼,苏老师读毕,叹曰:"吾可以搁笔矣!"

苏老师很欣赏晁家小伙,总是忍不住夸他,"于文无所不通,博辨俊伟,绝人远甚,将必显于世",小晁果真争气,不负苏老师期待,神宗元丰二年中进士,时年二十六岁。神宗看过小晁的文章,也连连点赞:"是深于经术者,可革浮薄。"

小晁比苏氏其他弟子更幸运的是,除了在京师时与老师交往密切,他还在扬州当过一段时间老师的副手,苏老师当知州,晁同学任通判,他们在诗词上唱和,在政事上合作,亲密无间。

扬州好山水,免不了一起游玩,一起赋诗,二人又都是陶渊明的粉丝,自然又有更多话题。

晁补之才情横溢,理政也有一套。他曾回老家济州任知州,当时盗贼猖獗,劫掠不断,晁补之便命人暗查盗贼行踪。一日,他设宴款待客人,宴前授意衙役搜捕盗贼,宴席还未散去,盗贼已全部押解归案。

晁氏为人坦荡,光明磊落,他十分推崇司马光之言,"吾无过人者,但平生所为,未尝有对人不可言者耳"。

黄庭坚与苏轼年龄仅差九岁,二人关系亦密切,黄庭坚的舅舅李公择、岳父孙莘老都是苏轼的朋友,李公择和孙莘老都曾

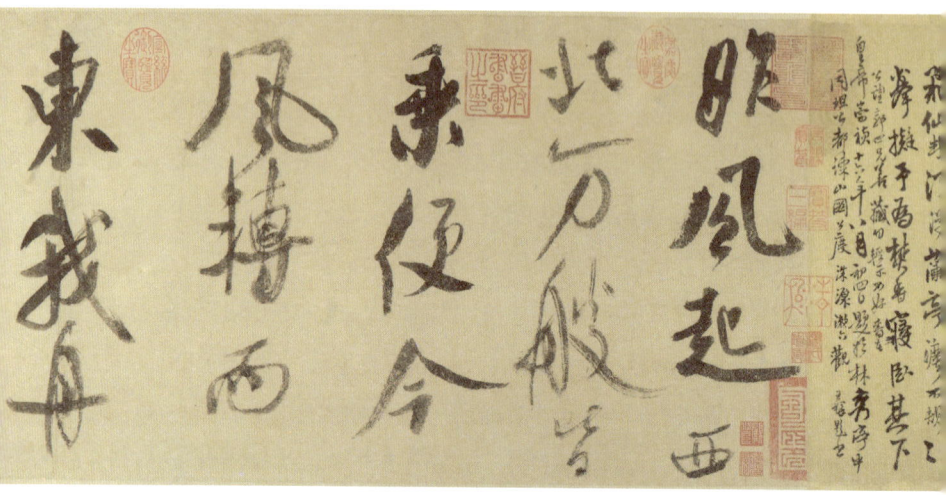

北宋 米芾
草书吴江舟中诗

向苏轼举荐黄庭坚，苏黄两人先是通信，做了笔友，诗文往还多年后，才在京师相见。

苏轼很欣赏黄庭坚的为人，元祐二年他升任户部侍郎，曾举黄庭坚代任其职，他向朝廷夸赞黄氏，"伏见某官黄某，孝友之行追配古人，瑰伟之文，妙绝当世，举以自代，实允公议"，黄庭坚人品甚佳，文章妙绝，这样的人才必须要重用啊！

黄氏也很尊敬感佩苏老师，《邵氏闻见后录》载："赵肯堂亲见

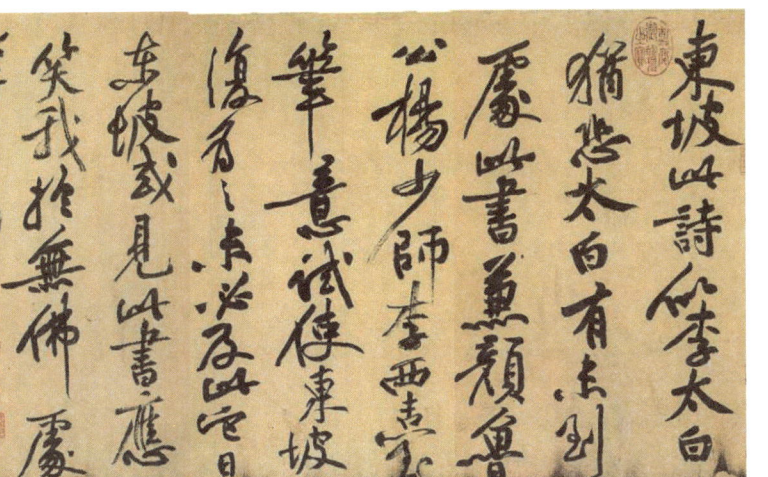

北宋 黄庭坚
题苏轼寒食帖跋

鲁直晚年悬东坡像于室中，每斋作，衣冠荐香，肃揖甚敬。"执弟子之礼甚恭。

秦少游与苏老师关系亦甚密切。熙宁十年，苏轼知徐州，秦观第一次见到神往的苏老师，写诗称"我独不愿万户侯，惟愿一识苏徐州"。

第二年，苏轼成功击退水灾，筑黄楼以纪念，请秦氏写了一篇《黄楼赋》，苏老师大赞他有屈原宋玉之才。

苏轼劝勉秦少游参加科考，可惜老天弄人，小秦两度应考皆名落孙山。苏轼为之鸣不平，写诗予以劝勉，"回看世上无伯乐，却道盐车胜月题"。

元丰七年，苏轼自黄州北迁，路经南京时，曾向王安石力荐秦少游，他说小秦"行义修饬，才敏过人，有志于忠义"，人品是极好的，学识也丰富，"博综史传，通晓佛书，讲习医药，明练法律"，嗯，小秦是个史、佛、医、法全面发展的四好人才。怕老王不信，之后又特别写信，"愿公少借齿牙，使增重于世"。王安石读过小秦的诗，亦赞扬有加，说他"清新似鲍、谢"，鲍、谢，鲍照和谢灵运也。

元符三年，苏轼内迁，跨海向北，在雷州与秦少游相见，不久之后，秦即逝于滕州，苏轼听到消息，悲痛不已，"哀哉痛哉，何复可言！当今文人第一流，岂可复得。此人在，必大用于世；不用，必有所论著以晓后人。前此所著，已足不朽，然未尽也。哀哉！哀哉！"一年之后，苏轼逝于常州。

由不得人想起夫子晚年，学生颜回过世，夫子悲伤至极，对天长叹："噫！天丧予！天丧予！"

我猜想，苏轼与夫子一样，哭的不单是学生的离去，哭的还有自家精神传继不再。

张耒最先拜在苏辙门下，之后才成为苏轼弟子。他出生时，手心里有个"耒"字形的纹路，故取此名。少年时代小张便善文辞，"十有三岁而好为文"，十七岁时已能写出广为传诵的文章。

张耒长什么模样无从知晓,但从体形上,我们可以判断他是个大胖子,怕热,因为他有诗句"欲动身先汗如雨",黄庭坚更取笑他"六月火山蒸肉山",陈师道则说他"张侯便然腹如鼓,雷为饥声汗为雨"。

苏轼很喜欢张耒的文章,夸他"汪洋淡泊,有一唱三叹之声"。

苏轼晚年从海南北归,张耒时任颍州知州,他期盼着与张耒见面,谁知卒于常州,终未能完成心愿。张耒听闻老师去世消息,悲痛不已,在颍州为苏轼服丧,此事为朝廷所知,将他贬官,安置黄州——正是当年老师被贬之地。

陈师道十六岁时,从学于曾巩,苏轼在颍州知州任上时,曾想收陈师道为弟子,这可是多少人都求之不得的好事儿,却被耿直的陈师道给拒绝了,他的理由是"向来一瓣香,敬与曾南丰",苏老师啊,不好意思,我的心只属于曾老师。人家越是拒绝,苏老师越是敬重其为人,后终于将其招至麾下。

李廌是个苦命孩子,本来家境贫寒,六岁时又成孤儿,但他是幸运的,因为遇到了苏老师。

李廌到黄州拜谒苏老师,苏老师很喜欢小李文章,认为他笔墨翻澜,大有飞沙走石之势,堪称文章界的一股泥石流,是难得人才,"子之才,万人敌也。抗之以高节,莫之能御矣"。

尽管才华过人,但李廌的仕途却并未就此顺利展开,举进士不第，引得宰相吕大防感叹"失此奇才"。苏轼本想与翰林学士范祖禹一起向朝廷举荐，但苏范二人相继遭贬未得机会。李廌从此死了心，专注于著书立说。

苏轼去世后，李廌痛哭流涕，作祭文纪念恩师：

> 端明尚书德尊一代，名满五朝。道大不容，才高为累。惟行能之盖世，致忌之为仇。久蹭蹬于禁林，不遇故云；遂飘零于障海，卒老于行。方幸赐环，忽闻亡鉴。识与不识，罔不尽伤；闻所未闻，吾将安仿？皇天后土，知一生忠义之心；名山大川，还千古英灵之气。系斯文之兴废，占吾道之盛衰。兹乃公议之共忧，非独门人之私议。

能拜在苏老师门下，受其耳提面命，亲自教诲，实是个人之幸，是上天赐予他们的福气，但苏门的弟子也太不幸，这些单纯的书生或因老师牵连，或因个人际遇，大多下场凄惨。黄庭坚一路被贬，秦少游死于贬途，陈师道饥寒而亡，张耒酒精中毒，患上麻痹症。

与学生相处之道

宋代是文化大发展的时代，不只因为有重文抑武之国策，还因为有一大批擅长挖掘人才的大伯乐，如欧阳修，如王安石，如苏轼。

苏轼父子，假如当年没有张方平、欧阳修、雷简夫等人的大力举荐和提携，亦可能在求取功名的道路上要多走许多弯路。

受益于这些伯乐，他自己也做起伯乐来。苏轼自备一双火眼金睛，最善于从浩瀚的人海里发掘人才，对这一点，他颇自得，曾与人言："如黄庭坚鲁直、晁补之无咎、秦观太虚、张耒文潜之流，皆世未之知，而轼独先知。"

更难得的是，苏老师还是个开明的好老师，对门下弟子，从不把自己当权威、学术带头人和大boss，而是当朋友，当知音，当伯乐，当扶贫对象。

他对弟子，多予鼓励，逮着机会就起劲猛夸，本来没啥自信的弟子，经他一夸，也忍不住闪起光来。

在学生面前，他随和亲切，从不摆老师的架子，他可以与他们一起饮酒、赋诗、晤谈，甚至于开稍显过分的玩笑。

他在自己能够尽力的范围内帮助弟子。

元祐元年十一月，苏轼主试馆职。宋初沿袭唐制，置史馆、昭文馆、集贤院，合称三馆，都在崇文院内，后又在崇文院内增建秘阁，另置官属，三馆和秘阁总称崇文院。三馆有直馆、直院、修撰、检讨等官，秘阁有直阁、校理等官，这些官都称为馆职，掌管三馆、秘阁典籍的编校。按宋制，除馆职须进士及第，且要有一定年资，经这次考试，黄庭坚、张耒、晁补之三人脱颖而出，皆除馆职，秦少游因年资未满而无资格角逐。

四学士中三位入选，几率不可谓不高，若不是苏轼当主考官，中奖面估计不会这么大。

他关心弟子的前途和事业，也关心弟子的生活。

苏门六君子官小禄薄，又在居大不易的京城，生活大多十分窘迫。像秦少游，经常穷得过不下去，还要写诗向邻居钱勰求救。现存史料虽未有苏轼救助他的证据，但相信以苏老师的个性，绝不会对爱徒的困境袖手旁观。

晁补之也穷，苏轼曾写诗说他"晁子拙生事，举家闻食粥"，又说他"如君忍饥空诵诗，口颊澜翻如布谷"。

陈师道为人清正耿直，不容于世，最后没有衣服御寒，竟被活活冻死。

最穷的则是李廌，他也是苏轼接济最多的对象。苏轼知杭州时，朝廷赐物

中有马一匹，便将马送了李廌。考虑到李廌会将马卖掉，他还特地写了张公据，公据写得相当委婉，就是怕伤了李廌的自尊：

> 元祐元年，予初入玉堂，蒙恩赐玉鼻骍。今年出守杭州，复沾此赐。东南例乘肩舆，得一马足矣。而李方叔未有马，故以赠之。又恐方叔别获嘉马，不免卖此，故出公据。

苏轼官高位显，又有各种润笔费，生活自是比六君子悠容自在许多，帮助弟子自是他为师之要义。

他还经常邀请他们到苏府饮茶，四学士待遇奇高，苏老师将平时不舍得拿出来的皇帝赏赐的密云龙拿出来与他们共饮。

当然，他对学生也不是全无批评，苏老师严厉起来，那也是很有声势。

元祐初年，秦少游进京拜见苏老师，苏老师上来就劈头盖脸的一顿臭骂："不意别后，公却学柳七作词。"柳七，柳永也，苏轼觉得柳氏格调低俗，十分看不上。

少游被骂得懵圈，委屈地说："某虽无学，亦不如是。"

苏老师又追问："'销魂，当此际'非柳七句法乎？"

李廌初到京师游学时，因科场不利，因此着急上火，便穿梭于权贵之门，投文献诗，却经常惹人白眼。苏轼欣赏李廌才气，却不赞成他这种做法，便批评他：你天分很高，定有出头之日，最要紧的是循序渐进，绝不可轻浮躁进，做有伤气节的事情。

他还曾写信批评李廌，一则李受人之托，求苏轼写那人的文章，苏轼认为文章是否传世，关键在于文章本身品位；二则李廌因求书心切，说了许多奉承之言，这也是苏轼看不上的，苏轼称"此风殆不可长"。

苏老师有和蔼可亲的一面，也自有严肃认真的一面。

苏老师另有值得学习的一点，是不端老师的架子，他和学生打成一片，可以到相互开玩笑的地步，在这样的老师面前，学生们不拘谨，很放松，敢说心里话，敢跟老师争短长。

黄庭坚与老师一样，生性诙谐，最喜玩笑。两人聊起天来，趣味盎然。

宋人笔记《独醒杂志》里有一段对话：

东坡曰:"鲁直字虽清劲,而笔势有时太瘦,几如树梢挂蛇。"

山谷曰:"公之字固不敢轻论,然间觉褊浅,亦甚似石压蛤蟆。"

二人大笑不止,以为"深中其病"。熟悉二人书法的人,看到"树梢挂蛇"和"石压蛤蟆"这般形象的比喻,谁能不会心一笑呢。

苏轼曾论黄氏诗文:

黄鲁直诗文如蝤蛑、江珧柱,格韵高绝,盘餐尽废。然不可多食,多食则发风动气。

黄庭坚则回评苏老师:

盖有文章妙一世而诗句不逮古人者。

像不像两个喜欢斗嘴的小孩?

秦少游觉得老黄有点不像话,不该拿老师开涮,更不该写什么"题诗未有惊人句,会唤谪仙苏二来",少游就向苏老师抱怨,这黄庭坚也太差劲了,把你唤作苏二,语含鄙薄,太过轻佻。苏

北宋 苏轼 潇湘竹石图

轼笑笑,不以为意。

他甚至可以接受弟子改他的诗句。

张耒在《明道杂志》中记:苏长公有诗云:"身行万里半天下,僧卧一庵初白头。"黄庭坚读后,提笔将"白头"给改成"日头"。张耒问其原因,黄答:"岂有用白对天乎?"张耒颇不以为然,过后问苏轼,苏老师答得也漫不经心:"若是黄九要改作日头,也不奈他何。"大概他也认可这一改法。

正是在苏老师不遗余力的栽培下,开明学风的熏陶下,学生们

北宋 苏轼
枯木竹石图卷
纸本水墨

师者

所以饮茶扯淡扶贫也

各有成就,张耒曾写诗赞之:

长公波涛万倾海,少翁峭拔千寻麓。
黄郎萧萧日下鹤,陈子峭峭霜中竹。
秦文倩丽舒桃李,晁论峥嵘走珠玉。

长公者,苏老师也。少翁者,指苏老师的弟弟苏辙。
谁不夸咱苏师好。

苏老师这个老师,用过的都说好。

在黄庭坚眼里,全世界除了苏老师,再也找不到这么好的老师。

你看他对苏老师的评价:

其一:

> 余谓东坡书,学问文章之气,郁郁芊芊,发于笔墨之间,此所以他人终莫能及耳。

苏老师的书法、学问、文章,绝了,你们这辈子甭想赶上了。

其二:

> 翰林苏子瞻,书法娟秀,虽用墨太丰而韵有余,于今为天下第一。

苏老师的书法有缺点,但,还是天下第一。

其三:

> 以文章妙天下,忠义贯日月之气,本朝善书,自当推为第一。

苏老师的文章第一,人品第一,书法也是第一。

苏轼生前,黄庭坚在诗坛地位已经甚高,因他自号山谷道人,

人们便称他的诗为"山谷体",苏老师曾模仿黄庭坚的风格写诗,并自注"效山谷体",黄庭坚为之惶恐,赋诗曰:

> 我诗如曹邺,浅陋不成邦。
> 公如大国楚,吞五湖三江。
> 赤壁风月笛,玉堂云雾窗。
> 句法提一律,坚城受我降。
> 枯松倒涧壑,波涛所舂撞。
> 万牛挽不前,公乃独力扛。
> 诸人方嗤点,渠非晁张双。
> 但怀相识察,床下拜老庞。
> 小儿未可知,客或许敦厐。

诗下且题:"子瞻诗句妙一世,乃收敛光芒,入此窘步以见效,盖退之戏效孟郊、樊宗师之比,以文滑稽耳。恐后生不解,故追韵道之。"苏老师,羞死个人儿,快别拿我开玩笑了。

苏老师过世后,黄庭坚更是独步诗坛,但对苏老师的尊敬,却未敢减去半分。他将苏轼画像挂于厅堂中央,每天清晨都要上香。时人问他:"您老与苏翰林并称'苏黄',声名不相上下,何必如此恭敬?"黄庭坚正色道:"庭坚忘东坡,门弟子耳,安敢失其序哉?"

晁补之曾评价苏老师的词作,"人谓多不谐音律。然居士词横放杰出,自是曲子中缚不住者。"小晁可谓东坡知音也,东坡性情豪放,非不谐音律,而是不在意音律,不愿意迁就音律而已。

他还记录过一件往事:绍圣初,与东坡别于汴上,东坡酒酣,自歌阳关曲。则公非不能歌,但豪放,不喜剪裁以就声律耳。试取东坡诸词歌之,曲终,觉天风海雨逼人。公不以一身祸福,易其忧国之心,千载之下,生气凛然。

我苏老师永远是最棒的!音不音律的根本不重要好吗?

没用苏老师的,也说好。

郑板桥爱徐渭诗,自称"青藤门下走狗",因为苏轼诗词文章而甘作"东坡门下走狗"的,历代皆大有人在。

像刘辰翁。他说,词至东坡,倾荡磊落,如诗,如文,如天地奇观。

像王士祯。他说,汉魏以来,二千余年间,以诗名其家者众矣。顾所号为仙才者,唯曹子建、李太白、苏子瞻三人而已。

像赵翼。他说,以文为诗,自昌黎始,至东坡益大放厥词,别开生面,成一代之大观。

像王国维。他说,三代以下诗人,无过屈子、渊明、子美、子瞻者。此四子者,若无文学之天才,其人格亦自足千古。故无高尚伟大之人格,而有高尚伟大之文章者,殆未有之也。

苏轼年谱

仁宗景祐三年（1036）/ 1岁

十二月十九日（公历为1037年1月8日），苏轼出于四川眉山。

一个划时代的摩羯座伟人降临人间。

《志林》云："退之以磨蝎为身宫，而仆以磨蝎为命。若以磨蝎为命推之，则为卯时生。议者以先生十二月为辛丑，十九日为癸亥日，丙子癸亥，水向东流，故才汗漫而澄清。子卯相刑，晚年多难。"

仁宗景祐四年（1037）/ 2岁

是年宰相丁谓去世。

王安石17岁，司马光19岁。

仁宗宝元元年（1038）/ 3岁

是年十月，赵元昊建立大夏，称皇帝，遣使奉表告于宋。

是年十二月，京师发生地震；宋与西夏关系破裂，朝廷下诏："有能捕元昊所遣刺探事者，赏钱十万。"

仁宗宝元二年（1039）/ 4岁

苏辙出生，蜀地双子星来齐了人间。

是年六月，朝廷下诏，削赵元昊官爵，除属籍，并募人擒元昊，许诺老斩首献之者，即以为定难节度使。

仁宗康定元年（1040）/ 5岁

是年正月，李元昊进犯北宋边境，宋夏三川口之战（今陕西延安西北），宋军大败。

是年十一月，女直侵犯契丹边界。

仁宗庆历元年（1041）/ 6岁

是年正月，李元昊求和，范仲淹认为李不是省油灯，假意求和而已。

是年十月，修河北诸州城，凡二十二州，防备契丹。

是年十二月，契丹听闻宋屡败于西夏，欲攻宋。

仁宗庆历二年（1042）/ 7岁

是年苏轼已知读书。

苏轼《上韩魏公梅直讲书》云："自七八岁知读书。"

苏轼儿时读书天分似乎也未特别明显，跟一般小孩子上学年纪差不多。

仁宗庆历三年（1043）/ 8岁

是年苏轼入小学。

《志林》云："吾八岁入小学，以道士张易简为师，师独称吾与陈太初者。"

苏轼就读的，应该不是正经小学，是一个道士办的学校，同学中有名的为陈太初，做了道士。苏轼和陈太初经常受老师夸奖，可见是好学生。

仁宗庆历四年（1044）/ 9岁

是年春，滕子京谪守巴陵郡（今湖南岳阳）。

四月，欧阳修大力抨击朋党。

五月，李夏昊终于向宋称臣。

十月，宋夏议和，夏虽称臣，但要命的是——宋要赐夏好多东西。

这一年，夏辽矛盾不断，互有攻防。

仁宗庆历五年（1045）/ 10岁

是年苏洵游学四方，苏轼苏辙兄弟就随母亲程氏读书学习。

小小少年立下了大志向，想当范滂那样的人物。

赵德麟《侯鲭录》云：东坡年十岁，在乡里见老苏诵欧公《谢宣召赴学士院仍谢赐对衣金带及马表》，老苏令坡拟之，其间有"匪伊垂之带有余，非敢后也马不进。"老苏喜曰："此子他日当自用之。"

是年黄庭坚出生，很多年以后他们才能认识。

仁宗庆历六年（1046）/ 11岁

是年苏辙8岁，黄庭坚2岁。

苏轼未来的伯乐张方平请求朝廷裁撤冗员。

五月，开封又是冰雹，又是地震。

仁宗庆历七年（1047）/12岁

是年苏轼祖父苏序去世，苏洵自虔州(今江西赣州市西南)归。

苏轼听苏洵介绍白居易诗。

少年的好奇心甚重："某年十二时，于所居纱縠行宅隙地中，与群儿凿地为戏。得异石铿然，扣之有声。"

仁宗庆历八年（1048）/13岁

是年六月黄河决口；改河东(即今山西长城以南、闻喜县以北全境及陕西葭县以北之地)等地钱法，防通货膨胀。

是年十一月，契丹遣使括马，以将伐夏。

仁宗皇佑元年（1049）/14岁

河北发生疫情，发大水，流民无数。

契丹攻西夏，互有胜负。

户部副使包拯称官员太多，大宋国库开支庞大。

仁宗皇佑二年（1050）/15岁

契丹三度攻夏。
田况治蜀，蜀地安。

仁宗皇佑三年（1051）/16岁

是年米芾出生。

是年八月汴河绝流。

仁宗皇佑四年（1052）/17岁

是年与刘仲达交游。

《满庭芳》序云："余年十七，始与刘仲达往来于眉山。"

是年五月，范仲淹去世，老范是苏轼少年偶像："呜呼！公之功德，盖不待文而显，其文，亦不待叙而传。然不敢辞者，以八岁知敬爱公，今四十七年矣。彼三杰者皆得从之游，而公独不识，以为平生之恨；若获挂名其文字中，以自托于门下士之末，岂非畴昔之愿也哉！"

仁宗皇佑五年（1053）/18岁

读书甚有收获，好读史论史。

是年四月，陕西转运使李参推出"青苗钱"，王安石之青苗法即是借鉴于此。

是年闰七月，科考改革。

仁宗至和元年（1054）/19岁

是年苏轼娶青神县乡贡进士王方之女王弗为妻。

是年西夏两次进贡于契丹。

仁宗至和二年（1055）/20岁

是年苏轼随父亲游成都，拜访张方平，受到礼遇。

晁美叔求交，苏轼作答。

《送美叔诗》云："我生二十无朋俦，当时四海一子由。君来扣门若有求。"

是年弟弟苏辙完婚，娶史氏。

仁宗嘉佑元年（1056）/21岁

是年黄庭坚12岁，米芾6岁。

苏轼和父亲及弟弟一起进京。

京师开封自五月大雨不止。河东、河北、京东、京西、陕西、湖北、两川诸路亦奏水灾，河北尤甚，民多流亡。

仁宗嘉佑二年（1057）/22岁

是年苏轼与苏辙同应礼部试，同登进士第，为欧阳修所赏识。

四月，苏轼母亲程氏病终，回眉山奔丧。

仁宗嘉佑三年（1058）/23岁

居乡守制。

仁宗嘉佑四年（1059）/24岁

守制期满，再回京师。

信心满满地要展开一番事业。

仁宗嘉佑五年（1060）/25岁

授河南府福昌县（今河南宜阳县）主簿，未赴任，与苏辙于怀远驿苦读，准备制科考试，作"风雨对床"之约。

是年七月，欧阳修等所修《唐书》完成(即《新唐书》)。

是年八月，欧阳修向朝廷推荐苏洵，获校书郎。

仁宗嘉佑六年（1061）/26岁

由文坛领袖欧阳修举荐，应

制科试，获第三等。苏辙获第四等。眉山苏氏兄弟大名在京城不胫而走。

授官大理评事，签书凤翔府判官，十二月赴凤翔。

仁宗嘉祐七年（1062）/27岁

凤翔任上，督运南山木筏，了解民生疾苦。

是年五月，枢密副使包拯去世。

仁宗嘉祐八年（1063）/28岁

凤翔任上。与陈慥相识，即陈季常，苏轼顶头上司凤翔知府陈公弼第四子，河东狮吼的典故即出于其身。

是年三月，仁宗去世。

英宗治平元年（1064）/29岁

凤翔任上，冬任满还京。

畿内、宋（今河南商丘）、亳（今安徽亳县）、陈（今河南淮阳）等廿余州军大水。

英宗治平二年（1065）/30岁

英宗欲召苏轼为翰林知制诰，为宰相韩琦所阻，得直史馆职。

五月时，夫人王弗逝世，殡于京郊。这对少年夫妻相伴仅十一年。

英宗治平三年（1066）/31岁

四月，苏洵病逝京师，苏轼苏辙兄弟护丧回蜀。

龙图阁直学士兼侍讲司马光开始编撰历代君臣事迹，是为《资治通鉴》。

英宗治平四年（1067）/32岁

葬父于眉州，居乡守制。

是年正月，英宗去世，神宗继位，时年二十岁。

是年九月，召王安石为翰林学士，苏家伯乐张方平任参知政事。

神宗熙宁元年（1068）/33岁

居乡守制，是年七月期满。

冬，续娶亡妻王弗之堂妹王闰之，闰之为农家女。

司马光进读《资治通鉴》。

四月，神宗向王安石问法。

七月及八月，京师两次地震。

神宗熙宁二年（1069）/34岁

二月，苏轼回京。

王安石任参知政事，设立制置三司条例司，为变法机构，吕惠卿为王安石所倚重，成为变法的左右手。

苏辙被纳入变法机构中，成为王安石帮手。

是年苏轼反对新法，发表言论，而与变法派结下梁子。

是年变法于各地陆续展开。

神宗熙宁三年（1070）/35岁

范镇推荐苏轼充谏官，未果。

是年陆续有反对变法官员或贬或罢。

司马光去修他的《资治通鉴》了，苏辙被贬到陈州（今河南周口）做学官了。

神宗熙宁四年（1071）/36岁

苏轼上书反对王安石新法。

王安石为免后患，设计让亲戚谢景温诬陷苏轼，苏轼因此请求外放，通判杭州。第一次领教政治之阴暗。

七月出京，于陈州初识张耒，为"苏门四学士"埋下伏笔。

十一月到杭州任上。

神宗熙宁五年（1072）/37岁

杭州通判任上，监是年乡试。

十月差往湖州，相度堤岸工程，顺便访友饮酒。

出差途中作诗讥讽新法，为乌台诗案埋下伏笔。

欧阳修去世，苏家的大伯乐从此不相见。

小儿子苏过出生。

神宗熙宁六年（1073）/38岁

杭州通判任上，往润州督察盐事。

是年出差途中，认识晁补之，"苏门四学士"第二单开张了。

协助杭州太守陈襄修复钱塘六井，解决了杭州市民的吃水问题。

神宗熙宁七年（1074）/39岁

朝云进入苏家，年十二。

是年结交诗僧参寥。

杭州任期将满，请调与弟弟苏辙相近的地方任官，移知密州（今山东诸城），十一月到任，首次当地方一把手。

是年郑侠上《流民图》，引发连锁反应，致王安石罢相。

神宗熙宁八年（1075）/ 40岁

在密州任，领导当地人民抗旱灭蝗。

修超然台，工作之余偶尔在台上饮酒聊天。

天灾人祸，苏大人家"斋厨索然"，连吃饭都困难了。

作《江城子》，悼念亡妻王弗。

二月，王安石复相。

神宗熙宁九年（1076）/ 41岁

是年中秋节，作《水调歌头》，思念弟弟，不小心成就千古名篇。

罢密州，知河中府（今山西永济），改知徐州。

王安石再罢相，不复出，对变法彻底死心了。

神宗熙宁十年（1077）/ 42岁

与弟弟苏辙相见，而后为长子迈完婚。与苏辙同赴徐州。

七月黄河决口，对徐州形成威胁。

八月，徐州大水，苏轼领导全城军民抗洪，直到水退，朝廷明令嘉奖。

与苏辙一起过中秋节。

神宗元丰元年（1078）/ 43岁

在徐州任上，修筑防水工事，建黄楼。

重阳节于黄楼大会宾客，与民同欢。

在徐州见到秦少游，"苏门四学士"已见了三个，还余黄庭坚。

神宗元丰二年（1079）/ 44岁

三月自徐州移知湖州，上谢表。

四月被控以文字讥讽朝政。

七月被抓捕，押至京师，下御史台狱，在狱内遭受非人折磨。

在狱一百三十余日，十二月底出狱，神宗轻其罪，责授黄州团练副使。

神宗元丰三年（1080）/ 45岁

赴黄州（今湖北黄冈）任所，路遇故友陈季常，到陈家待了几天，好吃好喝。

二月到黄州贬所，受太守徐大受厚待。

刚至黄州时，无所事事，终日昏昏苦睡。

苏轼的老朋友章惇任参知政事，高居相位。

神宗元丰四年（1081）/ 46岁

正月往岐亭（今湖北麻城）访陈季常。

老友马梦得替苏轼向官府申请到一块土地，开始农家耕作生活，自号"东坡居士"。

写《易传》《论语说》两书。

是年七月，宋夏交战，互伤元气。

神宗元丰五年（1082）/ 47岁

寓居临皋亭，并修建东坡雪堂，可以用来招待朋友了，可以喝酒玩耍了。

七月游赤鼻矶，作《赤壁赋》；

十月，再游赤鼻矶，作《后赤壁赋》。

是年七月，宋夏交战，宋失永乐城（今陕西米脂），损失惨重。

神宗元丰六年（1083）/ 48岁

居黄州，已适应和熟悉当地生活，家庭和睦幸福。

七月二十七日，朝云生子，取名苏遁。

是年四月，曾巩去世。

神宗元丰七年（1084）/ 49岁

四月得量移汝州之命，游庐山，访弟辙。

七月过金陵（今江苏南京），调王安石，幼子苏遁病亡于旅途中，途中上表乞居常州。

是年十二月，司马光修成《资治通鉴》。

神宗元丰八年（1085）/ 50岁

得神宗诏准居常州。

是年三月，神宗去世，苏轼痛哭。哲宗继位。

太皇太后高氏听政，召回司马光，一众保守派大臣重回要职。

是年六月，朝廷罢新法。

八月知登州，十月任命为礼部员外郎，迁起居舍人，辞去不准。

哲宗元祐元年（1086）/ 51岁

迁中书舍人，苏轼反对尽罢新

法，与宰相司马光争役法，得罪司马氏及门人。

八月，除翰林学士知制诰。

是年，与苏轼关系密切的两位大儒王安石司马光先后去世。

是年，苏轼与黄庭坚这对通信多年的笔友第一次见面。

哲宗元祐二年（1087）／52岁

翰林学士兼侍读，兄弟同侍年幼的皇帝哲宗读书，终为帝王师。

洛党、朔党、蜀党党争，苏轼备受攻击，打算到地方上去当官。

哲宗元祐三年（1088）／53岁

为宣仁皇太后苦心起用所感动，尽力为国家事。

其时苏轼文章已传播于北夷，在契丹有名声。

哲宗元祐四年（1089）／54岁

因不堪党争，乞请外放，三月除龙图阁学士，知杭州。

终于又要去看他最喜欢的美景。

七月到任，奉民防灾，设立病坊，救治无数。

哲宗元祐五年（1090）／55岁

在杭州任上。治六井，开西湖，建南北长堤，计划钱塘江水利工程。

是个擅长搞工程的能手。

哲宗元祐六年（1091）／56岁

三月，召为吏部尚书，以弟辙位在执政，乞避嫌，改翰林承旨，复侍读小皇帝。

朝中反对势力又意图陷害，因此请放外任，知颍州（今安徽阜阳）。

哲宗元祐七年（1092）／57岁

在颍州任，治颍州西湖，二月，移知扬州。

九月，召以兵部尚书兼侍读。哲宗亲祀南郊，奉命任卤簿使。

哲宗元祐八年（1093）／58岁

继室王闰之夫人病逝京师，朝局将变，乞请外放，九月出知定州（今河北定州）。

哲宗绍圣元年（1094）／59岁

数被贬职，最后惠州（今广东惠州）安置，携幼子苏过及朝云住惠州，十月至。

哲宗绍圣二年（1095）／60岁

惠州野多暴骨，建议惠守詹范收葬，作《葬枯骨铭》，三月，迁合江楼居住。

哲宗绍圣三年（1096）／61岁

造白鹤峰新居，全系自己设计。

七月，朝云去世。

哲宗绍圣四年（1097）／62岁

二月，白鹤峰新居落成，苏迈带全家来会。

五月，再贬海南昌化（今海南昌江）。独与幼子苏过往昌化。闻弟被贬雷州（今广东雷州），得晤于藤州（今广西藤县），同行至雷州，六月渡海，七月到昌化，于桄榔林中结茅屋三间。

哲宗元符元年（1098）／63岁

生活清苦，食芋饮水，著书立说，续易传九卷，作书传三十卷。

哲宗元符二年（1099）／64岁

琼州人姜唐佐来昌化，从轼问学。

哲宗元符三年（1100）／65岁

量移廉州（今广西北海），又自廉州移舒州（今安徽安庆），永州（今湖南永州）居住，后又任便居住。

建中靖国元年（1101）／66岁

五月至真州（今江苏仪征），瘴毒大作，患病卧床。六月，上表告老，七月卒于常州。

图书在版编目（CIP）数据

苏东坡的下午茶/陈鹏著.--成都：四川人民出版社，2020.6（2024.6重印）

ISBN 978-7-220-11576-9

Ⅰ.①苏… Ⅱ.①陈… Ⅲ.①苏东坡（1036-1101）—评传 Ⅳ.①K825.6

中国版本图书馆CIP数据核字(2019)第162755号

SU DONGPO DE XIAWUCHA
苏东坡的下午茶

陈鹏 著　三水 绘

责任编辑	唐　婧
封面设计	李其飞
版式设计	李笑冰
责任校对	吴　玥
责任印制	祝　健
出版发行	四川人民出版社（成都市三色路238号）
网　　址	http://www.scpph.com
E-mail	scrmcbs@sina.com
新浪微博	@四川人民出版社
微信公众号	四川人民出版社
发行部业务电话	（028）86361653　86361656
防盗版举报电话	（028）86361653
印　　刷	成都市金雅迪彩色印刷有限公司
成品尺寸	143mm×203mm
印　　张	16
字　　数	301千
版　　次	2020年6月第1版
印　　次	2024年6月第7次印刷
书　　号	ISBN 978-7-220-11576-9
定　　价	88.00元

■版权所有·侵权必究
本书若出现印装质量问题，请与我社发行部联系调换
电话：（028）86361656